八闽教育名家系列丛书编委会

学术顾问：周洪宇　黄书光　张亚群　李　迅

丛书主编：黄仁贤

编　　委：吴明洪　涂怀京　陈明霞　杨卫明　杨来恩
　　　　　周志平　方彦寿　赖一郎　董　洪

八闽教育名家系列丛书

丛书主编：黄仁贤

八闽教育名家文选

当代卷（一）

涂怀京 杨来恩 | 主编

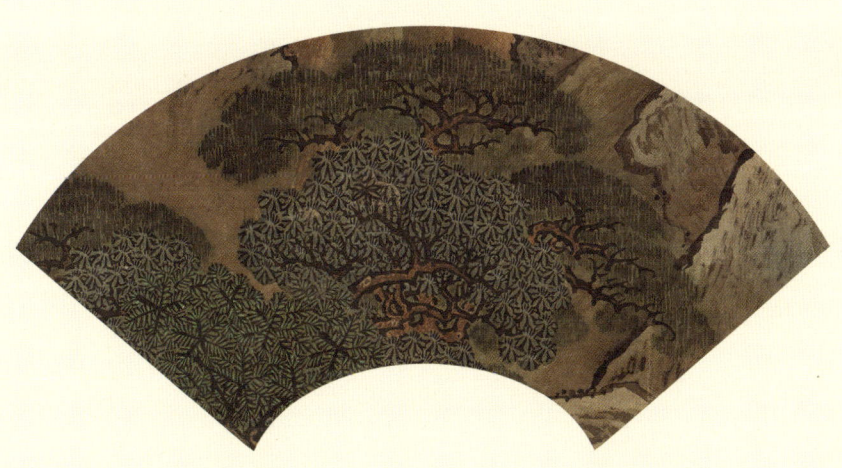

海峡出版发行集团 | 福建教育出版社

图书在版编目（CIP）数据

八闽教育名家文选. 一，当代卷/涂怀京，杨来恩主编. 一福州：福建教育出版社，2025.8. 一（八闽教育名家系列丛书/黄仁贤主编）. 一ISBN 978-7-5758-0304-5

Ⅰ. G40-53

中国国家版本馆CIP数据核字第20251TB056号

八闽教育名家系列丛书

丛书主编：黄仁贤

Bamin Jiaoyu Mingjia Wenxuan • Dangdai Juan（Yi）

八闽教育名家文选·当代卷（一）

涂怀京 杨来恩 主编

出版发行	福建教育出版社
	（福州市梦山路27号　邮编：350025　网址：www.fep.com.cn
	编辑部电话：0591-83779615　83726908
	发行部电话：0591-83721876　87115073　010-62024258）
出 版 人	江金辉
印　　刷	福州德安彩色印刷有限公司
	（福州市金山工业区浦上标准厂房B区42栋）
开　　本	710毫米×1000毫米　1/16
印　　张	17.75
字　　数	244千字
插　　页	3
版　　次	2025年8月第1版　2025年8月第1次印刷
书　　号	ISBN 978-7-5758-0304-5
定　　价	55.00元

如发现本书印装质量问题，请向本社出版科（电话：0591-83726019）调换。

丛书总序

刘海峰

在福建这片被武夷云雾与东海涛声滋养的土地上，文明之脉绵长，教育之树常青。当我们将目光投向八闽大地的历史星空，那些在中国教育史上璀璨的名字便如星辰般浮现——从闽中走向全国的理学大师朱熹，到近代教育救国的先驱严复，八闽大地教育名家群星闪耀，彪炳史册。

我在1996年出版的《福建教育史》一书的绪论中，曾概括出福建教育史上七个独具特色的方面：其一为朱熹讲学与福建书院的兴盛，其二是宋明两代成为科举大省，其三是台湾士人参加福建乡试，其四是福建船政学堂为全国洋务学堂的先导，其五为教会办学的首要省份之一，其六为华侨办学的典型省份，其七为东南沿海抗战时坚持办学的代表省份。福建教育史上不仅有许多独具特色的方面，而且出现过许多教育名家，其中有不少在全国都有很高的知名度，在中国教育史上占有一席之地。

唐中宗神龙二年（706年），长溪（今属福建福安）人薛令之考中进士，成为破福建科举天荒的开闽进士。中唐以后，经历过李椅、常衮等人的几次兴学活动，参加科举者明显增加，林藻、欧阳詹等人相继登第，福建从被视为"闽人未知学"逐渐变为每年考上进士比肩中原的地区。宋代福建教育和科举特别兴盛，《宋史·地理志》将"多向学，喜讲诵，好为文辞，登科第者尤多"列为福建的重要特点。宋代进士总数有4万名左右，福建进士人数有

7000人左右，为全国第一，且遥遥领先于其他地区。在两宋118名状元中，福建人占20名，也为全国之冠。北宋太平老人《袖中锦·天下第一》在罗列当时全国的工艺及农、林、牧、渔著名产品之后，将"福建出秀才"的社会现象也列为天下第一。因此，宋代有"龙门一半在闽川"的说法。

从宋代到清代，福建的著名人物和教育家多数是进士出身。尤其是朱熹，不仅是南宋集理学之大成的思想家、哲学家，而且是中国历史上最著名的书院教育家，对元明清教育和科举考试有重要影响。朱熹所作《四书章句集注》和朱熹及其门人所注"五经"在元代以后成为科举考试的主要教材，这也是明代福建士人在科场中占有优势因而中进士者较多的一个原因。朱熹一生大部分时间在福建讲学论道，将儒家伦理注入八闽文脉。"海滨邹鲁"虽然是不少沿海地区喜用的美称，但用来形容八闽大地的确名副其实。

近代以后，作为东南沿海省份，福建是较早接触西学的省份之一。1902年出版的《急悃斋新科闱墨选本》序说："八闽之地，古称蛮荒，今乃文化过乎中原。以此邦人士多留寓海外，其智慧开通者早也。"严复将"物竞天择"的现代性焦虑转化为教育救国的紧迫感，陈嘉庚抱持"教育为立国之本，兴学乃国民天职"的信念倾资办学，许多八闽教育名家领风气之先，在全国有重大影响。他们或以思想照亮混沌，或以实践开辟新途，共同构筑了福建教育的精神谱系。

教育是文明延续的津梁，是强国建设的基石。在实现中华民族伟大复兴的征程上，教育承担着培养时代新人的神圣使命。八闽教育名家身上体现的教育精神和文化理念，是福建地域文化和中华优秀传统文化的重要组成部分。他们的教育思想如闽江之水，既有源头活水的清澈，又有海纳百川的包容；他们的教育实践如土楼之基，既扎根于传统文化的厚土，又指向现代文明的苍穹。2023年，福建教育出版社便告诉我在策划一套"八闽教育名家系列丛书"，当时我就认为很有意义。丛书是对福建教育史优秀传统的致敬与梳理，更是对福建未来教育发展的启迪与期许。

本丛书所收录的教育名家，皆为福建教育史上著名的教育理论家或实践家，我与当代八闽教育名家中的高时良、陈本铭、潘懋元、孙培青等先生还有过不少交往，印象深刻。于今黄仁贤教授主编的这套"八闽教育名家系列丛书"已经完稿，丛书不仅记录教育名家的历史，收录他们的代表性论著，更试图搭建一座连接过去与未来的桥梁。丛书的出版将吸引更多学者关注八闽教育历史与文化，从历史纵深中理解教育的本质和教育家精神，并从中汲取教育经验与智慧，为当今的教育改革实践提供历史资源和思想资源。

八闽大地，名家辈出。丛书面世，可喜可贺。是为序。

编校凡例

1. 编写方式。全书选取历代八闽教育名家代表性作品编辑成册,分为古代卷、近现代卷、当代卷。各卷以教育名家为纲,辑选各篇文章分列于后。每篇选文前有"题解",由选编者对各位教育名家生平事迹和各篇选文的背景与内容做简要介绍。

2. 选文版本。各名家文选,依据各人已刊行、已出版的文集或已公开发表的文章进行编辑整理。所据文集版本,古代卷多为四库全书本或点校整理本,其他各卷则多为现代通行本。

3. 编校原则。编辑时,为尊重原作品的内容结构与作者的行文习惯,只对选文做必要的技术处理。

4. 文字规范。全书使用通用规范文字,原文繁体字改为简体字,异体字改为正体字;"的""得""地""底"等用词习惯,一仍其旧。

5. 错漏校勘。原文排印有明显的错、讹、漏、衍、倒之处,直接改正,不出校记。作者偶有误用别字者,则括注正字。原文漫漶不清者,以□依数标记。

6. 标点规范。原文无标点的,整理时加上标点;原文标点与新式标点不符的,予以修订。

7. 译名规范。原文专门术语,外国人名、地名等,与今通译名有异的，保留原样，在首次出现时加脚注说明。

8. 数字规范。原文中的数字、序码、日期等，一般不予更动。文选当代卷中，统计数值较大者，为便于阅读，改为阿拉伯数字。

9. 统一注释。对原文部分生僻词与专业术语等，进行注释说明，格式统一采用页末脚注。当代卷原有注释保留，以脚注或括注呈现，有需要补充说明的，加编者注。

10. 选文出处。为方便读者阅读参考索引，统一在各篇选文文末标明来源出处。

目 录

高时良 …… 1

孔子教育学之分析与批评 …… 3
台湾教育实施的商榷 …… 18
论教育的本质属性 …… 28
教育的历史研究方法述略 …… 39
谈谈《学记》的教学思想 …… 49
陶行知教育哲学的儒学渊源 …… 52

陈元晖 …… 66

卓越的教育思想家——孔子 …… 68
教育实践与教育科学 …… 79
教育心理学 …… 83

潘懋元 …… 93

  教育的基本规律及其相互关系 …… 99
  教育外部关系规律辨析 …… 110
  对发展民办高等教育若干问题的认识 …… 123
  高等教育大众化的教育质量观 …… 130
  建立高等职业教育独立体系刍议 …… 138
  多学科观点的高等教育研究 …… 145
  中国高等教育的定位、特色和质量 …… 161
  主动适应新时代新形势　发展高等教育中国学派
  ——在厦门大学教育研究院40周年庆祝大会上的讲话
  …… 169
  新时代中国高等教育改革与发展：今天、明天与后天
  …… 172
  从选拔性考试到适应性选才
  ——高等教育普及化阶段试行"套餐式"招生模式的设想
  …… 176

吴文侃 …… 184

  对我国比较教育教材建设的管见 …… 186
  建设具有中国特色的比较教育教材刍议 …… 192
  比较教育学的对象和方法论基础 …… 200
  再论我国比较教育的学科建设 …… 210
  再论比较教育研究的基本原则 …… 218

孙培青 225

试论唐代《五经正义》编写的历史经验 227
中国历代教育的主要特征 240
探索了解教育历史真相 252
感悟教育史 262
认识学习教育史的意义 270

高时良

【题解】

高时良（1912—2015），福建福州人，著名教育史专家，福建师范大学教育学院教授，长期致力于中外教育史教学与研究，著述甚丰。专著和主编的著作有《学记评注》《学记研究》《中国古代教育史纲》《苏联国民教育》《中国古典教育理论体系——孔子教育语义集解》《中国教会学校史》《教育名著评介·中国卷》《明代教育论著选》《洋务运动时期教育》等十余部；合作编著有《中国近代教育大事记》《教育科学研究方法》《中国教育家评传》《先秦教育论著选》《中国书院辞典》《中国师范教育通览》等二十余部。并在《中华教育界》《教育研究》《课程·教材·教法》《人民教育》《教育史研究》等刊物发表论文约百篇，多篇被《新华文摘》《人大复印报刊资料》转载。

《孔子教育学之分析与批评》是高时良在厦门大学教育系求学时发表的论文。论文用《论语》记载的史实对孔子教育目标、教育科目、教育思想一一展开论述，高度肯定了孔子教育学说在历史上的理论价值和积极影响，并结合新文化运动后的新教育发展趋势，探讨孔子学说的当代价值和需要传承的精华，同时对孔子"学而优则仕"的读书做官论、轻视生产劳动教育等消极影响加以剖析和批评。这篇论文体现了青年时代的高时良已经具有独立的教育思维，这也为他后来研究儒家教育理论体系奠定了基础。

《台湾教育实施的商榷》是1945年台湾光复时高时良发表在《教育与文

化》（创刊号）上的一篇论文。论文对台湾光复后如何彻底清除日据时代的"奴化"教育和"同化"教育进行论述，提出要在学校制度、教育内容和教育方法等各方面实施全面的改革，特别对国语教学、师资培养、公民训练、社会教育等方面的革新提出了建设性意见。

《论教育的本质属性》是高时良针对20世纪80年代初教育理论界对教育本质问题深入探讨而提出的一家之说。他引经据典，论证了当时激烈争论的几家不同的论点，各自有其理论依据和合理性，也有一些片面性，最后提出自己的学术见解和核心概念。可见高时良作为一个教育史专家，在教育基本理论方面也有很高的学术造诣。

《教育的历史研究方法述略》是高时良1985年发表在《教育评论》上的学术论文。论文从教育研究方法的视角，阐述了历史研究法的重要意义、研究范畴、研究对象、研究重点和方法论基础，比较精辟地揭示了历史研究法对教育研究的独特作用。这些论述为教育史研究者提供了一些思路，对教育史料学的建构也颇有价值。

《谈谈〈学记〉的教学思想》是高时良针对中小学教师学习古典文献《学记》教学思想的专题论述，认为《学记》教学思想的核心是以学生的学为立足点，重视研究学生在学习过程中的思维和行为特征，启迪学生的思维，发展学生的智力，认为这些思想对今天的教学仍具有积极的指导意义。

《陶行知教育哲学的儒学渊源》是高时良送交1996年10月在华中师范大学举行的陶行知教育思想国际研讨会的学术论文。论文探讨了陶行知教育思想的本土文化渊源，指出陶行知的"爱满天下"的教育情怀、教育目的、教育内容、教育方法等许多方面都与儒家的教育哲学有着内在的传承因素，以此论证陶行知学贯中西，教育思想博大精深。

孔子教育学之分析与批评

绪言

孔子的学术思想，已经成为中国学术思想的中心，孔子的宏伟的人格，深深地感化了中国的人心。孔子为儒家之祖，继往圣，开来学，除其所创宇宙、知识、人生诸论而外，于教育理论亦多建树，是则孔子不仅一个哲学家或政治家，而且是中国教育史上光荣而伟大的人物。本篇即述孔子之教育思想、目标、科目、教法及其批评——客观的、科学的批评。

孔子传略

孔子名丘，字仲尼。周灵王二十一年生于鲁昌平乡陬邑。家贫，幼而好礼，喜陈俎豆而设礼容。长为鲁小吏，称职。尝适周，问礼于老子。适齐，景公不能用，于是反鲁。年四十三，时阳虎专政，孔子退而不仕。无何，任鲁中都宰，又为司空及大司寇。十年，相定公，会齐侯于夹谷。十四年，摄行相事，诛少正卯，三月而鲁大治，齐人惧，遗女乐以沮之，孔子遂行。之卫，旋适陈，过匡，匡人以为阳虎，拘之。既放，还卫，适朱，桓魋谋害，又之郑，在陈绝粮，尚弦歌不绝。三年反卫，卫不能用，遂周游列国，归鲁时年六十有八，自是著书立说，教化四方士子，年七十三而卒。生平的主要事业有三：（一）栽培三千弟子，使各成其才——教育事业；（二）删定《诗》《书》，垂教后世——著作事业；（三）执鲁国之政，或周游列国，期以先王之道致太平——政治事业。或谓孔子是生知安行者，此据心理学说来，全属误谬，虽孔子的资性非凡，而后之人焚香祷祝，奉为神明者，实则其愚不可及。

孔子的教育思想

孔子开宗明义就注意到学,按"学"即受教育之意。他说:"君子不可以不学。"又:"饱食终日,无所用心,难矣哉!"谓非劳心不可。

孔子以为人性无论善恶,总有求得正当知识的必要,教育可使善者更善,恶者为善,所谓"君子学道则爱人;小人学道则易使也",即是这个意思。

假使有良好的志向,而没有受教育,终亦走入歧途。关于这一点,孔子这样说:"好仁不好学,其蔽也愚;好知不好学,其蔽也荡;好信不好学,其蔽也贼;好直不好学,其蔽也绞;好勇不好学,其蔽也乱;好刚不好学,其蔽也狂。"以为知识有支配行为的能力。

孔子又谓:"吾尝终日思之矣,不如须臾之所学也。""不学而好思,虽知不广矣。"这样看来,好像孔子是唯学主义者,其实,这句话是说人类虽运用思想以致知,但所知有限,所思无益,故不如先学而后思。观《论语》:"学而不思则罔,思而不学则殆。"可知孔子是主张学思并重了。

孔子又主张"学""习"合一,学是外界的输入的知识;习是内部的经验的记忆,知识的获得虽赖乎"学",若没有"习"来辅助而补其不足,不是得不到知识,就是得着的观念不永久,所以,要使"学""习"相互为用,左右逢源,才能达到求知的最高的领域。观孔子"学而时习之,不亦说乎"和"温故而知新"之说,可以证明。

孔子的求学方法,可分两种。(一)好问——如说"疑思问""敏而好学,不耻下问"。有一次,孔子入太庙,每事要问,听的人厌起来了,谓:"孰谓鄹人之子知礼乎?入太庙,每事问。"其实,好问才是增进学识之源。(二)求真实——求知不在多,而在于真确,要真正了解整个的了解。孔子对子路说:"由!诲女知之乎!知之为知之,不知为不知,是知也。"就是说不知道的不要说已知道了。

孔子深信学无止境。常谓:"吾学不厌而教不倦者也。"……《韩诗外传》

有这一段记载：

"孔子燕居，子贡摄齐而前曰：'弟子事夫子有年矣，才竭而智罢，振于学问，不敢复进，请一休焉。'孔子曰：'赐也，欲焉休乎?'曰：'赐欲休于事君。'孔子曰：'《诗》云："夙夜匪懈，以事一人。"为之若此其不易也，若之何其休也！'曰：'赐欲休于事父。'孔子曰：'《诗》云："孝子不匮，永锡尔类。"为之若此其不易也，若之何其休也！'曰：'赐欲休于事兄弟。'孔子曰：'《诗》云："妻子好合，如鼓瑟琴，兄弟既翕，和乐且耽。"为之若此其不易也，若之何其休也！'曰：'赐欲休于耕田。'孔子曰：'《诗》云："昼尔于茅，宵而索绹，亟其乘屋，其始播百谷。"为之若此其不易也，若之何其休也！'子贡曰：'君子亦有休乎?'孔子曰：'阖棺兮，乃止播兮，不知其时之易迁兮！此之谓君子之所休也。'"

又见《列子·天瑞》篇：

"子贡倦于学，告仲尼曰：'愿有所息！'仲尼曰：'生无所息！'子贡曰：'然则赐息无所乎?'仲尼曰：'有焉耳！望其圹，睪如也，宰如也，坟如也，鬲如也，则知所息矣！'"

孔子说："中人以上，可以语上也，中人以下，不可以语上也。"可见他早已主张"因材施教"了。

孔子提倡平民教育，无分贵贱，按《史记·仲尼弟子列传》"颜回居陋巷，冉雍贱人之子，子贡卫之贾人，……"正如他所说的有教无类。

孔子学无常师：问礼于老聃，学琴于师襄，学乐于苌弘，学政于晏平仲、遽伯玉。深信教师不一定万能，有时也要问问朋友，所以他说："三人行，必有我师焉。"

知识由学而来，而学在于教，孔子对于"教"的主张有："不教而杀，谓之虐；不戒视成，谓之暴。""善人教民七年，亦可以即戎矣。""以不教民战，是谓弃之。"

孔子注意以身作则，说："二三子以我为隐乎? 吾无隐乎尔。吾无行而不与二三子者，是丘也。"他的一举一动，都值得学生的注意，如："师冕见，及阶，子曰：'阶也。'及席，子曰：'席也。'皆坐，子告之曰：'某在斯，某在斯！'师冕出，子张问曰：'与师言之道欤？'子曰：'然，固相师之道也。'"

"孔子与门人立，拱而尚右，二三子亦皆尚右，孔子曰：'二三子之嗜学也，我则有姊之丧故也。'"

"予欲无言。……天何言哉？四时行焉，百物生焉，天何言哉？"孔子于"教"之外，还加上化。

孔子也很尊重个性，像"由也果""求也艺""柴也愚""赐也达""师也辟""参也鲁""由也喭""师也过""商也不及"……他已经看出个个学生的心理了。

孔子执善恶相混的旗帜："善恶之非性也，实由性成。"又说："性相近也，习相远也。"就是说人性善恶相混，到受教育时候，可就不同了。这与杨朱所谓"人之性也，善恶混，修其善人，则为善人；修其恶，则为恶人"相仿佛。总之，孔子是侧重后天的学习，个人的品质与行为，要受教育的支配，教育者要设备适宜的环境，予良好的教学，使学者得到理想的诱导。

孔子的教育目标

孔子是道德主义者，主张人格教育，关于良好行为的养成，如仁义忠孝等等，无所不提。

一、仁

"樊迟问仁。子曰：'爱人。'"按《说文解字》："仁，亲也。"又云："亲，密也。"即以仁为人相亲密之意。

子贡问曰："如有博施于民，而能济众，可谓仁乎？"子曰："何事于仁，必也圣乎！尧舜其犹病诸！夫仁者，己欲立而立人，己欲达而达人，能近取譬，可谓仁之方也已。"

此言仁者廓然大公，无间人己，推己所欲，以施于人，所以孔子答颜渊有"己所不欲，勿施于人"之说。

子贡问为仁。子曰："工欲善其事，必先利其器。居是邦也，事其大夫之贤者，友其士之仁者。"

谓仁是一种工具，要我们利用它。子张问为仁——

孔子曰："能行五者于天下为仁矣。"请问之，曰："恭，宽，信，敏，惠。恭，则不悔；宽，则得众；信，则人任焉；敏，则有功；惠，则足以使人。"

以上五者，即为对人之术。

子曰："桓公九合诸侯，不以兵车，管仲之力也。如其仁！如其仁！"

管仲为保全民众，孔子深许其仁，一例。

宰我问："三年之丧，期已久矣。君子三年不为礼，礼必坏；三年不为乐，乐必崩。旧谷既没，新谷既升，钻燧改火，期可已矣。"子曰："食夫稻，衣夫锦，于女安乎？"曰："安。""女安，则为之，君子之居丧，食旨不甘，闻乐不乐，居处不安，故不为也，今女安，则为之。"宰我出，子曰："予之不仁也。子生三年，然后免于父母之怀。夫三年之丧，天下之居丧也，予也有三年之爱于其父母乎！"

责宰我不仁之又一例。

二、义

孔子还注重义，看了"闻义不能徙"的人，他要发怒。他教人尽责任，说："见义不为，无勇也。"要勇往直前，牺牲小我，为人群谋福利。又说："群居终日，言不及义，好行小慧，难矣哉！"言行不义的人，为孔子所弃。

三、忠

照孔子的意思，一个人不限于"事君以忠"，还要忠于友，所谓"与人忠"。

四、孝

"哀哀父母，生我劬劳。"为人子者，当谋所以报答，孔子骂宰予"……

有三年之爱于（其）父母乎"！因他不知报答，换言之，就是不孝；所以孔子主张"无违"，要顺从父母意思，需要精神上的孝敬，不在于物质上如酒肉衣帛的奉养，而说"至于犬马，皆能有养，不敬，何以别乎？"

五、礼

礼是当时风俗习惯的节文，是社交上一切行为的规矩，"不知礼，无以立"这句话，可以洞察孔子那时对于礼字的重视了。

"动之不以礼，未善也。"人的一举一动，都离不开礼。

"君子博学于文，约之以礼，亦可以弗畔矣夫。"礼用以调节行为。

六、信

信是社交上最重要的因素，可以增进朋友间的团结和互助的精神，所以孔子说："人而无信，不知其可也，大车无輗，小车无軏，其何以行之哉？"

"……去食。自古皆有死，民无信不立。"

"言忠信，行笃敬，虽蛮貊之邦行矣，言不忠信，行不笃敬，虽州里行乎哉？"信是行为的利器。有了信，到处可以畅行无阻。

又"子张问为仁。子曰'……恭，宽，信，敏，惠……信则人任焉……'"，亦将"信"包括在"仁"之内。

七、立志

孔子教人，又重立志，如：

"志于道。"

"苟志于仁，无恶也。"

"三军可夺帅也，匹夫不可夺志也。"

"颜渊季路侍，子曰：'盍各言尔志？'"

"子路、曾皙、冉有、公西华侍坐，子曰：'盍各言己志……'"

八、有恒

语谓"学贵有恒，不可时作时辍"。孔子要学生抑制懒惰，怎样努力而有一种继续永久的精神。他赞美南方人一句格言："南人有言曰：'人而无恒，不可以作巫医。'"又说:"圣人吾不得而见之矣!……得见有恒者,斯可矣。"孔子为人"发愤忘食,乐以忘忧"。即奋发有为的精神,值得吾人钦佩。

九、自省

一个人不患有过而患不能自省。孔子说:"已矣乎,吾未见能见其过,而内自讼者也。"又说:"见贤思齐焉,见不贤,而内自省也。"又说:"内省不疚,夫何忧何惧。"扪心无愧的人,觉得无忧无虑,自在逍遥。

除了养成优美的人格而外,孔子还注重知识的增进,认为知识是万能,行为还要从知识产生出来,而受知识的支配,所以他说:"好仁不好学,其蔽也愚;好知不好学,其蔽也荡;好信不好学,其蔽也贼;好直不好学,其蔽也绞;好勇不好学,其蔽也乱;好刚不好学,其蔽也狂。"

孔子教人读《诗》,谓《诗》含有许多知识,如民间的风俗人情、王家政治的得失以及宇宙间的万物事理,包罗万象,应有尽有,学者不可不读。像他说:"《诗》可以兴,可以观,可以群,可以怨,迩之事父,远之事君,多识于鸟兽草木之名。""不学《诗》,无以言。"

读《易》可使知识进步,旧知识变成新知识,关于这一点,《史记》有这一段记载:"孔子晚而喜《易》,序《彖》《系》《象》《说卦》《文言》。读《易》韦编三绝。曰'假我数年,若是,我于《易》则彬彬矣'。"又见《论语》"加我数年,五十以学《易》,可以无大过矣。"

总而言之,孔子的教育目标,可以分为两种:(一)增进高深的学识;(二)养成高尚的行为。

孔子的教育科目

《太史公自序》:"儒以六艺为法。"又史载:"孔子弟子三千,身通六艺者七十二人。"可知孔门弟子都法六艺,即以六艺为科目之谓。

按六艺是:礼、乐、射、御、书、数等。

一、礼

孔子的主要教材就是礼,观《论语》:

"鲤趋而过庭，曰：'学礼乎?'对曰：'未也。''不学礼，无以立。'鲤退而学礼。"

"君子博学于文，约之以礼。"

"恭而无礼则劳，慎而无礼则葸，勇而无礼则乱，直而无礼则绞。"

"事君尽礼。"

"为国以礼。"

"生事之以礼，死葬之以礼，祭之以礼。"

"上好礼，则民易使也。"

"一日克己复礼，天下归仁焉。"

二、乐

《易》称："先王作乐崇德。"谓乐可化民成俗。《孝经》："移风易俗，莫善于乐。"所以孔子对于音乐，视为重要的教育工具，而常与礼字并提，盖有同一功用之故。

"道之以德，齐之以礼，有耻且格。"

"立于礼，成于乐。"

"子在齐闻《韶》，三月不知肉味，曰：'不图为乐之至于斯也!'"

"子谓《韶》：'尽美矣，又尽善也。'谓《武》：'尽美矣，未尽善也。'"

"乐其可知也，始作，翕如也，从之，纯如也，皦如也，绎如也，以成。"

"礼乐不兴，则民无所措手足。"

"子之武城，闻弦歌之声。夫子莞尔而笑，曰：'割鸡焉用牛刀?'"

余如射、御、书、数等等，孔子殊少言及，要之，见《论语》：

"射不主皮，为力不同科，古之道也。"

"君子无所争，必也射乎?"

"富而可求也，虽执鞭之士，吾亦为之。"

"吾何执? 执御乎? 执射乎? 吾执御矣。"

孔子很注重《诗》，《史记》称："子以诗书礼乐教弟子。"《论语》："兴于

《诗》。"又：

"鲤趋而过庭，曰：'学《诗》乎？'曰：'未也。''不学《诗》，无以言。'鲤退而学《诗》"。

"子谓伯鱼曰：'女为《周南》《召南》乎？人而不为《周南》《召南》，其犹正墙面而立也欤？'"

孔子解释《诗》的效用和读《诗》的方法说：

"《诗》可以兴，可以观，可以群，可以怨，迩之事父，远之事君，多识于鸟兽草木之名。"

"《诗》三百，一言以蔽之，曰，思无邪。"

"诵《诗》三百，授之以政，不达，使于四方，不能专对。虽多，亦奚以为？"

"《关雎》乐而不淫，哀而不伤。"

孔子以《诗》为较深的科目，专以教授程度高的学徒，如"赐也，始可与言《诗》已矣""……商也，始可与言《诗》已矣"。

孔子的教育方法

孔子的教育思想和目标，既如上述，兹更将他的教育方法，分了四层，作有系统的讨论。

一、鼓舞求知兴趣

孔子教法，不重呆板式的注入，而在怎样才使学生感觉求学的兴趣。为要达此目的，乃有三种不同的激励方法。

1. 鼓励

孔子知道学生都很信仰和崇拜他，因述其过去的读书经验和兴趣，来鼓励学生向上进取，所以他说：

"吾十有五而志于学，三十而立，四十而不惑，五十而知天命，六十而耳顺，七十而从心所欲，不踰矩。"

"吾尝终日思之矣，不如须臾之学也。"

"吾尝终日不食，终夜不寝，以思，无益，不如学也。"

"其为人也，发愤忘食，乐以忘忧，不知老之将至云尔。"

"饭疏食饮水，曲肱而枕之，乐亦在其中矣。"

又《论语·述而》章有："子在齐闻《韶》，三月不知肉味。"足见孔子当时求学的兴趣。

2. 褒奖

诱掖而奖励学生的长处，如：

"贤哉回也！一箪食，一瓢饮，在陋巷，人不堪其忧，回也不改其乐，贤哉回也！"

"雍也可使南面。"

"孝哉闵子骞，人不间于其父母昆弟之言。"

"片言可以折狱者，其由也欤。"

又如对颜回、仲弓所说：

"惜乎！吾见其进也，未见其止也。"

"犁牛之子，骍且角，虽欲勿用，山川其舍诸。"

3. 惩责

即处分学生的短处，如：

"朽木不可雕也，粪土之墙，不可杇也，于予与何诛。"

"冉求曰：'非不说子之道，力不足也。'子曰：'力不足者，中道而废，今女画。'"

又如：

"季氏富于周公，而求也为之聚敛而附益之。子曰：'非吾徒也，小子鸣鼓而攻之可也。'"

二、引起自动精神

关于引起自发活动，可从两方面观察：（一）怎样启发学生的好奇心；

(二)怎样教学生运用思考。观"不愤不启,不悱不发,举一隅不以三隅反"一说,可知梗概!按朱注:"愤是心求通而未得之意,悱是口欲言而未能之貌,必待其如此而启发之。"又:"物之四隅者举一可知其三,反者还以相证之义。"——启发与思考主义的证明见下:

1. 关于启发

孔子每由问答中来引起学生的动机。如一日,樊迟为孔子御车,子告之曰:"孟孙问孝于我,我对曰:'无违。'"樊迟听"无违"两字,怀了疑,即问:"何谓也?"孔子看他有好问心,应加以启发,所以说:"生,事之以礼,死,葬之以礼。"又一次,子贡问:"贫而无谄,富而无骄,何如?"孔子答:"可也。未若贫而乐道,富而好礼者也。"又问:"《诗》云:'如切如磋,如琢如磨。'其斯之谓欤?"最后孔子说:"赐也,始可与言《诗》已矣,告诸往而知来者。"此外又如:

"子夏问曰:'巧笑倩兮,美目盼兮,素以为绚兮,何谓也?'子曰:'绘事后素。'曰:'礼后乎?'子曰:'起予者商也!始可与言《诗》已矣。'"

"子路问君子。子曰:'修己以敬。'曰:'如斯而已乎?'曰:'修己以安人。'曰:'如斯而已乎?'曰:'修己以安百姓。'"

这些可以证明孔子对于启发式教学的注意了。

2. 关于思考

思考的运用,有如下所举:

"君子有九思……"

"见贤思齐焉,见不贤,而内自省也。"

"学而不思则罔。"

孔子又赞美能运用思考的学生,如:

"子曰:'吾与回言终日,不违如愚。退而省其私,亦足以发,回也不愚。'"

"曾子曰:'吾日三省吾身:为人谋而不忠乎?与朋交而不信乎?传不

习乎?'"

三、侧重个别教学

孔子注重因材施教,以发展个性为前提,同一问题,见有不同的答复。

甲、论仁

答颜渊:"克己复礼为仁,一日克己复礼,天下归仁焉,为仁由己,而由人乎哉?"又:"非礼勿视,非礼勿听,非礼勿言,非礼勿动。"

答仲弓:"出门如见大宾,使民如承大祭。己所不欲,勿施于人,在邦无怨,在家无怨。"

答司马牛:"仁者其言也讱。"又:"为之难,言之得无讱乎!"

乙、论孝

答子游:"今之孝者,是谓能养。至于犬马,皆能有养。不敬,何以别乎!"

答子夏:"色难,有事弟子服其劳,有酒食,先生馔,曾是以为孝乎。"

答孟武伯:"父母惟其疾之忧。"

丙、论政

答子贡:"足食足兵,民信之矣。"

答季康子:"政者正也,子帅以正,孰敢不正!"

答仲弓:"先有司,赦小过,举贤才。"

答子张:"居之无倦,行之以忠。"

丁、论行

答子路:"有父兄在,如之何其闻斯行之。"

答冉有:"闻斯行之。"

后来公西华问:"由也问闻斯行诸?子曰:'有父兄在。'求也问闻斯行诸?子曰:'闻斯行之。'赤也惑,敢问。"孔子遂有"求也退,故进之,由也兼人,故退之"之说。由此更可证明孔子对于个性的尊重了。

四、注意循序上进

循序教学,从孔子谈吐间可得证明:

"学而时习之。""温故而知新。""下学而上达。"

孔子学说与新教育

孔子的学说能否适用于今日的社会，一般争论颇烈：一派是极端赞成的，说不特孔子的教育方法好，而所主张的"泛爱众""亲亲而仁民"，那样吻合民主主义；另一派则极端反对，说孔子所倡的仁义道德，都是虚伪的，非本能的，而重男轻女，也完全违反了现代男女平权的原则。究此两说，实各有偏颇之处，这里既要重新估价，给一种客观的批评。

兹先将姜琦先生所提孔子教育方法的好处胪列于下：

一、注重人格感化；

二、注重因材施教；

三、注重启发；

四、注重循序渐进；

五、注重社会事物的教授——按孔子的教育科目，是文、行、忠、信；教材是诗、书、礼、乐等。

的确，一、人格感化是很需要的，个人的道德心关系国家社会至大；二、个性不同，学力智力亦异，因材施教即补救团体教学的缺点；三、不用呆板的注入，而代以启发式，确合新教学原则；四、循序渐进，学习并重，足以增进学者记忆力和理解力；五、顾虑时代和社会需要，而使学有所用，这些都是教法的优点所在。诸如"不学无术""学无止境""学无贵贱""教化合一"等等，已详上述，兹再申说孔子的教育目标。

孙中山先生于民族复兴运动上，发展中国固有文化为目前的鹄的，中国固有文化是独立在孔子实践哲学上，孔子以"四维""六艺"教人，目的在除了增进知识和技能以外，同时养成良好的行为，使个个变做理想的公民，效力于社会。

我们知道，表现于社会生活的有两方面——形式和精神方面。前者即成为社会秩序和制裁的力量的"礼"和"乐",后者就是孝弟忠信礼义廉耻等道德观念,两者相互为用,以确立社会组织,增进人类的福利,这不特是做人应具的条件,而且为吾人的责任。中国的积弱,一方面虽为产业落后,一方面亦因国民缺乏固有道德所致,由此可知孔子之教育目标,于个人及国家社会上,实有肯定的价值。

说完优点以后,也要提出它的劣点。

第一,从心理学方面看来,人类生来就具有不同的性向——不一定是善的倾向——教育不是万能,因为先天的遗传已替他决定了大半,孔子说"性相近也,习相远也",实与现代教育家所谓"婴儿——指未受教育的——像一张白纸"陷于同一的错误。

第二,既说"性相近也,习相远也",何以又说什么"惟上智与下愚不移"!可见孔子学说,也有矛盾的地方。

第三,孔子不是说"诲人不倦"吗?那为什么"举一隅不以三隅反,则不复也"?虽然"中人以下不可以语上",但仅知一隅的人,不一定是中人以下。

第四,"惟小人与女子为难养也",孔子尊老贱幼,重男轻女,哪能说是"有教无类"。

第五,孔子不能一视同仁,在他的三千弟子中,得常依杏坛者实在少数。观《论语》:"从我于陈蔡者,皆不及门也。"又载:"颜渊季路侍。""子路、曾皙、冉有、公西华侍坐。"可见能够坐在他身旁的,充其量不过二三十人。

第六,骂宰予:"朽木不可雕也,粪土之墙,不可杇也,于予与何诛!"责冉求:"非吾徒也,小子鸣鼓而攻之可也。"可见孔子训育方法,还脱不了消极的制裁。

第七,有人说,孔子意在破除迷信,所谓"未知生,焉知死",但他为什么说"祭如在,祭神如神在""洋洋乎如在其上,如在其左右"?所以墨子揭破他的思想说:"执无鬼而学祭礼,是犹无客而学客礼是犹无鱼而为鱼罟也。"

第八，儒家以从事政治为教育的目的，孔子满心"政治欲"，无时不想做官："三月无君，则皇皇如也。""如有用我者，期月而已可也，三年有成。"便是他求官的铁证。又如：

"樊迟请学稼。子曰：'吾不如老农！'请学为圃，子曰：'吾不如老圃！'樊迟出，子曰：'小人哉樊须也！上好礼，则民莫敢不敬；上好义，则民莫敢不服；上好信，则民莫敢不用情。夫如是，则四方之民襁负其子而至矣，焉用稼？'"孔子看不起工农，以为他们都是卑贱的。

"学也，禄在其中矣""学而优则仕""士之仕也，如农夫之耕也"，认为读书做官，是不可分离的东西。

"齐景公问政于孔子，孔子对曰：'君君，臣臣……'"君君臣臣，是要维持政治上贵族优越地位。又"与上大夫言，訚訚如也"，就是必恭必敬笑嘻嘻的；"与下大夫言，侃侃如也"，可以放胆把小官压住；至于民呢？要使他们"望之俨然而畏之"。

"君子之德风，小人之德草，草上之风必偃""民可使由之，不可使知之""不在其位，不谋其政"。这明明是官民对立，而把教育当作智识阶级把持政治的工具呢。

总而言之，孔子的教育目的，在养成许多统治者，教统治者统治被统治者，教劳心者治人，劳力者治于人，士大夫阶级的形成，就是他的极大错误。这种错误支配了数千年来的青年思想，个个不喜做大事，而想做大官，说什么"十年寒窗苦，马上锦衣回""万般皆下品，惟有读书高"。无疑地，这是中国教育的不幸，也就是中国生产建设落后的主因。所以有人把孔子从"万世师表"，降到教育界罪人。

结论

说孔子是教育界罪人，未免言过激烈。总之，教育尊重个性，循循善诱，开世界教育思想之先声，不可谓非优点；附和当时宗法思想，助士人操纵政治，使"政""教"合一，亦不可谓无劣点。我人固不以"尊孔"列为教育宗旨，但亦无庸打倒"孔家店"。要之，离开宗教观念，本科学精神，加以分析和批评，"择其善者而从之，择其不善者而改之"，那才是研究者的真正的态度。

（原载于《福建教育周刊》1934年第210—211期）

台湾教育实施的商榷

一、引论

台湾收复之后，各项建设问题，引起了国人热烈的讨论：教育设施，尤受注意。良以台湾在日本统治下已51年，论其工商业与交通等的发展，已为本省建设上确立良好的基础，今后不过注意其管理问题，而教育麻醉国民思想，遗毒已深，非从根本做起，无以谈成效，此亦教育为各项建设工作中最具艰巨繁重者。

论者谓帝国主义者对于殖民地设施，每重经济交通而忽教育，实则日本对于台湾教育的推展，不知费尽多少心力。就经费负担来说，昭和五年（1930），台湾教育费为16 916 342元，六年增加为17 074 335元，到九年又增加为18 026 504元。教育经费与其他事业经费的比例，也比较多。如昭和八年（1933）各州岁出预算，台北州全年总预算为4 338 135元，教育经费为1 889 539元，占三分之一强；新竹州全年总预算为2 136 250元，教育经费为1 574 122元，占二分之一强；台南州全年总预算为4 663 280元，教育经费为1 572 878元，占四分之一强；高雄州全年总预算为2 889 453元，教育经费为964 554，约占三分之一。再就学校数来说，幼稚园71（1934年统计），小学校147，公学校813，中等学校111，专门学校与高等学校6，大学1（以上最近统计），分布于三万五千多方公里的土地，不可谓不多，这得说日本统治者为殖民地人民谋福利吗？相反地，他对于台湾教育办理得愈认真愈严格，愈表现其奴化政策的阴谋。

二、"奴化"与"同化"教育的流毒

帝国主义者对于殖民地的教育，虽因时地关系，在实施的形式与内容方面，或有不同，要不脱"奴化"和"同化"二者，日本之于台湾，也不能例外。

就"奴化"一点来说，台湾本地人民始终不能与居留台湾的日人，受同等的教育机会，这自然是防止台民受了教育之后，容易激起其民族自觉思想。台湾的初等教育已算相当普及，但是依昭和元年（1926）末的统计，台湾学龄儿童就学率为日本人男占98.3%，女占98.1%，平均占98.2%，台湾人男占43.0%，女占12.3%，平均占27.7%。昭和九年即1934年，台湾134个小学校中，就学儿童计40 023人，全为日本籍。说这等学校专为日本人而设置，那末770公学校中，就学儿童332 966人，其中居留台湾的日籍学龄儿童几已全数就学，即就学儿童数约占学龄儿童数99%以上。而台湾本地学龄儿童计830 653人，就学儿童计326 722人，即就学儿童数仅占学龄儿童数39%。在课程方面，日籍儿童就读的小学校有修身、国语、日本历史地理、理科、国画、唱歌、体操、缝纫（女生）等，台籍儿童就读的公学校则为日语、体育、算术、实业四科。这说明了日本统治者根本上只想使台湾人懂得一些普通常识。

日本当局抑止台湾人升学的机会，可以说不一而足，过去台籍小学卒业生要升学中等学校，须受严格的日语入学试验，而其他科目亦以日语作答案。这种办法，光就语言来讲，台人入学就很困难，况且在"国语"、修身、历史的试验科目中，还包括日本历史、国族观念等诸问题，使台人更难应试。

虽然大正十一年（1922）的新教育令，废除了过去日本人与台湾人的教育划分，而台湾总督府也宣称"在教育上已经完全撤销了国族的区别，而不能看出日本人本地人番族之差别的称号，实为本岛教育未有的革新"，事实上并没有如此聪明的改革。我们依昭和元年（1926）末的统计，在中学校的日本人就学人数为 6 856，台人仅 4 643，高等学校日本人为 220，台人仅 28，专门学校日本人为 447，台人仅 251。可知日台人教育机会平等是永不会有这回事。

殖民地教育的特征是大头脚，英领印度有大学 15 所，而印度文盲却占全人口 91.8%。那创立于昭和三年（1928）的台湾帝国大学，内部规模宏大（有文政及理农两学部，内设哲学、史学、文学、政治，及生物、化学、农学、农艺化学等学科，凡 24 讲座）。大学经费取之于本岛，而本岛青年却难得其门而入。事实上殖民地的高等教育机关，亦不过为宗主国培植统治的干部人才而已。

大正八九年（1919—1920）以前，台岛人到日本留学，如其系研究政治法律，必为日方所拒绝。在一般人看来，台岛人学实业、医学应该无问题了，实际上受高等实业教育的，仍然非常少，只有研究医学的比较多些。其数字如下：

	日本人	本岛人
肄业台北高等商业学校	221	15
肄业台南高等工业学校	160	60
肄业台北高等农业学校	121	9
肄业台北医学专门学校	154	204

（以上为 1934 年情形）

技术教育固然是殖民地教育的基本要求，但日本统治者绝不敢放大胆量给予本岛人高深的技术教育。这就是说他还不敢大量造就高级的技术干部，他最理想的是栽培只能转动机器的劳动者，即使需要生产干部，亦只限于中下层部分，所以过去台湾教育所揭橥的目标"启发职业知能"，仅为"启发"而已。公学校设"职业"一科，目的为启发，各地普设实业实习学校，目的亦不过为启发。这样教育才算是"奴"化，它要使殖民地人民永远为其榨取资源的奴隶。

"同化"教育政策显著的为日语教育的普及。日本占领台湾后,即感觉语言差异,统治上发生许多困难,乃于台北、淡水、基隆、宜兰、新竹、苗栗、台中、鹿港、云林、嘉义、台南、凤田、恒春、澎湖等枢要地方,设立所谓国语①讲习所十余所。这种讲习所的目的,在传习现行"国语"于士人,为地方行政设施的准备,且为教育的基础。对象为满12岁至25岁的不就学儿童与青年,普通分作两种,即"国语"讲习所与简易"国语"讲习所。前者为市、街、庄所设,率在城市;后者以街、庄为主体,率设农村。昭和九年(1934)有"国语"讲习所960所,简易"国语"讲习所882所,经费除就市街庄筹拨外,且由国库辅助,数额达120 000元,较之三年前几增至8倍。除此以外,以小学校公学校卒业生为对象的青年训练所、青年讲习所、公民讲习所、小学卒业生指导讲习所,其主要任务亦为"国语"的练习。

由于近年来台湾革命独立运动的不断产生,以及卢沟桥事变后我国发动神圣的长期抗战,日本统治者深恐台人倾向祖国,乘机背离,一面积极逮捕所谓政治思想犯,不论案情如何悉处以死刑;一面于五州三厅先后组织宣传委员会,使分担宣传工作。昭和十三年(1938)二月,更大规模发动"皇民化运动",目的使"基于统治主义教化之理论与实际,谋民众敬神运动之简易化及普及化"。这种敬神运动的第一步,在消灭台人固有信仰的行迹,捣毁原有庙宇与神像,而分派日本式神盏、神牌及神社图,勒令台人家庭悬挂奉祀,日本神社亦分布于各城市与乡村。小学生每星期至少须向"神"参拜一次,如遇天皇病讯及日本天灾,每日天明还须前往"诣拜",自从昭和十三年起,每逢"兴亚奉公日"(即每月一日)各学校机关团体的人员,更须往附近的日本神社"礼拜"。教育机关被强迫推行"敬神教育",严禁学校学生蔑视绝对神圣的天皇及皇祖宗。敬神仪式各校均需举行。在设有"朝会"的小学校,每日清晨必须举行一次所谓"国民行事",其程序有:

---

① 这里的"所谓国语"当指日语,故本段中后面的"国语"均加双引号。——编者注

（一）皇城（东京）遥拜；（二）天皇大福宫（伊势）遥拜；（三）唱《君之代》（日本国歌）；（四）逢节日需加入"敕语捧读"一段。

而在日本统治者所认为最富有"历史意义"的，要为改姓名运动。昭和十六年（1941）台湾改姓名推进会在台北成立，报纸上曾发动广大的宣传，并编印"改姓名案内""皇民化与改姓名"等宣传小册，分派宣传队出发演讲。当局并规定凡改姓名的，在社会生活上可享种种便利，子弟有入学优先权，否则永远不能入学校读书。

所谓"皇民训练"系采取一种武士道办法，个个人赤身露体的在日光下举行，在海滩或水滨一带，则以潜水为重要课目。昭和十六年（1941）已设立的训练所不下百余所，全台四十五万的青年团员和少年团员，均被迫参加。这种训练的目的，在驱使台湾青年充当日本帝国主义发动侵略战时的炮灰，凡是参加"皇民训练"的台湾青年，均应承认"我亦日本男儿"，而为日本帝国效忠。

在这51年的日本统治过程中，最毒辣的手段，无过于实施消灭台人的民族的意识的教育，他要使台人数典忘祖认贼作父，借以稳固其殖民地统治势力。因此台湾收复之后，我们认为最重要的工作，要为以教育力量，改变台湾民众的奴隶心理，从而激发其国家民族意识，使他们知道台湾原是中国的土地，台湾人民应爱护祖国，为祖国的复兴与建设而努力！

三、收复后台湾教育的改革

今后台湾教育的实施，在制度、内容和方法上，自有应行改革之点。兹举其要项于下：

（一）学制系统的变更

在日本统治期间的台湾学制系统，初等学校肄业年限为六年，中等学校五年，高等学校与专门学校三年，又大学三年。今后除初等学校仍旧制，招收六足岁之儿童外，中等学校肄业年限应改为六年，其中初高级各三年。大学应改为四年，招收中学毕业生。高等学校与专门学校应改为专科学校，年限随实际需要而定。而中等学校中之实业学校与实业补习学校，应改为完全职业学校或初级职业学校。高等女学校应改为女子中学，或并入普通中学内为男女合校。至于小学校及公学校，虽已统称为国民学校，亦应改为中心国民学校与国民学校，使与本国国情相合。各级学校肄业年限虽做如此改革，以资划一，惟学科程度，不妨按其性质与内容，酌量予以降低。

（二）语文教育的普及

语文教育系包括国语与国文二者，中国人不能说中国话，识中国字，写中国字，非特不配称作中国公民，且不配称作中国国民。所以台湾教育第二个实施工作，要为国语国文教育的普及。教育当局应即发动一个广泛的国语普及运动，一面于各级学校中实行国语教育，指导学生认识注音符号，一面于各地设立国语补习所，鼓励普通民众练习国语，利用说书、话剧、播音、国语竞赛及其他讲习等，以养成台民听国语、说国语的习惯。而在国文方面，可规定民众最低限度应认识的字汇，切实教学。所有政府揭示、宣传册子与各种文字说明，均应加注音符号，使民众易于认识。各级学校的国文教材，力求应用浅白的语体文并暂时禁用文言文。各科教科书即使在中等以上学校，其应用汉字编成者，不妨多用插图，以增加学生对汉文的理解能力与兴趣。至于作文方面，亦应注意使学生能写通顺的白话文，尤其各种应用文字。

（二）公民训练的实施

总裁曾经昭示吾人："我们的教育，一定要能达到抗战建国的目的。"又谓："我们不仅传授学生以一些知识和技能，而要使他们贡献这些学问技术为国家为人类效用，我们不仅是授予一些人生的修养，而要使受教育者成为彻底彻外的现代中国的国民。"台湾在没有沦陷前，非不注意教育，郑经时代置明伦堂、设学校。规定儿童8岁一律入学。康熙中，知府蒋敏英设学社、义塾，又扩建府县儒风书院，康熙二十六年（1687）为台胞参加福建乡试之始，当时因科举的鼓励，使教育风气传播于台湾的每一角落。光绪十二年（1886）刘铭传任台湾巡抚时，更创立四学堂。新教育制度于焉产生。但是综上所举，可知过去的台湾教育，仅注意知能的传授，谈不到民族国家意识的灌输，这也是当年加速台湾沦亡的一个原因。我们今日痛定思痛，对于收复后的台湾，必须加强公民训练的设施，是无疑义的。我们在观念养成方面，要使台胞认识台湾是中华民国的领土，认识中国是有光荣的历史与光明的前途的国家，和认识中国在今日国际的地位。在知识灌输方面，要使台胞了解三民主义，国父遗教的真谛，了解本国地理形势与历史发展，和了解有关政治、法律、经济等的现代知识。在行为修养方面，要使台胞具有忠孝仁爱信义和平的美德，具有明礼义、知廉耻、负责任、守纪律的精神，和具有和谐谦恭的大国民风度。

（四）健全师资的培养

培养健全的中小学师资，实为今后教育的重要工作。根据统计，台湾大中小学一共1 078校，教职员一共12 626人，除其他各学校外，光是公学校教职员就有8 718人。这八千余名的公学校教职员中，除了813人为校长以及小部分担任学校行政职务外（其中有日人亦有台湾人），约有5 000余人均为台籍教师，这是指初等学校部分。其他各级学校的教师，均以日人担任为多。鄙意余高中以上学校担任数理及生产学科的日籍优良教师，可酌予保留外，其余日籍教职员应一律令其返国。台籍教职员应严密调查其过去服务情形及日常言行，分别予以甄审，授予短期训练，尽量任用。因为目前如将原有教职员全部淘汰，势必引起严重的师荒。而因教师失业而引起一部分台胞生活问题，亦将酿成社会的不安状态。有人提议招致福建中小学教师赴台工作，此种方法在目前福建师资缺乏的情形下，似亦不甚妥当，但可鼓励闽南各县的失业失学青年赴台，予以严密训练，或保送入师范学校肄业。同时增设师范学校，大量造就优良的小学师资。创办师范学院，或于原有台湾大学内附设师范专修科，造就中等学校的各科师资。此种师范教育应特别注意民族国家意识的激发，特别注意培养公民、国文、历史、地理等科师资，使其共同负起推进民族教育的责任。

（五）实业人才的造就

台湾的产业与交通的发展，依近年统计，全岛耕地面积共 85 669 千公亩，占总面积四分之一，农产物以米、甘蔗、甘薯、芭蕉、茶为大宗，森林面积亦占全岛面积四分之三以上，1932 年阿里山伐木的成绩，竟达 268 928 立方公尺。渔盐方面，年来日形发达，战前从事捕鱼业的汽船达 1000 只，制盐面积则有 1 499 公顷。除供本岛食用外，且能销往外地。矿藏亦甚丰富，1930 年调查共有 670 处，总面积达 6 112 093 公亩，包括煤、金、银、铜、石油等。工业方面，有大规模的糖厂，日可压榨甘蔗 300 吨乃至 3 000 吨。电气为所有工业的动力，台湾电业由官办会社、五商办会社主持，台中州的日月潭水电厂电力达十万基罗瓦特。再论铁公路交通，台湾现有官营铁道长 881.7 公里，民营长 504.5 公里，公路则长达 15 000 公里以上。估计上项产业的职工数，像制盐人员有 1 806 人，从业者 3 526 人，制糖、电气、纺织等各业工场职工达 66 500 余人。台湾收复之后，所有农场、工厂、铁道、医疗机关、自来水、电气、盐场、船舶等等，均在接管之列，目前需用之工程师技工人员，虽暂时可由国内调用，或保留一部分日籍职工，但本岛将来之需要大批专门技术人员，则无疑义。现有台湾高等实业学校的台籍学生毕业后既不敷需用，势须多量培养，鼓励中小学毕业生入实业学校肄业。此种实业学校应按其性质分设于各生产所在地，以便利学生实习。必要时并得设置短期训练班，加强造就各项技术的基层人员。

（六）社会教育的注意

台湾在日人统治时期，学校教育虽已相当发达，但失学人民仍占 70%以上，乃有社会教育的设施。那时除普设国语讲习所、公民讲习所、青年训练所外，尚有青年团、少年团、家长会、主妇会的设置，训练事项仍以日语为主要，辅以修养德性、灌输知识和增进生产技能。对一般的民众教育，又有电影、无线电广播、图书馆、博物馆等，分布各地。依 1933 年统计，台湾共有电影机 161 架，影片 1 004 种，广播电台 2 所，收音机 15 592 台，图书馆

79 所（内官立 1，公立 72，私立 6），藏书在 30 万册，博物馆计有总督府博物馆、台中教育博物馆、台南教育博物馆及嘉义通俗博物馆 4 所，陈列台湾之历史、番族、动植物标本及理化仪器等。论其规模与设备，为全国各省所望尘莫及。此种社教机关接管之后，关于原有馆、所以及广播机、电影机等，可予充分利用，影片与图书应销毁含有奴化教育毒素及破坏国际和平、人类自由的部分，并多摄制足以激发民族意识培养自由和平观念的影片，采购有关三民主义研究、本国历史地理、先贤传略及其遗著之类的图书，供众观览。各地通俗图书馆应多设置，或于图书馆内附设通俗阅览部，管理员应遴选会说当地方言者，以便随时向阅览者解释。据熟悉台胞生活情形者言：台胞习惯喜欢演戏，戏有大戏小戏之分别，前者略等于我国内地的旧戏，后者颇类长江流域的花鼓戏，惟剧情多取自《西厢》《红楼梦》等旧小说。今后应寓宣传于娱乐，利用此种戏剧插入含有民族教育意味的材料。并乘当地举行妈祖会、盂兰会、打醮、放水灯时，宣传迷信的害处，而转移民众兴趣于国家纪念日的集会游行与体育竞赛上。

（七）少数番族的教化

台湾现有住民，可分为三类：一为本地人，即普通谓台人，约 597 万人，占全人口百分之 92%；二为日本居民，约 37 万人，占全人口 6% 弱；三为番民，约 16 万人，占全人口 2%。这 16 万的番民中，包括太野儿族、保隆族、曹米族、培旺族、阿米族、亚米族和晒随之族，凡 714 个部落。而居住在普通行政区域的部落，仅 142 个，约占 48 836 人，余均居于深山。虽然在日本理番政策下，化生番为熟番的数字年有增加，而镇抚工作的困难仍无法打破。国父的民族主义政策，一为中国民族自求解放，二为中国境内民族一律平等。我们要使台湾番族在政治、经济、法律上得到真正平等，必须先从教育入手，"生番之语言，出自马来者六之一，出自吕宋者十之一，迤北十七村多菲利宾语……"是则教育番民，又须从统一语言，提倡国语运动着手，使汉番之间，消除一切隔阂与误会，然后进一步授予番民生产知能，与民权训练，改善番民固有生活与地位。

（八）教材读物的供应

台湾学校教育设施首受注意的，要为教科书的供应，盖各教学校一经开课，原有的教科书（数理化科或暂可沿用旧本）即再不能使用，而须使用灌输三民主义教育的新课本。鄙意小学方面，国定本教科书尚可应用，中学以上的一部分课本必须另行编辑。教育当局应即组织教科书编辑研究委员会，调查本岛学生的学业程度，与本岛的特殊生活状况，从事编辑，印发各校采用。各校教师应将新课本的教学结果，随时提供意见，由学校汇送教科书委员会研究改进，再呈请教育部审定。各地应设立较大规模的印刷机构，铸造汉字，大量印刷教科用书，中学以上教科书用字在短时期内，不妨仍用日文排印，或中日文合拼，使学生不因对汉文的理解，而减低其他种学科的程度。又台湾沦陷以后，台胞对祖国文化的接触，现已隔绝，今后台湾各地，应遍设报馆出版社，出版报纸，编印图书杂志，传播祖国文化，并尽量介绍祖国的新旧小说、戏剧、音乐、歌谣、书画、雕刻及其他艺术作品，使台胞受了祖国文化的熏陶，精神生活与物质生活渐趋本国化。

总之，台湾归还我国之后，台湾人民生活的改进，应该是反奴为主。所以，教育亦应是反奴为主的教育。根据这个原则，今后的台湾教育，必须培养台胞的民族自信力，发扬自治精神，增强自力更生能力，使他们在三民主义教育文化的陶炼之下，成就新中国的健全的公民。

（原载于《教育与文化（福州）》1945年创刊号）

论教育的本质属性

教育的本质是什么？对于这个涉及如何正确认识和掌握教育的客观规律性，如何确定和贯彻执行党的教育路线、方针、政策，以及如何使教育更好地为社会主义现代化建设服务的问题，多年来，教育理论界从不同角度出发，见仁见智，看法颇为分歧，目前争论还在继续。笔者仅就各方面提出的论点，略作初步分析，并提出个人的粗浅看法，以就正于高明。

几年来对教育本质所持不同看法，主要有下列几方面：

（一）教育属于上层建筑，是为一定的经济基础服务，受一定的政治经济制约的。这是老论点，也是马克思主义者要坚持的基本观点。

（二）教育属于社会生产力，不是上层建筑。其理由是：（1）教育的对象是人，生产力诸因素中，人是首要的决定的因素。（2）作为教育内容的自然科学属于生产力。（3）教师不仅是未来劳动者的教育者，他本身也是生产劳动者，并以科学技术传授给年青一代。再则，科学技术和经济建设一旦列入历史议事日程，成为首要任务，教育就必然以生产力的姿态出现。

（三）教育一部分属于上层建筑，一部分不是。例如教育理论、教育的方针政策、学校的思想政治教育、社会学科的教学等，都具有阶级性，属于上层建筑性质。至于科学技术的教学内容，教学的组织形式，教学的原则和方法，以及学校行政管理等则不具有阶级性，不属于上层建筑性质。

（四）教育是独立的社会实践。它同社会生活各方面都有联系。它的本质特征就是传授知识，这对不同阶级和社会制度都同等需要。与此论点相接近的是把"知识"扩大为"生活"，认为教育是"传递社会生活经验，培养人的社会生活能力的手段"。

（五）教育是生产性和阶级性的统一。分而言之，资本主义教育的本质是它的大生产性和资产阶级的阶级性的统一；社会主义教育的本质则是它的大生产性和无产阶级的阶级性的统一。与此论点相似，还有主张"教育的生产性""教育的政治性""教育的实践性"三合一的。

让我们先探讨生产性和阶级性（或政治性）的"统一"和"三合一"说。

如论者所说，过去的教育是它的生产性和阶级性的统一，只是这两种特性分别被相对分裂的两种形式的教育所体现，即学校教育主要体现它的阶级性，劳动者教育主要体现它的生产性。这里有个问题是：既然是"分裂"了，怎么会体现它的"统一"？而既然是"统一"了，又怎么来说明人剥削人的社会里劳心与劳力、脑力劳动与体力劳动的对立呢？如果把大工业生产制度下的教育与生产劳动相结合理解为统一了，那又怎样区别开在不同的社会条件下，教育与生产劳动相结合的不同本质呢？再则，我们说的教育，作为教育学的概念，有着它特定的含义。小生产者的父传子，师授徒，固然也是教育，但同学校教育相比，它毕竟带有自发的原始的性质，不是我们这里所要探讨的教育形态。

如果说，"统一"说的性质是二元论，"三合一"说则属于多元论。但不管是几元论，其为奉行折衷平衡主义则一，其要害就是不分主从。而事物的本质规定，恰恰要考究它内在的主从关系。"事物的性质，主要地是由取得支配地位的矛盾的主要方面所规定的。"（《矛盾论》）马克思肯定人的社会属性，也承认人的自然属性，但在规定人的本质属性时，就是用一句话概括："社会关系的总和"。教育具有两种职能，一是为生产斗争服务，另一是为政治斗争服务。教育的生产性始终服从于教育的政治性，不论是阶级存在和阶级斗争十分尖锐的时期，还是阶级斗争已趋缓和甚至阶级消灭之后，都没有改变其前提。发达的资本主义国家一切科学技术的发明创造，要么首先服从于军事上的需要（例如原子能、电子计算机），要么首先服从于攫取更高利润。今天我们国家提出四个现代化，是强调搞社会主义的现代化，而不是没头没脑的现代化。它是在四个坚持的前提下来发展社会生产力。我们现在调整学校体制，革新教学内容，应用现代化教学手段，派遣留学生，吸取发达国家科学技术新成果和教育方面的先进经验、成熟理论，都是以新时期党的路线、方针、政策作为指导思想。我们重视教育的生产性，也是为了体现教育的政治性，体现教育为无产阶级政治、为社会主义经济建设服务。

其次，探讨独立的社会实践和传递社会生活经验说。

认为教育无论处在什么样的社会制度下，为哪一个阶级利益服务，它都不过是给年青一代传授知识的过程。就是说，作为一种社会实践的教育属于永恒范畴。这显然把教育抽象化了。有的同志还用列宁的教导来自圆其说。

列宁在《什么是"人民之友"以及他们如何攻击社会民主党人》中批判民粹派头子米海洛夫斯基的唯心论和形而上学时，有这样一段话："的确，米海洛夫斯基先生这一套说遗产制度是与教育儿女、与儿女生产心理等等相联系着的议论，难道不就是说遗产制度也与教育儿女一样是永恒必要和神圣不可侵犯的现象吗？"① 事实是，列宁这里指的是父母出于一种自然感情、带着自发性质的教育子女，它同依从一定的政治目的，有计划地对下一代施加影响，是有区别的。20世纪50年代初，苏联H.N.包德列夫等对苏联教育界关于教育的专门特点问题的争论所做的总结，就对此强调指出："如果要考虑到列宁随后所讲的关于教养和教育的历史性质，关于剥削社会中学校教育的阶级性的那些意见，那么这有什么意义呢？""列宁在自己的许多关于教育、学校和青年教育问题的言论中，都已全力强调教育、教养和教学的历史性质。他极明确地揭发了资产阶级社会中学校教育的阶级性。"② 列宁在《民粹主义空洞计划的典型》中批判尤沙柯夫时，就是用历史和阶级观点来考察教育，揭示教育的根本性质不是什么永恒范畴。

至于说教育是培养人的社会生活能力的工具，其问题在于，生活在任何

---

① 《列宁文选》两卷集，第1卷，第110页。
② 转引自《人民教育》1952年7月号H.N.包德列夫等：《关于作为社会现象的教育的专门特点的争论总结》。

国家和任何历史时期都不是抽象的,它总是依附于一定的社会和一定的阶级而存在。列宁的《民粹主义空洞计划的典型》针对尤沙柯夫的教育观点,有一段话说:"作者完全正确地指出,'学校应该为生活培养人才'这个公式是毫无意义的,问题在于生活需要什么和'谁需要'。'谁需要中等教育,这就是说,教育中等学校的学生是为了谁的利益,为了谁的福利?'问题提得很好,我们可能衷心欢迎作者,如果……如果这些前奏曲在以后的叙述中没有变成这样一些空话:'这可能是国家、民族、某一社会阶级和受教育者本人的利益和福利。'……"① 这段话有力地说明了,无论列宁是肯定尤沙柯夫的某些观点,还是批判他的反动思想体系,它都启示了我们一点:如何具体地分析"生活"和正确地认识教育的本质属性。

再次,探讨部分上层建筑说。

任何一种事物的内部结构都不是也不可能以单一的纯粹的形式存在着,它必然会掺杂着这个或那个因素。自然现象如此,社会现象也是如此。确定一种社会现象的根本性质,只能从该现象所包含的诸因素中,抽取其最主要、最具有代表性的,取得支配地位的矛盾的主要方面去寻求。像上述"统一"说存在的缺点一样,如果不分主次,不分本质和非本质的,那么,即使马克思主义经典作家讲过,而且经过实践检验而确定了性质的,也可以随便被否定,改变成不三不四、非驴非马的东西。例如警察、法庭,作为国家机器,是早已定性为上层建筑的。如果认为公安机关验现场血迹、对指纹、检查作案人的脉搏跳动,法医解剖尸体、化验物证等,都属于科学技术性质,从而认为警察和法庭在本质上一部分属于上层建筑,另一部分不属于上层建筑,而属于生产力范畴,显然是不正确的。它实质上是掩盖了事物的本质属性。对教育现象也应当这样看。

最后,让我们探讨教育属于生产力说。

由于这个论点曾获得过多方面的支持,本文将着重谈这问题。

---

① 《列宁全集》第2卷,第403页。

能不能说，因为人是生产力中首要的决定的因素，教育的对象是人，所以教育就成为生产力呢？似乎不能这样理解。

第一，马克思主义经典作家讲的生产力中首要的因素——人，是有特定的内容。它指的是创造社会物质财富的劳动者，具体地说是劳动力，而不是抽象的人，抽象的人力。从奴隶社会到封建社会，教育的主要对象是剥削阶级的子弟，它培养的是"劳心者食于人"、专靠劳动人民养活的剥削者和统治阶层人物，这类人显然不属于生产力。

第二，资本主义社会的劳动者，例如产业工人，当然是生产力中首要的因素。但是，他们能否成为现实的生产力，仍然要受资本主义生产关系的制约。由于资本主义生产的无政府状态和周期性的经济危机，这些劳动后备军也许永远是"后备军"，不构成现实的生产力。马克思在《资本论》中有一段话："劳动力的使用就是劳动本身。劳动力的买者消费劳动力，就是叫劳动力的卖者劳动。劳动力的卖者也就由此在实际上成为发挥作用的劳动力，成为工人，而在此以前，他只不过在可能性上是工人。"[①] 何况，工人劳动者属于生产力，同工人劳动者所接受的教育是否属于生产力，仍然是两码事，不能混为一谈。

第三，有人说，我们指的是社会主义社会的劳动者。党的教育方针不是规定"教育与生产劳动相结合"和培养"有社会主义觉悟有文化的劳动者"吗？这些同志似乎未曾考虑到，生产劳动同生产劳动教育有联系也有区别，教育与生产劳动相结合的活动本身只能是精神生产的过程，不是物质生产的过程。要看到，学生仅仅是尚在教育培养过程中的劳动者，是劳动的后备力量，潜在的生产力，还不是与生产关系对应的现实生产力。他们的智力还没有获得"物化"，虽然他们在勤工俭学过程中从事生产劳动，也出了些成品，投入了市场，但它与工人从事创造物质财富、创造价值不同。他们的目的主要是为了获得知识技能，锻炼劳动能力，为将来参加社会物质生产做好准备。

---

① 《马克思恩格斯全集》第23卷，第201页。

能不能说，因为自然科学属于生产力，当前教育的主要任务是使学生掌握现代科学技术，促进四化建设，教育就成为生产力呢？这种提法同样站不住脚。

科学属于生产力，这是马克思的教导。马克思在《政治经济学批判大纲》（草稿）中讲过"生产力里面当然包括科学在内"，讲过科学从"知识形态上"的生产力变成"直接的生产力"；在《剩余价值理论》中也讲过科学属于"一般社会生产力"。对这问题，我们也还要做具体分析。

第一，自然科学是人类知识领域的组成部分，是对自然现象的客观规律的反映。人们在科学研究过程中探索自然规律，这是个认识过程，在生产劳动中运用这些规律，也有一个认识和实践过程，才形成智力的物化。在此以前，科学还不能成为直接生产力，马克思正是在这个角度上说科学属于"在知识形态上被生产出来的生产力"。作为学校教学内容的自然科学，学生是在教师指导下掌握它，更应当看作一种知识形态。

第二，自然科学的许多内容和研究途径，只要是如实地反映自然规律，并符合人类认识活动的一般过程，它并不随着阶级关系的变化而变化。就是说，它不属于上层建筑。但是人们对于自然规律的探索和运用，却不能不受阶级利益的制约；而作为理论体系，它又不能不受一定的世界观所指导，成为社会意识形态，这就是上层建筑了。

第三，在奴隶制和封建社会里，科学还没有介入生产过程，那时学生没有参加生产劳动；除了极少数专门学校外，科学也还没有介入教育过程。科学介入生产和教育过程只有在大工业生产出现，在资本主义生产关系出现以后才逐渐成为现实。如果我们单纯以科学和大生产，即以生产力发展水平为标志给教育定性，就是自觉或不自觉地掩盖了资本主义社会教育的阶级性；同时也抹杀了社会主义国家教育制度的优越性。因为同现阶段发达的国家相比，我们国家的生产力水平要落后得多。

能不能说，因为教师是生产劳动者和科学技术的传播者，所以教育属于生产力呢？这个问题也值得商榷。

提出这个论点的同志，引证了经典作家的教导。例如马恩在《共产党宣言》中说到资产者把诗人、学者等知识分子"变成了它出钱招雇的雇佣劳动者"；马克思还说到19世纪的英国，"在学校中教师对于学校老板，可以说是纯粹的雇佣劳动者"，教师对"雇佣他们的老板来说却是生产工人"，因为"老板用他的资本交换教师的劳动能力，通过这个过程使自己发财"[①]。对此，我们应当看到：

第一，马克思这里说的"雇佣劳动者"和"生产工人"，主要是针对教师在资本主义社会条件下的政治和经济地位，对生产关系中的人说的，同组成在生产力中的人仍然有区别。要记住马克思同一段里另一句话"这些教师对学生来说""不是生产工人"。

第二，教师是劳动者，但教师劳动是一种精神劳动。他们所传授的科学技术知能，只有通过学生的社会劳动，物化在生产过程之后，才构成为生产力。教师本身并不直接参与创造社会物质财富，因此也不能从他们的原来身份和传播科学技术的任务，引申出教育是生产力来。

能不能说，科学技术和经济建设一旦成为首要的历史任务，教育就转化为生产力呢？事实也不尽然。

同封建社会的小农经济不一样，"资产阶级在它不到一百年的阶级统治中所创造的生产力，比过去一切世代创造的全部生产力还要多，还要大"。[②] 资本主义国家在国内外阶级斗争相对缓和时，为便于资产者攫取更高利润，也会把经济建设列为首要任务，并促进了教育的发展。可是，这些国家的教育对生产力所起的作用，始终表现为两重性，即一方面促进了生产力的发展，另一方面又阻碍了生产力的发展。这有目共睹的事实，正如有的同志所指出的："教育既可以把科学知识'物化'为生产力，也可以把科学知识'物化'

---

① 《马克思恩格斯全集》第26卷第1册，第443页。
② 《共产党宣言》单行本，第28页。

为消耗和破坏生产力的力。"① 性质和作用是如此不稳定,怎么可以轻率地把教育看成是生产力呢?有人说,我们指的是社会主义社会的教育。他们引用马克思在《资本论》中的一段话:"要改变一般的人的本性,使它获得一定劳动部门的技能和技巧,成为发达的和专门的劳动力,就要有一定的教育或训练,"②作为教育属于生产力的立论根据。这可有点断章取义了。因为被引用者砍掉的,倒是马克思本人的原意所在。马克思在"一定的教育或训练"句后,紧接着说:"而这就得花费或多或少的商品等价物。劳动力的教育费随着劳动力性质的复杂程度而不同。"显然,经典作家在这里说的主要是劳动力的价值问题,劳动者的教育费用即智力投资问题。那是属于教育经济学的命题,而不是从哲学角度讲教育的本质属性是生产力。说起劳动力的价值,它总是同劳动者本身的技术水平和熟练程度以及劳动态度、纪律观念等相联系的。这个作为能力结构和道德修养,对于进行社会主义现代化建设是同等需要,而首先是后者,即培养具有高度的社会主义觉悟的劳动者。正是这样,我们党的十二大号召全党和全社会的先进分子要"带动越来越多的社会成员成为有理想、有道德、有文化、守纪律的劳动者","要在广大人民群众中,首先是干部和青年中,加强马克思列宁主义、毛泽东思想的教育,加强祖国历史特别是近代史的教育,加强党的纲领、党的历史和党的革命传统的教育,加强宪法和公民权利、公民义务、公民道德的教育,在各行各业加强职业责任、职业道德、职业纪律的教育"。这些以共产主义思想为核心的社会主义精神文明教育,首先要在学校中打好基础,以保证我们教育的社会主义方向。如果从教育是生产力的观点出发,光抓科学技术教育,从而削弱了思想政治教育,背离了党在新的历史时期提出的路线、方针、政策的基本精神,那就不仅不能创造社会主义现代化建设的新局面,而且连起码的生产力也发展不了。

---

① 靳乃铮:《教育的本质与归属》,《教育研究》1982年第6期。
② 《马克思恩格斯全集》第23卷,第195页。注意:引文的句末原是逗号,而不是句号。

当然，在指出教育的本质属性不是生产力的同时，我们也不应该无视教育同生产力的相互关系，相互影响。（1）从教育的发展历史看，像欧洲文艺复兴时期人文主义教育家要求通过数学、天文、力学和博物学的学习来扩大学生的知识面，就是反映当时社会生产力的发展。今天在美国、西德等国家，科学技术新成就进入了学校教学领域，并且正处在生产关系已成为生产力发展的桎梏的资本主义最后阶段，这些国家的生产力仍然继续上升，这同教育与生产力相互促进也不无关系。（2）鉴于"文化大革命"和它以前的"左"倾错误所造成的在政治和意识形态领域强调"以阶级斗争为纲"和"教育是阶级斗争的工具"，"唯生产力论"帽子满天飞，导致否定一系列社会主义现代化建设任务，影响人民生活的提高和科学技术的发展，历史教训使人记忆犹新。（3）党的十一届三中全会提出"把全党工作的着重点和全国人民的注意力转移到社会主义现代化建设上来"，十二大又提出"在不断提高经济效益的前提下，力争使全国工农业的年总产值翻两番"的鼓舞人心的奋斗目标，理论界有些同志基于拨乱反正、复兴中华的迫切愿望，把教育提到生产力的角度来观察，是可以理解的。但是从理论和实践方面看，我们都只能说明教育同生产力有这样那样关系，而这种关系归根到底要通过生产关系，即经济基础的中介而起作用，更不能把生产力看作教育的本质属性。

综上所述，说明教育的本质属性不是生产性与阶级性的统一，不是作为独立的社会实践或旨在培养社会生活能力，不是部分属于上层建筑而部分不是，也不是超轶于社会关系之外的生产力，而是属于一定社会经济基础的上层建筑范畴。

那么，教育属于上层建筑作为老论点，20世纪50年代以来在我国，似已为多数人所承认，没有什么根本性的分歧，为什么现在会引起争论呢？一方面，即如前面所说，有其历史和思想根源，另一方面，也由于教育作为上层建筑本身，还有使人们不大明确的地方，所以有必要做些说明。例如：

有的同志认为，马克思和恩格斯没有明白说教育属于上层建筑。事实未必如此。不论马克思还是恩格斯，他们分析教育问题，始终是把它放在上层建筑这个基点上。像恩格斯在揭露 19 世纪 40 年代英国工人阶级的处境时，就指出资产阶级"给工人受的教育只有合乎它本身利益那一点点"，宗教成为国民学校"最主要的课程"；① 在揭露同时代普鲁士统治下的波兰教育时，就指出那里中等学校旨在使"贵族青年和未来的天主教牧师普鲁士化"，"初级学校则是使农民子弟普鲁士化"。② 凡此都说明教育为一定的政治经济所制约，受占统治地位的阶级意志的支配。《共产党宣言》指出教育由"社会"来决定，由"社会关系"来决定，都是对一定的政治经济条件，对经济基础而言。毛泽东同志也指出"一定的文化（当作观念形态的文化）是一定社会的政治和经济在观念形态上的反映，"③ 指出"学校教育、文学艺术，都是意识形态，都是上层建筑"。④

有的同志认为，历史上许多教育家，例如欧文、夸美纽斯、卢梭、裴斯泰洛齐、赫尔巴特、福禄培尔、斯宾塞以及杜威等，都仅仅把教育看作感化、引导、培养人的过程。历史上有不少热心家捐资兴学，他们背后也并没有某种权力在支配着，我们能肯定教育是上层建筑吗？这些同志忘记了，教育家或教育热心家是隶属于阶级的。他们不是在真空中办学和总结教育经验，建立教育理论。对于要塑造什么样的人，他们总是渗透着本阶级的意志和政治目的，不管教育家或兴学者本身是否意识到。那么，我们能离开上层建筑来看教育吗？说教育仅仅是感化、引导、培养人的过程，那么，文学、艺术还不是为了感化人，培养、引导人，我们能说文学、艺术不属于上层建筑吗？

有的同志认为，如果把教育看成上层建筑，那就又同政治、同阶级斗争联系在一起。由于担心回到"以阶级斗争为纲"的老路，有的同志甚至对"教育为无产阶级政治服务"的"政治"一词都表示怀疑。这是一种误解。列

---

① 《马克思恩格斯全集》第 2 卷，第 395－396 页。
② 《马克思恩格斯全集》第 5 卷，第 399 页。
③ 《毛泽东选集》合订本，第 688 页。
④ 《毛泽东选集》第 5 卷，第 444 页。

宁诚然讲过政治就是各阶级之间的斗争,但列宁同时也把经济建设看成一种政治:"只要战争使我们有可能不把重心放在同资产阶级、弗兰格尔、白卫分子的斗争上,我们就转向经济方面的政治。""现在我们主要的政治应当是:从事国家的经济建设,……这就是我们的政治。"① 列宁还批评了某些人对政治概念的糊涂看法:"在资产阶级世界观的概念中,政治好象是脱离经济的。"②

造成上述这种误解的原因,主要是"四人帮"在理论上制造的混乱。他们片面强调上层建筑的阶级性,片面强调教育为阶级斗争服务,从而使有些人不自觉地把阶级性看作上层建筑的唯一标志。我们说,在阶级社会里,上层建筑具有阶级性,不等于说不具有阶级性的社会现象(例如某些艺术作品和教育的某些组成部分)就不是上层建筑。要避免一种错觉,即认为只有在阶级社会里才存在着上层建筑。这样理解上层建筑是背离历史唯物主义的。原始社会和未来共产主义社会的文化、教育和道德规范,都属于当代的上层建筑范畴——不具有阶级性的上层建筑。

还有的同志认为上层建筑之所以不能规定为教育的本质属性,是由于它体现的不是教育自身所固有的内在矛盾特征,而是教育与经济基础的制约关系,以及它与其他上层建筑之间的关系,即外部联系、外部表现。问题就在于如何正确理解事物的"内部矛盾"。我们认为它应该包含两方面:一是事物的内部结构,另一是本事物和他事物的外部联系。这二者是相互依存、相互制约着的。毛泽东同志的《矛盾论》就是这样告诉我们:"由于特殊的事物是和普通的事物联结的,由于每一个事物内部不但包含了矛盾的特殊性,而且包含了矛盾的普遍性,普遍性即存在于特殊性之中,所以,当着我们研究一定事物的时候,就应当去发现这两方面及其互相联结,发现一事物内部的特殊性和普遍性的两方面及其互相联结,发现一事物和它以外的许多事物的互

---

① 《列宁选集》第 4 卷,第 370—371 页。
② 《列宁选集》第 4 卷,第 370 页。

相联结。"马克思为什么把"一切社会关系的总和"规定为人的本质属性，就是因为人是社会历史的产物，人不能离开一定的社会关系而存在。所以马克思又说："'特殊的人格'的本质不是人的胡子、血液、抽象的人体的本性，而是人的社会特质，……"① 教育作为特定的社会现象，我们如果不从它同政治经济的关系的角度来考察，而仅仅把它看成"灌输知识技能""培养社会生活能力"的工具，就不可能揭示出教育的真正本质。当然，为了避免使教育与政治、法律等上层建筑混同为一个本质，需要体现教育的专门特点，比较完整的提法应是：教育是一定的社会经济基础的上层建筑，它以一定的组织形式，用符合当代社会或阶级要求的道德规范和知识技能教育受教育者的过程。

教育的本质属性问题，是个理论问题和实践问题，随着时间的推移，讨论将引向深入。只要我们善于运用马克思主义、毛泽东思想的理论武器，结合历史和现状，总结具体的实践经验，进行认真的分析研究，哪怕问题如何错综复杂，是不难得到解决的。

[原载于《福建师范大学学报（哲学社会科学版）》1983年第1期下卷]

教育的历史研究方法述略

一

运用历史方法探求教育的本质，揭示和掌握教育发展的客观规律，是教育科学研究的重要手段之一。列宁说："为了解决社会科学问题……为了用科学眼光观察这个问题，最可靠、最必需、最重要的就是不要忘记基本的历史联系，要看某种现象在历史上怎样产生，在发展中经过了哪些主要阶段，并

---

① 《马克思恩格斯全集》第1卷，第270页。

根据它们这种发展去考察它现在是怎样的。"① 这种鉴往知来的方法,其重要意义在于:

(一)总结以往学校和教师个人的教育、教学经验,使我们可以从前人获得的成就或走过的弯路,吸取经验教训,来改进和推动今后教育工作,发展我国社会主义教育事业。

(二)批判地继承中外教育遗产,撷精取华,用来丰富我们的教育理论,建立具有中国特色的教育科学。

(三)探讨中外不同的历史时期和在不同的社会条件下,教育的产生和发展,以便掌握它的客观规律,揭示其本质属性和未来发展趋势。

(四)掌握前人提供过的教育经验和建立的教育学说,把原来的感性认识上升为理论,同时把原来的理论拿到新的实践中去检验,做到理论同实践相紧密结合,推动教育科学的发展。

教育科学的历史研究法,要以辩证唯物主义和历史唯物主义为指导,处理好教育领域中史观同史料的关系,教育同政治经济的关系,广大教师智慧同教育家个人贡献的关系,以及教育的普遍规律和特殊规律的关系。

第一,史观同史料的关系。

处理好教育史观同教育史料的关系,是为了坚持教育研究的科学性和党性的统一。新中国成立以来,史学界在史观和史料孰为重要的问题上展开了争论。我们认为二者不可偏废,即以史料为基础,以史观为指导,首先是掌握史料。

第二,教育同政治经济的关系。

教育是历史的产物,受当代政治经济的制约,只须有共同的历史背景,不同国家或教育家,也会产生同样或类似的教育制度和教育观点来。如孔子提出启发式教学,古希腊哲学家也同样提出过。近代西方国家先后出现普及义务教育和生产劳动教育,也都为了服从当代资本主义经济发展的需要。

---

① 《列宁全集》第29卷,第230页。

但是各国教育史告诉我们，教育对促进政治经济发展有反作用。英国曾经是世界产业革命的策源地，一变成为"世界工厂"，执世界工业生产和国际贸易的牛耳。但仅仅一百年光景，欧洲大陆的德国赶上了它，美国更是后来居上。原因之一是英国没有让教育发挥应有的作用，像古老的剑桥和牛津大学还作为培养绅士和牧师的场所，而游离于技术革命之外。相反，美国抓住了教育，把智力投资同经济投资紧紧联系在一起。美国经济史学家福克讷在《美国经济史》一书中总结说："我们不可能做到准确估计教育对工业和国家经济发展的影响，但可以肯定说，这种对人的投资是在技术日益发展的时代提供有技能的劳动力的一个重要因素。"①

第三，广大教师智慧同教育家个人贡献的关系。

一种教育经验的传播和理论的建立首先要看到它是广大教师智慧的结晶，这是历史唯物主义的基本观点。这是否无视教育家个人的作用呢？不。一种朴素的教育经验，为什么有的人能够提炼上升到理论高度，有的人则不能？正是在这个角度上，我们肯定孔子、夸美纽斯是卓越的教育家。

第四，教育发展的普遍规律同特殊规律的关系。

教育发展过程有普遍规律，也有其特殊规律。人类社会发展经历着五个阶段，这是一般规律，从而决定了世界教育发展的共同模式。但是另一方面，由于各民族国家有其自身的历史特点，又决定了各个国家民族教育发展的不同模式。即使在同一个民族国家，处于同一个社会形态，而由于经济发展不平衡和政治体制的不同，也决定了教育形态的各异。古希腊的雅典和斯巴达两个城邦教育体制就不一样。

二

教育史料是研究教育发展过程的前提条件，按其性质说，有文字性的和非文字性的。但也不能截然分开，因为有些史料是"一身而二任焉"，如作为

---

① 福克讷：《美国经济史》，辽宁出版社，第598页。

语言文字等的载体，甲骨、纸张、胶卷它本身就是历史文化的标志。

教育史料中包括第一手材料和第二手材料。第一手材料的标志，一是它的原始性；二是它的真实性。在教育史上，由于个人的主观因素，特别是带着阶级偏见，篡改原始材料，从而失去了史料的使用价值。第一手和第二手材料不是一成不变，如果对第一手材料来源有怀疑，或一时拿不到手，第二手材料便转化为第一手材料。但也要认真考察它的出处、转述者的政治立场和治学态度。

教育档案总的说属于第一手材料。档案具有两重性：首先是它的原始性，再则是它的记录性。它是历史的产物，也是研究历史的重要资料来源。历史上也曾经有过伪造立档单位档案，即档案赝品，应用者要善于鉴别，决定取舍。由于教育问题总是同当代的政治、经济、教育、文化、科学技术发展相联系，所以研究教育问题，除了查阅教育档案，也要查阅与教育有关的其他档案，既要看正面的档案，也要看反面的档案，使问题研究更加客观、全面、深入。

静态的史料固然重要，动态的史料也不可缺少，这就得进行调查、考察、参观、访问。一种教育史实，往往档案中看不到，需要向当事人了解，从他们现身说法中，取得第一手材料。电影纪录片、电视和教育卫星也是动态史料，而且是最生动、最能反映历史真实的动态史料，因而受到各国政府的重视。

搜集史料，首先要掌握材料的来源，这就要查阅目录，以便根据研究对象去按图索骥。在这方面，有我国出版图书的书目，也有外国出版研究我国和世界历史，包括教育史的书目。

非文字性教育史料即教育实物，主要通过调查、参观、采访、考察，并拍摄为照片、幻灯、电影、电视录像储存起来，也可以按原件塑造模型。不仅要善于从古籍中搜集教育史料，还要善于从出土文物中搜集教育史料；既要懂得古典和少数民族文字，也要掌握鉴定史料产生年代及其真伪的自然科学知识和技术。这也是教育史研究如何面向现代化的问题。

无论在国内或是在国外，经过长期积累，都留下丰富的教育史料。衡量史料价值，首先要看它是否真正反映研究对象的本来面目，包括文字性或非文字性的史料。既然史料有真有伪，就要进行鉴别审订，以便去伪存真。非真实的史料包括伪事和伪书。鉴别和处理伪事，最主要的是观察伪事捏造者属于什么阶级？站在什么政治立场？基于什么经济利益？曾国藩等曾伪造太平天国史料，颠倒了是非。国民党反动派也伪造解放区史料，以为文化围剿的张本。这是由他们阶级本质所规定了的。

伪造的史实是经不起可靠史料的检验的。如孔子杀少正卯一事的记载就是不可靠的。伪造的史实也可以从时间地点中看出破绽。如《庄子·盗跖》记载"孔子与柳下季为友"。按柳下季是鲁僖公时人，孔子生于鲁襄公二十二年，前后距离八十余年，两人如何会交起朋友来？《盗跖》中关于孔子去见盗跖，由颜渊驾车；子路欲杀卫君，盗跖责骂孔子教育子路不够，也于史实无据。伪事中有许多属于传统臆说，只有用科学的社会发展史观来矫正。有些伪事记载还可以应用考古发掘作矫正依据。由于传世的书籍汗牛充栋，鱼龙混杂，所以鉴别和处理伪书比伪事还要艰巨。

古人自己不著书，现今所看到的古人作品多半是本人死后由其门人或学派辑录而成。如《管子》是"战国时人收拾仲当时行为言语之类著之"（朱熹语，见《语类》），《论语》为孔子"门人相与辑而论纂"，已为人们所共知。古人著书亦不署名，章学诚《文史通义》说"古人之言，所以为公也，未尝矜于文辞，而私据为己有也"（《言公上》）。如果不符合上述惯例，那可定为伪书。

非文字性史料也有鉴别真伪的问题。明代曹昭撰《格古要论》[①]就提到辨识器物，"使玉石、金珠、琴、书、图画、古文……明其去处，表其指归，而真伪之分了然在目，凡作伪苦窳之器，不能眩惑求售，可谓有益于世矣"。

---

① 原文作《格物要记》，当误。——编者注

教育史料既有真伪，也有正误，二者往往掺杂在一起。但无论真伪还是正误，都需要校勘。

校勘古称校雠。《太平御览》引刘向《别录》："一人读书，校其上下，得谬误，为校；一人持本，一人读书，若冤家相对，为雠。"可知它在汉代已成为一门专业，刘向、刘歆父子便是这方面的专家。校勘有两义：狭义的是从核对文字的异同，以定其正误；广义的则包括对文义的正误，作如实的论断。

要搞好校勘工作是不容易的。校勘者首先要浏览有关典籍，博取众说，做到择善而从。东汉郑玄注书，就是在浏览群书的基础上，参以己见，或运用古文经说，或应用今文经说，或古今经说并用。

校勘要有存疑精神。要善于发现问题，撷取外证，作出结论。

在校勘过程中要掌握版本知识，注意版本的选择。版本有善本和劣本，原刻和翻刻，官刻和坊刻，乃至印纸罗纹、墨气墨色、字体刀法、藏书印记、校批序跋、版式行款、装潢式样等，作为鉴定版本的常识，我们都需要掌握。校勘古书，最好依据宋元旧本，一般所谓"善本"。宋本也有优有劣，如建阳麻沙本质量较差。陆游的《老学庵笔记》记叙北宋太学有一教官据麻沙本《易经》出考题，把"坤为釜"误作"坤为金"，为学生所窃笑。

采取多形式多层次的校勘方法，也是校勘者所必须掌握的。史学家陈垣根据他整理《元典章》等书经验，总结四种校勘方法：对校法、本校法、他校法和理校法。对校法是"以同书之祖本或别本对读"；本校法是"以本书前后互证，而抉摘其异同，则知其中之谬误"；他校法是"以他为校本书，凡其书有采自前人者，可以前人之书校之；有为后人所引用者，可以后人之书校之；其史料有为同时之书所并载者，可以同时之书校之"；理校法则是在"遇无古本可据，或数本互异而无所适从之时"，用推理之法证之。这四种方法，对于整理教育史料同样适用。

此外，校勘还要应用新旧材料互证，做到书本与实物并重。研究古代史实，一般是采用时代相近和地点接近的记叙和论证。清章学诚曾说"地近而易核，时近则迹真"。因为这些材料去古不远或地点相邻，反映当时当地情况比较可靠。校勘的本子所以愈早愈好，就是因为经过转抄翻刻的，容易出现这样那样差错。历来校勘家爱用宋元版本，乃至旧抄本，或充分利用方志，原因就在此。但也要看到后期行世的书，它集中了前人智慧，纠正了前人错误；尤其今天运用马克思主义观点方法处理问题，把历史研究纳入科学轨道，则越往后发表的文章和出版物，就越显得全面、深入和正确。但光依靠文字性材料，仍不可靠，还要尽量应用实物参证。史学家陈寅恪说王国维的治学方法之一，是"断地下之实物与纸上之遗文互相释证"（《王静安先生遗书序》）。它既可纠正书本上的错误，又可提供研究对象以新论据。湖北云梦睡虎地出土的秦简《为吏之道》，作为当时官吏政治课本，使我们看到了秦代所谓"以吏为师"的真谛。

三

以马克思主义理论为指导，对教育进行历史分析，揭示它的客观规律性，可以运用几个基本方法。

一、阶级分析和历史分析方法

在阶级社会里，个人是从属于阶级的，教育家也不例外。要把他们的教育活动和教育思想，放在错综复杂的阶级关系中来考察。但不要简单化，似乎凡属于剥削阶级或为剥削阶级服务的教育家都是反动的。

一个人不仅从属于阶级，也从属于历史。"单个的历史决不能脱离他以前的或同时代的个人的历史。"① 衡量一个教育家是进步还是反动的，必须把他放在具体的历史条件下，看他的言行是促进还是延缓历史的发展。

任何一个教育家的教育思想和活动，都离不开他的世界观和政治立场，应当把它们联系起来考察。既要看到它们之间的统一的一面，又要看到它们之间矛盾一面。孔子、蔡元培、卢梭的世界观基本上是唯心主义的，孔子政

---

① 《马克思恩格斯全集》第 3 卷，第 515 页。

治上还属于保守，但是他们揭示了教育和教学客观规律，对本国乃至世界教育理论发展做出了卓越贡献。我们不要苛求于前人，当然也要指出前人的历史局限性。

一定的教育是一定历史条件下政治经济的反映，因此对教育制度，也要做具体的历史分析。近代中国有封建地主经济，帝国主义经济，官僚和民族资本主义经济，政治方面也五花八门。这就决定了本时期教育发展的复杂性。它有从日本、美国移植过来的，有从法国、德国移植过来的，也有从清朝封建统治遗留下来的，这体现了半殖民地半封建中国的封建的、买办的、法西斯的教育的基本特征。

二、顺向考察和逆向考察方法

教育发展过程具有两种历史联系：一是从既往的事实探究教育理论和实践所产生的原因，二是从往后的事实探究教育理论和实践所引起的结果。在方法上，前者应用顺向考察，后者则应用逆向考察。

但是过去我们都习惯于应用前一种方法，而没有或少用后一种方法。实际上这二者对于揭示教育发展的客观规律都是必要的。因为任何时代建立的教育制度，或孕育的教育思想，由于历史和阶级限制，它的全部性质、内容及所发生的作用，它所蕴藏的积极因素和消极因素，要经过一段时间的实践检验，才能呈现和暴露出来，从而据此做出合乎实际的判断。马克思曾经教导我们，后代发展了的历史，将为充分了解前代提供了钥匙。古代的如孔子，现代的如陶行知教育思想和实践，是肯定它，还是否定它，肯定哪些和否定哪些，都得经过历史的鉴定，可以说它经历考验的锤炼时间愈多，也就愈有可能得出正确的结论。

三、纵向研究和横向研究方法

教育发展经历着漫长而复杂的过程，这些过程包含纵向的和横向的两个方面。为要揭示这个发展规律，就得应用纵向研究和横向研究方法。

作为一对矛盾运动，所谓纵向研究，就是指，由于社会经济的发展、生产方式的改变而引起教育制度、内容等的更迭，它的表现形式是从低级状态过渡到高级状态；而所谓横向研究，就是指，在教育制度等方面，它同政治经济体制的相互关系、本国同外国教育的相互关系，在教育思想方面，它同当代哲学、政治和伦理思想的相互关系，它的表现形式是从分散状态过渡到整体状态。近代世界文化教育构成了一个整体，历史曾经证明，中国和西方在什么时候出现科学文化交流，也就在什么时候促进了东西方文化的发展。明末清初启蒙思想家王夫之、顾炎武等，他们会跳出中古的思想樊笼，就是在中国和西方文明交接之后产生的。现代教育发展更是如此。我们现在提出教育要面向世界，其重要意义就在这里。

四、训诂考证和义理论证方法

所谓训诂，就是把古代难懂的语言文字，包括形、声、义，做一番辨认考证，以求还古籍的本来面目。所谓义理，就是把古籍中所谓"微言大义"，按逻辑推理加以论证，目的在求经世致用。这在经学史上早已形成古文经学和今文经学两个流派的治经路线。在历史上，它常与政治相联系，成为一定的时代的产物。但作为治学方法，二者都可以用于整理研究古代教育典籍，寻求一个精确的解释，以历史遗产将其继承下来并加以发扬光大。如《学记》的"学学半"，从训诂的角度解释，有《古文尚书》以上"学"字作"敩"，音效，为教的意思（如孔安国传："敩，教也。"），即分"敩""学"为二字二音二义。在这个基础上，后人都把前"学"字作"教"，如清姜兆锡所谓"教人与教于人皆相长益"，即从义理的角度解释，以达到相得益彰。但搞训诂，要避免往故纸堆抓疏；讲义理，也要防止主观臆断，牵强附会，以致失去原来意义。

五、归纳推理和演绎推理方法

从个别到一般的推理方法即归纳法，和从一般到个别的推理方法即演绎法，都是教育的历史研究方法。我们从国民党反动派推行"党化教育"和"特种教育"，剥夺教师和学生的言论、集会、结社等自由，对高中以上学生进行军事训练和军事管理,把"礼义廉耻""忠孝仁爱信义和平"作为学校道德教育的杠杆,概括出国民党统治下的教育是封建的买办的法西斯的教育。另一方面,从资本主义社会教育的阶级性,去观察和分析近代英、美、德、法等国家学校教育的发展过程,如用宗教麻醉年青一代,劳动人民子弟只能接受有限度的教育;而所灌输的知识技能,也仅仅为了榨取工人剩余劳动的需要。

如同分析和综合之间的关系一样,归纳和演绎是彼此联系、相互补充着的。对教育的历史研究进行归纳的结论,它总是演绎的前提,而对某一历史时期的教育现象,又必须以一般原理的演绎推理为指导。马克思主义创始人在《英国工人阶级状况》等文献中揭露资本主义社会教育的性质,是归纳法同演绎法相结合的典范。

六、回测和预测方法

作为历史研究方法的回测,就是总结过去,目的在于吸取经验教训,指导今后工作。古语说:"观今宜鉴古,无古不成今。"任何社会事件和思想的产生,都要追溯它的历史根源。在教育方面,人文主义教育家提倡掌握拉丁语和希腊语,以便学习古代文献,继承古希腊学校传授数学、天文学等科学知识以及教学方法的传统。从 16 世纪发展起来的文科中学,和从 18 世纪发展起来的实科中学,仍然是往后欧洲中学的主要类型。

但只看到"古"与"今",即过去与现在的关系,还是不够的。因为过去、现在,加上未来,才构成时间的整体概念。三者是相互联系着的,现在的是过去的未来,未来的又会变成过去。人类一切活动哪怕过了一秒钟,都算是过去,即成了历史。所以从某种意义说,作为"现在"的时间是短暂的,只有"过去"和"未来"概念才是长期地存在着。二者关系是如此的密切,说明我们不能离开未来去研究过去,在方法上既要重视回测,也要重视预测,面向未来。1980 年美国未来学家托夫勒(A. Tofler)发表的《第三次浪潮》,把人类从渔猎时代进入农业时代,从农业时代进入工业时代,和从工业时代进入信息时代,作为历史上三大浪潮的主要标志,这便是把回测与预测统一起来的一个范例。要预测必须先进行回测,回测的目的是为了更好地预测未来。至于如何掌握预测方法,那是另一个课题,不在这里赘述了。

以上说的,一是教育研究运用历史方法要掌握哪些原则,二是对教育史料如何处理,三是方法上如何具体运用。

历史研究方法是教育科学研究的重要组成部分,也是研究教育史的重要原则和手段。教育科学研究方法是一门新的学科,它的内容结构是怎样的,尚须作进一步探讨。

(原载于《教育评论》1985 年第 5 期)

谈谈《学记》的教学思想

《学记》是儒家经典《礼记》49 篇中的一篇。它总结了先秦官学,尤其是私学教育和教学的经验,对教育的作用、目的和任务,教育和教学制度、内容、原则和方法,教师的地位和职责,师生、同学之间在教育、教学过程中的相互关系等等,作出简赅的理论概括,揭示了某些教育和教学的普遍规律。它是我国和世界上最早的、体系相当严谨的一部教育文献。古代罗马教育家昆体良的《论演说家的教育》,被认为是"在教育史上密切联系学校实践的最早著作之一",17 世纪捷克教育家夸美纽斯的《大教学论》,被认为是"重新建立教育的科学"的基础,同《学记》相比,前者大约要晚 300 多年,后者则要晚 1800 多年。

《学记》这一文献,在教育史上影响较大的是它的教学思想。它以朴素的辩证法阐述了教学过程的各种内在关系。

教育的对象是人,教师是教育者,学生是受教育者,要使学生学好,首先要求教师教好。《学记》强调教师要经常检查自己的教学效果,哪些方面是成功的经验,哪些方面是失败的教训,"君子既知教之所由兴,又知教之所由废,然后可以为人师也"。但光靠教师单方面的努力是不行的,《学记》要求学生做到"博习亲师"和"安其学而亲其师"。只有紧紧依靠教师的教导,才能学好。《学记》还指出"虽离师辅而不反也",即学生将来即使离开了教师,学业和道德修养也不会出现倒退或反复。这里反映了"亲"与"离"的相互关系,即学生在学时同教师越"亲",越接近,"离"校后就越能独立生活和工作。

《学记》对学校教学的组织形式,也提出了比较全面而精辟的见解,如"大学之教也,时教必有正业,退息必有居学"。"时教"和"正业"指的是课内教学,"退息"和"居学"指的是课外作业。"正业"靠教师认真地教,"居学"靠学生自觉地学。"退息"带有休息的意思,休息也是为了更好地学习,这又构成了教学过程中劳与逸、张与弛、兴奋与抑制的辩证关系。与这个思想相联系,《学记》还提出"藏焉修焉,息焉游焉"的命题,"藏""修"是对"时教"而言,"息""游"是对"退""息"而言。"藏"的意思是掌握、巩固已获得的知识。"修"的意思是增加、扩充知识。这里,阐明了掌握、巩固知识和增加、扩充知识的关系是相辅相成和相互制约的。

我们现在经常引用的"教学相长"的命题,是《学记》最早提出来的。"教"与"学"作为教师与学生的双边活动,二者相互渗透,又相互推进。"学然后知不足,教然后知困",深刻地揭示了教与学之间的辩证关系。从"教"的方面说,它的对立面是"学"。教师作为教的主体,是矛盾的主要方面。教师教学的积极性和责任感构成"教"的内因,学生学习的自觉性和对教师的要求,则构成"教"的外因,二者汇合促使教师"教然后知困"。从"学"的方面说,它的对立面是"教"。学生作为学的主体,从属于"教"这个矛盾的主要方面。学生学习的自觉性和积极性构成"学"的内因,教师的责任感和对学生的严格要求则构成"学"的外因,二者汇合促使学生"学然后知不足"。这就是"教学相长"的基本精神。

《学记》抨击以往注入式教法搞满堂灌，只叫学生呆读死记，不考虑学生能否掌握所学知识，不调动学生学习的积极性，也不发挥他们的聪明才智，没有看到教与学是教师学生共同活动的过程，因而提出"道而弗牵，强而弗抑，开而弗达"的启发式教学的命题来。这就是说：教师要诱导学生，但不要牵着走；要严格要求学生，但不要强制；要开阔学生的思路，但不要包办代替，和盘托出。这样教法的好处是："道而弗牵则和，强而弗抑则易，开而弗达则思。""和"是使教与学两方配合得好，"易"是使学生乐于接受，不视学习为畏途，"思"是使学生能独立思考。只有教师善于发挥主导作用，才能达到启发诱导的最优化——"善喻"。为此，教师还要注意教学技巧，"约而达，微而臧，罕譬而喻"，即讲解内容扼要而明确，精辟而得体，少举例而富于启迪。教师要"善问"（善于提出问题），也要"善待问"（善于回答学生提出的问题）。《学记》生动地描绘了这个过程："善待问者如撞钟，叩之以小者则小鸣，叩之以大者则大鸣，待其从容，然后尽其声；不善答问者，反此。"这里首先是学生的提问，而后是教师做出相应的回答；教师既是受动者，又是主动者，"待其从容，然后尽其声"，说明主动权仍然在教师手里。

此外，《学记》也注重学生的个性差异，重视因材施教和教学的循序渐进。学生在学习过程中，"或失则多，或失则寡，或失则易，或失则止"，教师要"知其心"，仔细摸清学生学习情况，做到"长善救失"，发扬优点，矫正缺点。学生程度有不同，就要注意"学不躐（超越）等""不凌节而施"，就像有经验的冶铁工人给儿子传授手艺，总是先教他学制鼓风袋，像有经验的制弓工人，也总是先教儿子学用柳枝编制箭袋，方法上要由浅入深，从易到难，从简单到复杂。

《学记》教学思想的核心，是重视发展学生智力，尤其重视发展学生的思维能力，它对于今天学校教学，仍有积极的指导意义。

（原载于《人民教育》1984年第11期）

陶行知教育哲学的儒学渊源

陶行知教育哲学是中西文化的结晶体。在西方，主要是杜威对陶行知有着重大影响。在中国，主要是儒家。反传统是陶行知思想的主要标志，但不排斥个中的儒学熏染，爱作陶行知教育哲学的儒学渊源。

一、从"知""行"的认识论说起

知行观是哲学认识论的基本内容，也是教育理论的哲学基础。在中国哲学史上，关于知、行问题，不仅儒家提出，道、释二家亦多触及，但从其广度和深度，从其现实性来说，都远不及儒家。儒家中，推本溯源，固然可从孔、孟、荀说起，但就知行先后、知行分合、知行轻重的专门命题来探讨，形成系统的理论，还是从宋代开始。陶行知的知行观，也打上宋、明学者思想烙印。依《陶行知年表》记载，1910年陶就学金陵大学时，研究王阳明学说，深受"知行合一"论的影响，乃改名"知行"。① 1934年，陶行知于其《行知行》一文中，说："在二十三年前，我开始研究王学，信仰知行合一的道理，故取名'知行'。"② 事实上，程朱的知行观对他也不无影响，如程颐强调能知必能行："知之深，则行之必至，无有知而不能行者。"③ 继程颐后，朱熹便说："知行常相须，如目无足不行，足无目不见。"④ 又说："论先后，知为先；论轻重，行为重。"⑤ 朱熹的弟子陈淳也说："知行不是两截事，当齐头着力并做。"⑥ 陶行知早期思想亦如是：一方面，他看到了知、行的相互关系；

---

① 《陶行知全集》第1卷，湖南教育出版社1985年版，第673页。（本文所引《陶行知全集》皆为此版本，下面不再一一标注。——编者注）
② 《陶行知全集》第2卷，第687页。
③ 《河南程氏遗书》卷十五。
④ 见《朱子语类辑略》。
⑤ 见《朱子语类辑略》。
⑥ 《宋元学案》卷68《北溪学案》。

另一方面，又规定了知、行的先后次序。王阳明批判程朱"将知行分作两截用功"，创立了知行合一说，强调两者要"合一并进"："知之真切笃实处即是行，行之明觉精察处即是知。知行功夫，本不可离。"① 实则朱、王说都有偏颇：朱之偏在于重矛盾而忽统一，王之偏在于重统一而忽矛盾。

列宁说过："当一个唯心主义者批判另一个唯心主义者的唯心主义基础时，常常是有利于唯物主义的。"② 马克思、恩格斯吸取黑格尔辩证法中的合理内核，摒弃它的唯心主义外壳；吸取费尔巴哈唯物主义中的合理内核，摒弃它的形而上学外壳；建立崭新的科学的世界观，就是一个例子。陶行知早年接触儒学非同寻常。在一些文章中还出现"良知良能，有时而泯"③ 等词句。但一当他从事教育和社会实践，接受了科学的思想方法，便毅然修正了儒家，尤其是王阳明的看法，强调知行的矛盾统一关系和行的重要性。如1929年11月，在湘湖师范学校教学做讨论会上，他说："至于阳明先生的'知行合一'是'即知即行'，那么'知行'就一样的困难，或是一样的容易，实在'知'和'行'不能分开，不过是一件事的两面而已。"④ 1932年，在一次讲演关于"活的教育"时又说："王阳明说：'知为［是］行之始，行为［是］知之成。'我说：'行为［是］知之始，知为［是］行之成。'"⑤ 为此他宣称："王阳明的话，我可以把他翻半个——180度的筋斗，意思就是把他的话来个倒栽葱。"⑥ 但不论其如何翻、倒，以及陶行知于1934年7月间宣布，将自己原名"知行"改为"行知"，表白他的认识论从"知行知"到"行知行"的根本转变，却仍排除不了他关于"知""行"两个范畴，和知行二者的相互关系，主要来自宋明学者的哲学认识论，即对后者的批判继承。宋明学者也

---

① 见《传习录》。
② 《列宁全集》第38卷，人民出版社1959年版，第313页。
③ 《陶行知全集》第1卷，第9页。
④ 《陶行知全集》第8卷，第245页。
⑤ 《陶行知全集》第8卷，第303页。
⑥ 《陶行知全集》第8卷，第309页。

并非不重行,① 只是知也好,行也好,他们都将其看作封建社会伦理道德规范的认识和实践。陶行知的功绩在于把中国老牌的知行观做了脱胎换骨的改造,换上社会生产实践的新衣,包括物质生产活动和精神生产活动。

二、"泛爱",尽瘁教育事业的思想源泉

南京劳山麓陶行知长眠地,那墓门石牌坊横额,镌刻着他手书的"爱满天下"四个大字。这使人联想起孔子有一句话:"泛爱众,而亲仁。"② "泛"与"满"同义,"天下"与"众"都表明其覆盖面之大。孔称"众",陶称"大众"。应当强调指出,"大众"这个词汇,容不得到孔夫子那里寻根究源,它有其特定的时代内容与阶级基础,虽则"众"在,我国历史早期,还是指社会最低层的劳动人民。③ 至于"仁",作为人与人之间的正常关系的标志,它与"爱"相联系。孟子说"仁者爱人"④,没有爱就谈不上仁;所以孟子又说"仁者无不爱也"⑤。陶行知不止一次地言仁:"尧舜率天下以仁而民从之"⑥,"居仁由义"⑦,"天下归仁"⑧。此外还有"宅心仁""大仁大智""仁不违仁",等等。1913年,他在《杀机之天然淘汰》一文中,引申了孟子"杀一无罪非仁"⑨ 说,强调"仁者无敌",变"虐民政治"为"悦民政治"。⑩ 他也

---

① 如朱熹既讲"行为重",还说"知之之安,未若行之之实"(见《朱子语类辑略》)。
② 见《论语·学而》。
③ "众"在殷代,其阶级属性为生产内容,在卜辞中就像三个人在烈日当空时从事生产劳动。
④ 见《孟子·离娄下》。
⑤ 见《孟子·尽心上》。
⑥ 《陶行知全集》第1卷,第49页,语出《礼记·大学》。
⑦ 《陶行知全集》第8卷,第682页,语见《孟子·尽心上》。
⑧ 《陶行知全集》第8卷,第682页,语见《论语·颜渊》。
⑨ 见《孟子·尽心上》。
⑩ 《陶行知全集》第1卷,第31页。

引申了孟子的"仁民"①说，关心人间疾苦，在政治上强调"民为贵"。②至于他说"民之所好好之，民之所恶恶之"③和"民胞物与"④，也都是儒家的语言，不同的是，儒家是站在巩固封建政治的立场，从上而下的向劳动人民伸出同情之手，而陶行知则是站在追求民主政治的立场，从下而上的为劳动人民立德、立功、立言，如表示真心真意地为农民烧心香，呼吁"与老百姓亲切"，"和老百姓共同创造"。⑤陶行知曾经说过，"共和之体"在"民胞"。⑥他提出的"政治仁智""领袖仁智"，也植基于此。

仁、爱不是抽象的词汇，它归根到底要落实到人权上来。而首先是人的生存权。针对国民党统治时期千千万万儿童在死亡线上挣扎，作为卓越的教育家、人道主义者陶行知，他曾以万钧的笔触，呼吁"敲碎儿童的地狱"。在这里，他又一次抬出孔子来："我们只须读一读孔子、耶稣的故事，便知道剥夺儿童生存权是何等的罪恶"。⑦为此，他把"工以养生，学以明生，团以保生"作为建立儿童工学团的指导方针和施教原则。

当然，从思想上和行动上关心和爱护儿童，表明陶行知不仅正视现在，也瞻望未来，如孔子所说："后生可畏，焉知来者之不如今也。"⑧但如果认为陶行知只重视儿童教育，而不重视成人教育，也是错误的、片面的，他为成人教育所费的精力，所付出的代价，可以说是大量的。他创小先生制，也是为了更好地解决成人教育存在的问题。1923年成立中华平民教育促进会，他

---

① 见《孟子·尽心上》。
② 《陶行知全集》第3卷，第604页，语出《孟子·尽心上》。
③ 《陶行知全集》第3卷，第606页，引《礼记·大学》。这句话，陶行知不止一次地提到。
④ 见张载《西铭》："民吾同胞，物语与也。"
⑤ 《陶行知全集》第8卷，第604页。
⑥ 《陶行知全集》第1卷，第45页。
⑦ 《陶行知全集》第3卷，第530页。
⑧ 见《论语·子罕》。

高时良

揭橥"民为邦本"。① 对象也是广大民众，主要是成人。他脱掉西装，下到农村，筚路蓝缕。许愿"捧着一颗心来，不带半根草去"，都表现出对以教育好"三万万的村农"为指标的高度爱心。② 1930 年，他在《晓庄三岁敬告同志书》中就是这样说的："晓庄是从爱里产生出来的。没有爱便没有晓庄。……因为他爱中华民族，所以他爱中华民族中最多数而最不幸之农人。"③

但是，如果把陶行知的精神境界，仅限定在眼睛底下的中华民族、中华民族中的儿童和农人，也远远不够。他不止一次地强调，晓庄的出发点是为爱心，而这爱心的最高点便是"爱人类"，即为全人类谋幸福。

这使人联想起"天下为公"这个口号。孙中山提出它，但最早还是出现在儒家经典《礼记》的《礼运》篇："孔子曰……大道之行也，天下为公，选贤与能，讲信修睦。故人不独亲其亲，不独子其子，使老有所终，壮有所用，幼有所长，矜寡孤独废疾者皆有所养。"这当然需要一场社会革命，才能达到此目的。但文化教育是重要的一环。陶行知把文化为公，教育为公与天下为公并提，主张通过"教育为公以达到天下为公"④，实现男女、老少、贫富、城市教育机会均等，最终实现全民政治。他本着一片爱心提出全民教育、大众教育、民主教育等等，都为了实现天下为公。则陶行知的泛爱说，比之二千多年前儒家的"泛爱"说，不啻前进了一大步。

三、"明民德"为主的教育目的论

《礼记》的《大学》篇，开宗明义，揭橥"大学之道，在明明德，在亲民，在止于至善"。南宋朱熹集注的《大学》章句，保留程氏原注"亲当作

---

① 按"民为邦本"也是儒家的语言。同年陶行知在金陵大学孔子纪念会上演讲，题目亦为《孔子纪念与平民教育》。
② 《陶行知全集》第 8 卷，第 303 页。
③ 《陶行知全集》第 2 卷，第 207 页。
④ 《陶行知全集》第 3 卷，第 569 页。

新"，历代因之。1936年，陶行知写了《新大学》① 一文，把程注"新"还原为"亲"，"民德"改为"大德"，"民"改为"大众"。全文是"大学之道，在明大德，在新大众，在止于大众之幸福"，即把《大学》原文作了不同凡响的更改，他解释"大德"为"大众之德"，有三层意思："一是觉悟，二是联合，三是争取解放。""明"是明白。"新大众"指"大众自新"，"是要教大众在真理的大海里洗个澡，天天洗，一直洗到老，使得自己的头脑常常是清清楚楚的，认识痛苦之来源和克服痛苦之路线"。"止"就是"瞄准"，"对着大众的幸福瞄准"，"为大众争取幸福所必需的就拿来教人"。② 1945年1月，陶行知在四川璧山县国立社会教育学院作题为"创造的社会教育"的演讲时，重申："今天我们的'大学之道'，不是'在明明德，在新（亲）民，在止于至善'；而且：'在明大德，在亲大众，在止于大众之幸福'。"所谓"大德"，就是大公无私；所谓"亲民"，就是革掉知识分子的优越感，让文化天使下凡——文化、精神、学术下凡；而所谓"止于大众之幸福"，就是"解放老百姓的创造力"，包括解放老百姓的双手、双眼、嘴、头脑，和解放我们的空间与时间。③ 1946年3月，陶行知在一次谈论社会大学时，说重庆的社会大学"也有一个大学之道，是修改儒家之大学之道的"，内容比前此提出的命题，又有所修改补充。例如：

（一）在明民德（而非明德），民德有四：（1）觉悟（非"民可使由之，不可使知之"）——要使学生知道自己是中国的老板；（2）联合——联合起来做老板；（3）解放——头、手、嘴、眼、时、空六大解放；（4）创造——要创造新的自己，新的中国，新的社会。

（二）在亲民（而非新民），亲民有三部曲：（1）钻进老百姓队伍与老百

---

① 本文原载《生活教育》第3卷第7期，收入作者自编《中国大众教育问题》一书中，改题目为《新大学——大众的大学》。

② 《陶行知全集》第3卷，第72页。文中还强调新大学"要培养和大众共同做事的人才"。

③ 《陶行知全集》第8卷，第570、572页。

姓亲近；（2）成为他们的亲人；（3）要老百姓承认你的确是他们的亲人。还有一个三部曲：（1）为人民服务；（2）跟老百姓学习；（3）和老百姓共同创造。

（三）止于人民之幸福——与人民共同造福除苦。幸福包括：（1）福——安居乐业，有自由，有读书机会；（2）禄——丰衣足食；（3）寿——健康有保障，生病有医药；（4）喜——要有结婚，生儿育女，经济能力，都能如愿以偿。①

据我们所知，陶行知于20世纪30年代写《新大学》的同时，还作了一首《新大学歌》，歌词是："大学之道，在明大德，在新大众，在止于大众之幸福。知止而后能动，动而后能虑，虑而后能得。"这里，除了前四句作了不同程度的更动，已如上述外，第五、六句又将《大学》原文"静"字改为"动"字。总的意思便是：把握（即陶行知所说的"瞄准"）了为大众谋幸福的正确方向后，就能行动起来，在行动中认识并经过仔细考虑，付诸实施，以取得社会效益，这便是贯彻新大学教学方针的全过程。

对陶行知的思想脉络，我们不妨再推前些，即早在1918年，陶行知在南京高师工作时，草拟了该校《智育大纲》，首先提出："本校以诚为训育之本，亦以诚为智育之本。盖诚合成已成物而言，故格物所以致知，即所以致诚。"他引证《中庸》"自明诚谓之教"和"诚之者，择善而固执之者也"句，说："曰明，曰择，皆智育所有事，而皆所以致其诚也。"② 这里的"诚"，就是真，或真理，即不论是探求知识，还是涵养德性，为学做人，都应当老老实实，真心真意，如陶行知生平对教师和学生所要求的："千教万教，教人求真；千学万学，学做真人。"他说他"欢喜说真话"③，真话也是诚的表现。

---

① 《陶行知全集》第8卷，第603—604页。
② 《陶行知全集》第1卷，第70页。
③ 1938年陶行知作了一首诗："这位老人家，为何也坐牢？欢喜说真话，假人都烦恼。"

四、智、仁、勇三达德的教育内容

育才学校校徽为三个圆圈,首先标志着智、仁、勇,其次为真、善、美,二者又是相互联系,不可分割,所谓"所以行之者一也"①。

智、仁、勇作为道德涵养命题首见于《中庸》:"智、仁、勇,三者,天下之达德也。""好学近乎知,力行近乎仁,知耻近乎勇。"《中庸》作者说这是孔子遗训,十分重要。因为"知斯三者,则知所以修身;知所以修身,由知所以治人;知所以治人,则知所以治天下国家矣"②。

1943年,陶行知在他拟订的《育才学校教育纲要草案》中,说:"育才学校办的是智仁勇的教育。智仁勇三者是中国重要的精神遗产,过去它被认为'天下之达德';今天依然不失为个人完满发展之重要的指标。"他强调:"目前抗战建国时期,我们需要智仁勇兼修的个人。"这三者不能缺一:"不智而仁是儒夫之仁;不智而勇是匹夫之勇;不仁而智是狡黠之智;不仁而勇是小器之勇;不勇而智是清谈之智;不勇而仁是口头之仁。"③他还强调:"育才学校不仅是以智仁勇为其局部训练之目标,而是通过全部生活与课程以达到智仁勇之鹄的。"做到"每一个学生个性上滋润着智慧的心,了解社会与大众的热诚,服务社会与大众自我牺牲的精神"④。

陶行知对智、仁、勇教育如此重视,以致在他离开人间前没有几天还谆谆教诲育才学校的师生们。且看他的两封信。

1946年7月16日给育才同学会上海分会全体同学的信:

……让我再详说英勇的民主战士是怎样培养出来。第一套功夫是"仁者不忧,知者不惑,勇者不惧,达者不恋"。第二套功夫是"富贵不能淫,贫贱不能移,威武不能屈,美人不能动"。有了这些德性,无论过着什么关口,也会胜利的通过。虽杀身亦成仁了。我们应该在这些德性上面努力进修,共同

---

① 借用《中庸》语言。
② 《中庸》第二十章。
③ 《陶行知全集》第3卷,第368页。
④ 《陶行知全集》第3卷,第368页。

勉励。①

同日致育才学校全体师生的信：

……平时要以"仁者不忧，智者不惑，勇者不惧，达者不恋"的精神培养学生和我们自己。有事则以"富贵不能淫，贫贱不能移，威武不能屈，美人不能动"相勉励。②

以上所引"仁者不忧，智者不惑，勇者不惧"，③乃出自《论语》记孔子之言；所引"富贵不能淫，贫贱不能移，威武不能屈"④，乃出自《孟子》记孟子之言。至于"达者不恋""美人不能动"则是陶行知加上去的，是有所据而云然。有趣的是孟子把那在富贵等面前不低头的人，称之为"大丈夫"⑤，陶行知也曾经称道具有独立的意志和思想的人具有"大丈夫的精神"⑥，这种人，应当有"耐劳的筋骨，耐饿的体肤，耐困乏的身，去做他摇不动的基础"⑦。这一段话又是脱胎于《孟子·告子下》"故天将降大任于是人也，必先苦其心志，劳其筋骨，饿其体肤，空乏其身，行拂乱其所为，所以动心忍性，曾［增］益其所不能"。他如教育学生待人接物，严格要求自己方面，陶行知也经常应用儒家的语言。如说"对于关系全体的事还要和衷共济的商量，总以'己所不欲，勿施于人'为标准"⑧，"讲理的人应当'毋意、毋必、毋固、毋我'"⑨"过则勿惮改"⑩。1925年他写了一首《恕歌》，最后两句为"还是

---

① 《陶行知全集》第5卷，第964页。
② 《陶行知全集》第5卷，第965页。
③ 见《论语·子罕》。
④ 见《孟子·滕文公下》。
⑤ 见《孟子·滕文公下》，原文为"此之谓大丈夫"。
⑥ 《陶行知全集》第1卷，第503页。陶行知说："把这几种精神合起来，我找不到一个更好的名词，就称他为大丈夫的精神罢。"
⑦ 《陶行知全集》第1卷，第502页。
⑧ 《陶行知全集》第1卷，第577页，引《论语·颜渊》。
⑨ 《陶行知全集》第1卷，第573页，引《论语·子罕》。
⑩ 《陶行知全集》第1卷，第23页，引《论语·学而》。

大量包容好""如果只知责人，不知责己，那就糟糕"①，这与孔子说的"躬自厚而薄责于人"② 一语没有二致。陶行知曾说："敢以孔圣之言进告吾所敬爱之学子。"③

五、"教学相长"说的进一步发展

1919年，陶行知写了《教学合一》一文。教与学为何要合一？他提出三个理由：一是，"先生的责任不在教，而在教学，而在教学生学"；二是，"教的法子必须根据于学的法子"；三是，"先生不但要拿他教的法子和学生学的法子联络，并须和他自己的学问联络起来"。④ 这正是受《礼记·学记》"教学相长"说的启发。《学记》的"教学相长也"正是这个意思：一方面揭示教师的教同学生的学的辩证关系；另一方面又揭示教师的教同他本身的学的辩证关系。教师的教促进了学生的学，学生的学和教师自身的学又促进了教师的教。陶行知的《教学合一》最后一段话是："有了这样的联络，然后先生学生都能自得自动，都有机会方法找到无价的新理了。"⑤ 这又使人联系到《学记》的"是故学然后知不足，教然后知困。知不足，然后能自反也；知困，然后能自强也"。这个全过程，用现在的话说，便是一场信息反馈。陶行知说："德国学术发达，大半靠着这种教学相长的精神。"⑥ 他引用孔子的"学而不厌，诲人不倦"，说"因为必定要学而不厌，然后才能诲人不倦；否则年年照样画葫芦，我却觉得有十分的枯燥。所以要想得教育英才，首先要把教学合而为一"。⑦ 他为此提出"以教人者教己"和"相学相师"。

事物的发展，必然会引起理论的发展。教为了学，学又为了什么？这个

---

① 《陶行知全集》第8卷，第636页。
② 见《论语·卫灵公》。
③ 《陶行知全集》第1卷，第23页。
④ 《陶行知全集》第1卷，第87—89页。
⑤ 《陶行知全集》第1卷，第89—90页。
⑥ 《陶行知全集》第1卷，第89页。
⑦ 《陶行知全集》第1卷，第89页。

耐人思考的问题，终于由陶行知在长期教育实践中，做了正确的回答。

"似曾相识燕归来。"早在1924年7月，陶行知同赵叔愚一起参观南京燕子矶国民学校时，看到"这个学校不但教学生读书，并且教学生做事"，认为这正是"天天求他实现而不可得"的"我们心目中所存的理想"。① 1924年12月，在一份《南京安徽公学创学旨趣》中，陶行知提出了"我们要以'事'为我们活动的中心"，那就是："研究学问要以事为中心，改造环境要以事为中心，处世应变也要以事为中心"。他强调"我们要用科学的精神在事上去追求学问，用美术的精神在事上去谋改造，用大丈夫的精神在事上去炼应变"。② 这个"事"或"做事"就意味着"做"。到1926年12月，在《中国师范教育建设论》中，陶行知便正式提出"教学做合一"的命题，或者说系统的教学理论，说"教的法子要根据学的法子，学的法子要根据做的法子。教法、学法、做法是应当合一的"，和"事怎样做就怎样学，怎样学就怎样教，怎样教就怎样训练教师"。③ 这个"做"就意味着"行"或"习"，即实践。《论语·学而》首先提出"学而时习之"。《说文》："习，鸟数飞也。"朱熹集注引程子说"学者将以行之也"。可以设想，小鸟没有经过"飞"的不断实践，长了翅膀也不会飞上天。陶行知为此指出："不在做上下功夫，教不成教，学也不成学。"④ 他的结论是："教而不做，不是真教；学而不做，不是真学。故教而不做，不是先生；学而不做，不是学生。"⑤

那么，陶行知强调"做"的功夫，是不是反对书要教育呢？不是。他反对的是"读死书，死读书"，到"读书死"，以及过分迷信书中的知识。他曾引证孟子"尽信书不如无书"的话，说"在书里没有上过大当的人，决不能

---

① 《陶行知全集》第1卷，第473页。
② 《陶行知全集》第1卷，第503页。
③ 《陶行知全集》第1卷，第638页。
④ 《陶行知全集》第2卷，第162页。
⑤ 《陶行知全集》第8卷，第627—628页。

说出这一句话来"。① 但对于"征求知识之方法",他也主张读书:"读书多,则积理富,积理富,则随时应用,绰有余裕矣。"②

六、使学生"愤""悱"、自觉主动的教学方法

1919年,在浙江第一师范学校毕业生讲习会上所作关于新教育问题的讲演中,陶行知强调"启""发"教学的重要性。他说:"在学校里并非一面教人,一面受教,就算了事。要使学生的精神意志和能力,渐渐地发育成长。"他引孔子说"不愤不启,不悱不发",并做了补充:"我更要进一步说,使他不得不愤,使他不得不悱。"③ 在同一讲演中,他阐述杜威的主张:"教学生的法子,先要使他发生疑问,查出他疑难的地方,使他想种种办法,去解决这个问题。"④ 还说记得有一个人说过:"学贵知疑:大疑则大进,小疑则小进,不疑则不进。"⑤ 这一段话依其精神来说,也出于儒家体验。北宋张载就说"可疑而不疑者不曾学,学则质疑"⑥ 和"于不疑处有疑,方是进矣"⑦;朱熹也说"大疑则可大进"⑧。有疑,就得问个究竟。陶行知要求"解放小孩子的嘴",因为"发明千千万万,起点是一问"。他举了"孔子入太庙,每事问"的例,说"智者问得巧,愚者问得笨。人力胜天工,只在每事问"。⑨ 问是求精神的一种表现。研究科学,探索真理,容不得半点虚假、装腔作势,要老老实实。陶行知为此引了孔子的"知之则知之,不知则不知"⑩ 说"因为我们自己知道自己不知道的地方,那还有能够知道的一日,倘若不知的而认以为

---

① 《陶行知全集》第2卷,第731页。
② 《陶行知全集》第1卷,第67页。
③ 《陶行知全集》第1卷,第125页。
④ 《陶行知全集》第1卷,第125页。
⑤ 《陶行知全集》第2卷,第525页。
⑥ 见《经学理窟·学大原下》。
⑦ 见《义理》。
⑧ 见《性理精义》。
⑨ 《陶行知全集》第3卷,第526页。
⑩ 《陶行知全集》第1卷,第570页,引《论语·为政》。"则"原文为"为"。

知,那么,不知道的,终究没有知道的日子了,还可说是自己斩断求学的机能"①。陶行知还揭示已知同未知的关系:"行以求知知更行,不知直认为不知;遍览已知求未知,以知与人己愈知。"②

人类积累的知识浩如烟海,不可能一气授予学生,也不可能全部授予学生。因此只能择其主要,示以诀窍,关键在于培养学生独立思维能力。对此,陶行知引了孟子的话"大匠诲人,能与人规矩,不能使人巧"③,并说"见几察隐,阐奥探源,全恃学者自悟"④。另方面,也得力于教师的教学方法,再则是教师的教学态度,即师德。陶行知批评有些教师"纵有一二宝贵心得,亦持'绣得鸳鸯从君看,不把金针度与人'之主义"⑤。记得明代科学家,并深受儒家"格物致知"说影响的徐光启有一段话:"昔人云:'鸳鸯绣出从君看,不把金针度与人。'吾辈言几何之学,正与此异。固反其语曰:'金针度去从君用,未把鸳鸯绣与人。'"⑥ 陶行知思想与徐光启正相似,他是主张无保留地"即知即传人"的。即知即传乃是对王守仁"即知即行"的改造翻新。

为了调动学生学习的积极性,陶行知也重视对学习对象发生兴趣。用他的话说,就是"唤起兴味"。他认为"学"和"乐"不可分离。⑦ 这个"乐"字,便是孔子的"知之者不如好之者,好之者不如乐之者"⑧ 的"乐"。《学记》也讲"不兴其艺,不能乐学"。重要在于"乐"字。正如陶行知所说:"学生有了兴味,就肯用全副精神去做事体……所以设法引起学生的兴味,是

---

① 《陶行知全集》第 1 卷,第 570 页。
② 《陶行知全集》第 4 卷,第 586 页。
③ 见《孟子·告子上》:"大匠诲人,必以规矩。"《孟子·尽心下》:"梓匠轮舆能与人规矩,不能使人巧。"
④ 《陶行知全集》第 1 卷,第 38 页。
⑤ 《陶行知全集》第 1 卷,第 37 页。
⑥ 徐光启:《几何原本杂议》。
⑦ 《陶行知全集》第 1 卷,第 125 页。
⑧ 见《论语·雍也》。

很要紧的。"①

此外，陶行知还提出自觉主动的治学途径，叫作"五路探讨"，即体验、看书、求师、访友、思考。他把《中庸》的"博学之，审问之，慎思之，明辨之，笃行之"，依据"行是知之始"及自动的原则颠倒过来，说"体验相当于笃行；看书、求师、访友相当于博学；思考相当于审问、慎思、明辨"②。

总之，陶行知教育哲学有个儒家渊源，但不是唯一的渊源，也不是主要的渊源。一如本文开头所说的，它是中西文化的糅合物。陶行知重视中华民族优秀文化遗产，还主张压缩地给儿童传授这份遗产。他对居中华民族传统文化主导地位的儒家思想有补充，有改动，有批判，也有翻筋斗，是取其精华，弃其糟粕。对待外国文化，如杜威的思想也是如此。这亦如本文开头所说的，它是中西文化的结晶体。从陶行知教育哲学的总体说，它有继承，更主要的是创新，十分强调通过试验，得出崭新的正确的教育理论。因为"适于昔者未必适于今"，"适于外者未必适于中"。③ 在这里，我们又不妨从陶行知《试验主义之教育方法》一文中，借儒家荀子的一段话，来说明他对试验功能的坚定信念："荀子曰：'大天而思之，孰与物畜而制之！从天而颂之，孰与制天命而用之！望时而待之，孰与应时而使之！因物而多之，孰与骋能而化之！思物而物之，孰与理物而勿失之也！'此数语，可谓中试验精神之窍要矣。"④

（原载于《陶行知与中外文化教育》，人民教育出版社1999年版）

黄仁贤编撰

---

① 《陶行知全集》第1卷，第125页。
② 《陶行知全集》第3卷，第479页。
③ 《陶行知全集》第1卷，第93—94页，引《荀子·天论》。
④ 《陶行知全集》第1卷，第59页。

陈元晖

【题解】

陈元晖（1913—1995），福建福清人，中国当代著名哲学家、心理学家和教育学家。早年就读于南京中央大学教育学院心理系。1940年前往延安参与革命文化工作。后因教育研究事业的发展需要，从延安到东北再至北京，担任过大学教授、中学校长、教育编辑室主任、研究所研究员、学会会长等职。陈元晖的学术著作和论文交融哲学、心理学及教育学三大领域，视角独特，理念前瞻，分析精辟，内容深邃，彰显出卓越的学术生命力和鲜明的研究特色，为后学提供了坚实的理论基础和宝贵的思想指引。

《卓越的教育思想家——孔子》探讨了在现代教育背景下，孔子教育思想的重要性和价值。陈元晖认为，"经验教育科学必须走进理论领域"，孔子思想所牵涉的理论领域广泛，尤其是教学论方面，"可以作为建立新的现代化的教学理论的胚胎，并可以锻炼我们的理论思维能力"。孔子强调为学须有正确态度，注意学习方法，"学"与"思"结合、"学"与"行"结合是其教学论的重要理论，"应成为当前教学改革的理论上的借鉴"。孔子"不愤不启，不悱不发"的启发式教学"应当成为我们今后建立科学的教学论体系时的理论借鉴"。他的因材施教思想"完全符合近代教育心理学中的个性差异的理论"，也是极为有益的参考。除此之外，孔子在教学中展现出的谦逊谨慎的态度、学而不厌的精神以及诲人不倦的修养等亦为我们提供了宝贵的教育启示。

《教育实践与教育科学》一文，揭示出教育科学与教育实践之间的深刻联系，强调了教育科学在指导教育实践中的重要性。陈元晖指出"教育科学是总结教育活动的经验而产生的，但它又是指导教育活动的指南"，它所包括的教育学、教育心理学、教育社会学、教育哲学等学科，从各自特定的角度"对教育实践提出指导性的理论，对实际的教育工作者都有重要的价值"。陈元晖强调教育工作者要掌握教育科学，力争在理论指导下事半功倍地前进，"再不要去热衷于做那事倍功半的旷日持久的摸索工作"，呼吁以辩证唯物主义为指导，推动教育科学的发展。

《教育心理学》概述了教育心理学的发展历史与研究对象、方法。陈元晖点明教育心理学"是跨心理学与教育学之间的一门边缘学科，是一门综合性的学科"，其思想和实践的根源可追溯到古代，后得益于教育实践的需求和心理学的发展，特别是赫尔巴特科学教育学的早期理论奠基、冯特实验心理学的研究方法扩充、桑代克教育心理学的学科体系创立以及实验教育学派测验法的应用支持，19世纪后半期到20世纪初"教育心理学从附庸蔚为大国，从小分支蔚然成为一门独立学科"。其研究对象主要聚焦于学习和教学两方面：在学习方面，教育心理学强调"掌握学生的个别差异，无论是性格方面、智力方面、情感方面、意志方面的差异，必须进行观察与测量，以便在教育过程中进行辅导"；在教学方面则"包括各学科的教学心理和各学科的教学效果的测量，以及教师所应具备的心理条件"。教育心理学常用的研究方法包括观察法、实验法、自然实验法、调查法以及个案研究法，这些方法均需在辩证法的指导下进行研究。

卓越的教育思想家——孔子

在电子计算机已开始进入教室的现代化时代，再来谈论二千五百多年前的一位教育家的教育思想是否不切时宜呢？这一篇文章的开始，必须先解答这一个问题，然后再来写文章的本文。

大家读过恩格斯的《〈反杜林论〉旧序·论辩证法》，他谈到经验自然科学在积累了大量的实证的知识材料以后，必须依据这些材料的内在联系，加以整理，并根据这些整理好的材料的内在联系，建立各个知识领域互相间的正确联系。要这样做，自然科学就走进了理论的领域，经验的方法就不中用，在这里只有理论思维才能有所帮助。但理论思维仅仅是一种天赋的能力，"这种能力必须加以发展和锻炼，而为了进行这种锻炼，除了学习以往的哲学，直到现在还没有别的手段"。[①] 接着他谈到学习希腊哲学的意义，认为："在希腊哲学的多种多样的形式中，差不多可以找到以后各种观点的胚胎、萌芽。因此，如果理论自然科学想要追溯自己今天的一般原理发生和发展的历史，它也不得不回到希腊人那里去。"[②] 恩格斯的这种认识，同样可以用在教育科学上。经验教育科学积累了如此庞大数量的实证的知识材料，必须有系统地整理这些材料，寻求它们的内在联系，并建立与其他知识领域互相间的正确关系。经验教育科学必须走进理论领域。没有理论指导的教育实践是盲目的实践，当然，没有实践检验的理论是空洞的理论。但当前不是没有实践，而是没有理论，教育实践还没有走进理论领域。当经验教育科学走进理论领域时，经验的方法就不中用了，必须依靠理论思维能力。现在已经到了发展理论思维能力的时代。如果不发展教育学者的理论思维能力，教育学就很难成

---

① 《马克思恩格斯选集》第三卷，第 465 页。
② 《马克思恩格斯选集》第四卷，第 468 页。

为科学。而要发展理论思维能力，就不能忽视向中外古代的思想家学习。学习中国春秋战国时代哲学，学习希腊哲学，因为在他们那里可以找到各种观点的胚胎、萌芽，包括教育学的各种理论观点。我们在20世纪50年代有一段时间大力提倡厚今薄古，反对厚古薄今，但厚古薄今固然不对，而厚今薄古也同样不全面，为什么对古代人那些闪发过光辉的各种理论观点不可以厚爱而必须加以鄙薄呢？即使他们的理论观点还只是一种胚胎和萌芽，但使后人受到启发的这种功劳也是不可磨灭的。还是唐代大诗人杜甫说得好："不薄今人爱古人。"孔子（公元前551－前479）是一位古人，一位教育家，一位教育思想家，在他与弟子谈话的过程中，谈到哲学、伦理学、文学、政治及教育等问题，记述他与弟子谈话的《论语》一书，牵涉的理论领域很广，他不仅是一位教育思想家，也是一位哲学家、一位伦理学家、一位文学理论家、一位政治思想家。孔子的职业是教师，虽然他做过"委吏"和"乘田"等事，五十岁以后任中都宰，还当过鲁司寇，但都为时很短暂，他从事教学工作是长期的，终身致力于培养人才的工作。据记载，他有弟子三千人，其中身通六艺者有七十七人。孔子终身从事教育工作，所以他主要是一个教育家，发表教育理论的言论最多，他的其他思想如哲学、伦理学、文学、政治等，也都是在教育弟子的过程中，因人、因时、因地而发表出来的。以后有人称他为"至圣先师"或所谓"万世师表"，都突出一个"师"字，说明他对后世的主要影响在教育，由此而兼及其他各种思想领域。孔子的各种思想有精华部分，但也有糟粕部分。我们的态度是汲取其精华部分，抛弃其糟粕部分。孔子是生活在2500多年前的一位古人，如同我们对古希腊哲学一样，要从古人那里发掘各种理论的胚胎和萌芽，用它们来发展和锻炼我们的理论思维能力。我们分析和介绍他的教育思想，目的也是一样。厚古薄今不对，但厚今薄古何尝是正确？我很欣赏清初名画家石涛的话，他说："借古以开今。"这句话也可以适用于其他文化、思想领域。谈古人的理论和学说，目的就是为了"借古开今"，借前人的古，开现代化的今。我们开始进入现代化，要实现四个现代化，如果没有人才那就等于缘木求鱼。培养人才，要依靠教育。当前的教育形势，不适应于现代化对人才的需要。教育必须改革。教育改革一须借鉴外国，二须借鉴古人。"以铜为鉴，可正衣冠；以人为鉴，可知得失；以史为鉴，可知兴替。"世界进入科学技术革命时期，"记问之学，不足为人师"了。培养学生的智能，发展学生的智慧，教学不能只是记问之学，这才能适应科学技术革命时代的需要。培养理论思维的能力，是教育改革必须考虑到的核心问题。如何培养这种能力，是教学论的首要问题。这个问题，可以向外国的先进的教育理论和近代心理学请教，也要向中国的古代的教育家请教。孔子的教育理论的精华部分是他的教学论部分，这方面的思想一直到现在仍闪发着光辉，现在就先从孔子的教学论谈起。

孔子毕生从事于教学工作，在教学上积累了丰富的经验，并且作了言简意赅的总结，这些总结的言论，可以作为建立新的现代化的教学理论的胚胎，并可以锻炼我们的理论思维能力。

孔子的教育思想主要体现在《论语》一书中。孔子的言论，记录在《论语》中最多，大部分是可靠的，被后人怀疑其可靠性的，只是极少的部分。孔子对弟子论学，论道，论仁，论礼，论信，论孝，论诗，论乐，论为政，其中论仁51次，论学41次，论为政31次，这些统计数字可以说明孔子对弟子教学的主要内容及其重点次序安排。

《论语》第一篇开宗明义就是谈学习。孔子说："学而时习之，不亦说乎？"这是最早出现的"学习"这一名词。朱熹的《论语集注》说："既学而又时时习之，则所学者熟，而心中喜说，其进自不能已矣。"把"学"与"时习"结合起来谈，这是具有理论思维的意义，也是合乎近代教育心理中的学习心理原理。桑代克（Edward Lee Thorndike，1874－1949）的练习律，不也是主张"时习"吗？孔子在《为政》篇中谈到"温故而知新"的问题，这个"温"字也包含"时习"的意思。在技术操作上我们也常说"熟能生巧"，为什么"巧"能从"熟"生，又为什么"新"可以从"温故"中得知，这在近代心理学中都可以得到说明。例如，瑞士心理学家让·皮亚杰（Jean Piaget，1896—1980）的"认知发展学说"（cognitive-developmental theory）就可以用来说明"时习"的道理。皮亚杰认为人是不断利用现有的认知结构来处理自己的经验，但他不断改组不适用的旧的认知结构并不断形成新的认知结构来处理各种新的经验。这不是可以作为"时习"的心理学说明吗？

《学而》篇的第一章，孔子在谈了"学而时习之"后，接着就说了这样两句话，他说："有朋自远方来，不亦乐乎？""人不知而不愠，不亦君子乎？"学习，孔子很注意与朋友的切磋琢磨，所以当他的弟子子贡说："诗云：'如切如磋，如琢如磨。'其斯之谓与？"孔子很称赞子贡这种精益求精的学习精神，认为只有子贡这种精神，才可以谈学习《诗经》。朱熹说："不切则磋无所施，不琢则磨无所措。"（朱熹：《论语集注》卷一《学而》篇）切磋琢磨需要朋友，以后《学记》就继承孔子这种精神，明白地说："独学而无友，则孤陋而寡闻。"所以，有朋自远方来是应该欢迎，因为他对学习是有帮助的。孔子还说过："三人行，必有我师焉。择其善者而从之，其不善者而改之。"（《论语·述而》）这是求师的意思，也是从友中求师的精神的体现。有一次卫国的公孙朝问孔子的弟子子贡说，仲尼是怎样学习的？子贡答道："夫子焉不学？而亦何常师之有？"（《论语·子张》）这就是说孔子随时随地都在学习，没有一定的老师。孔子认为随处都有文王武王的"道"，何必要有一定的老师，这就是孔子把朋友看成老师的思想来源，所以他谈到学习就记起朋友。朋友可以为师，使你可以增广见闻，使你在学习上可以得到切磋琢磨，使你可以得到一位不常有的老师。至于说到学习不必求人知，《论语》中有好几处谈到这个问题。在《学而》篇的最后一章就说过："不患人之不己知，患不知人也。"在《论语·卫灵公》篇记载孔子的话，说："君子求诸己，小人求诸人。"又说："君子病无能焉，不病人之不己知也。"在《宪问》篇也记载了孔子说的同样意思的一句话，他说："不患人之不己知，患其不能也。"学习是在于增进自己的才能，不在于人家了解不了解你；在于知人，不在于人之己知。知人，才能"见贤思齐焉，见不贤而内自省也"（《论语·里仁》）。"人不知而不愠"，这是学习的态度，具有这种正确的态度，才能"学而不厌"，才能"诲人不倦"。清刘宝楠在他所著的《论语正义》中说，宋翔凤在他的《朴学斋札记》中指出，《史记·孔子世家》记载：定公五年，"鲁自大夫以下，皆僭离于正道，故孔子不仕，退而修《诗》《书》《礼》《乐》，弟子弥众，至自远方，莫不受业焉"。弟子至自远方，即有朋自远方来也。"朋"即指弟子。学而时习之，学而不厌也。诲人不倦，则有朋自远方来。孔子教导弟子如何为学，也同时教导他们如何为师，教和学常常联在一起谈。他说："默而识之，学而不厌，诲人不倦，何有于我哉？"（《论语·述而》）这就是说他除这两件事以外，其他一无所有。在《论语》的第一篇的三章，都是谈为学的态度。为学，必须有正确的态度，然后注意学习的方法，孔子的教学论，就是按这样的顺序来叙述的。

要注意学习的态度，孔子在他与弟子子由的一次谈话中说得更明确。他说："由！诲女知之乎！知之为知之，不知为不知，是知也。"（《论语·为政》）对他的另一位弟子子张也说过这样的话："多闻阙疑，慎言其余，则寡尤；多见阙殆，慎行其余，则寡悔。"（《论语·为政》）学习，要老老实实，谦虚谨慎，实事求是，这是最基本的学习态度。学要时习之；学要知之为知之，不知为不知；学要多闻阙疑，多见阙殆。这都是为学的必须具备的态度。

"时习"是学习的态度，也是学习的方法。孔子的教学论思想，表现在对学习方法的表述上。他提出"学"与"思"结合的方法，是他的教学论的基本理论。他提出的"学"与"思"结合的学习方法，是他的教育思想的精华部分，不仅在教育史上发生过作用，在现在的教育改革上也有着现实的意义。在电磁波成为人类传递信息的载体以后，人类靠记忆积累知识有了机器可以代替了。新科学技术革命的到来，将更重视智能的力量，更需要培养发明和创造的能力。教育必须更着重思考力的培养，"学"与"思"相结合的学习方法就具有更现实的意义。在孔子生后二千五百多年再来谈孔子，就因为在孔子那里还有值得为现代人学习的东西，其中"学"与"思"结合的学习方法，就应当发扬它，光大它。孔子有句名言："学而不思则罔，思而不学则殆。"（《论语·为政》）学习而不加以思考，就会愈学愈糊涂，思考而不读书学习，也是徒劳无益的。以后孟子也说过这样的话："尽信书，则不如无书。"（《孟子·尽心章句下》）《书经》虽然是经典著作，但也不能尽信它，经过思考以后，就会发现经典著作中也不免有某些错误。在现在来说，我们读书也应该如此。只读书，不联系实际，书读得再多，也没有什么好处，有时甚至还会误事。而只在那里玄思默想或事必躬亲，不读一些书，也会徒劳无功。古人形容书读得多的人叫作"有脚书橱"，学问好的人被称为"学富五车"，读的书可以装一橱，或可以用五辆车运，都是形容他读得多，但多而不思，也不思是否可以用于实际，虽然博学，也不外是一个书呆子。孔子很注意"学"，他和他的弟子仲由谈到"六言六蔽"的问题，都强调"学"。有一次孔子问仲由说："由也！女闻六言六蔽矣乎？"仲由说："未也。"孔子说："居！吾语女。好仁不好学，其蔽也愚；好知不好学，其蔽也荡；好信不好学，其蔽也贼；好直不好学，其蔽也绞；好勇不好学，其蔽也乱；好刚不好学，其蔽也狂。"（《论语·阳货》）仁、知、信、直、勇、刚，都必须由"学"去完成它。处处都必须"学"，但事事又必须"思"，他说君子有九思，即"视思明，听思聪，色思温，貌思恭，言思忠，事思敬，疑思问，忿思难，见得思义"（《论语·季氏》）。事事必须思，处处必须学，把学与思结合起来，来建立他的教学理论，这是可取的，也是可贵的。朱熹在《论语集注》中对"学而不思则罔，思而不学则殆"这句名言的注解说："不求诸心，故昏而无得。不习其事，故危而不安。程子曰：'博学、审问、慎思、明辨、笃行五者，废其一，非学也。'"在子思所作的《中庸》中，就提到"博学之，审问之，慎思之，明辨之，笃行之"这为学的五件大事，也就是为学的五个过程，这是儒家学派对教学理论的重大贡献，也是对孔子的学与思结合的教学思想的进一步发挥。孔子曾说："吾尝终日不食，终夜不寝，以思，无益，不如学也。"

陈元晖

（《论语·卫灵公》）这就是说不能只思不学，不能思而不学。他认为要"学而知之"，"困而学之"（《论语·季氏》）。在他鼓励弟子要学《诗》的时候，说学《诗》可以兴，可以观，可以群，可以怨，近的可以用来事父，远的可以用来事君，并且可以"多识于鸟兽草木之名"（《论语·阳货》），这就是学《诗》可以培养人的感情，可以增强观察力，可以用来团结人，可以用来批评人，并且可以增加知识。在学《诗》的时候，他也没有忽视从《诗》中学习知识。这也是他提倡多学的表现。但有一次他问他的弟子子贡说："赐也，女以予为多学而识之者与？"子贡说是这样，但反问说，难道不是这样吗？孔子说："非也，予一以贯之。"（《论语·卫灵公》）这里反映孔子不仅只注意"多学"，更注意"行"。如果如曾参所说"一以贯之"就是"忠恕"，忠恕就是行，但这里也包含有"思"的意思。孔子说过："见贤思齐焉，见不贤而内自省也。"（《论语·里仁》）行成于思，而且要再思而行。

孔子的学与思结合的理论，不应只把它作为教育思想史上历史的展品，它还具有为现代化服务的现实意义。它应成为当前教学改革的理论上的借鉴。新科学技术革命的到来，要发挥人们的创造才能，要提高人们的智力水平，所以思考力的培养，就成为教学理论必须首先考虑的问题。古代人说，记问不足为人师。难道不是也可以对现代教师提出这样的忠告吗？但同时，现在知识更新的速度，古代是不能比拟的。有人把知识更新叫作"知识爆炸"，这就是形容它发展之猛，发展之速。现在积累知识的工作，可以由电子计算机代劳，但它不能全部代劳，还要自己的勤劳。学而不思，不能适应新形势，但思而不学也同样不能适应新形势，只有学与思结合才是正确的道路。把"学而不思则罔，思而不学则殆"作为我们的金言吧！

以上简略介绍了孔子的"学"的理论，但教学论既要包括"怎样学"的理论，还要包括"怎样教"的理论，孔子有许多精湛的"教"的理论，值得我们加以发扬。

孔子说："不愤不启，不悱不发。举一隅不以三隅反，则不复也。"（《论语·述而》）朱熹在《论语集注》中对这一章作了逐字逐句的注解，他说："愤者，心求通而未得之意。悱者，口欲言而未能之貌。启，谓开其意。发，谓达其辞。物之有四隅者，举一可知其三。反者，还以相证之义。复，再告也。"教学论中的启发式教学，"启发"两字就是从孔子那里来的。孔子是启发式教学的发明者，这一发明，二千多年来一直闪烁着光辉。《论语》之后的《学记》，发挥了孔子这一光辉思想。《学记》上说："故君子之教，喻也。道而弗牵，强而弗抑，开而弗达。道而弗牵则和，强而弗抑则易，开而弗达则思。"《学记》上这三个"弗"和"不愤不启，不悱不发"的四个"不"，难道不是继承的关系吗？使学生多思，才能使学生多学。在学生开始学习的时候，要先有心理准备，要启发他们作应有的心理准备，不能用注入式那种填鸭方法的教学。多思以后多学，多学又能启发多思，如此辩证地发展下去，形成了一幅教学过程的壮丽画图。"不愤不启，不悱不发"这八个字，概括了启发式教学的全部精神，"不愤不启，不悱不发"和"道而弗牵，强而弗抑，开而弗达"二十个字，应当成为我们今后建立科学的教学论体系时的理论借鉴。为什么这二十字可以作为教学论的理论借鉴呢？第一，因为这些话反映了教学过程的辩证关系。教学不同于在大庭广众前的演讲，教师能侃侃而谈也不是最上乘，《学记》上说"时观而弗语"，有时沉默比侃侃而谈更有益。沉默可以让学生有思索的时间。"默而识之"有时比诵而识之更有效。教学应该使学生有所知，但还应该使学生有所不知。有所不知，他才要"思"，要时时使学生处于"若有所思"的境地，这样他才能锻炼思维的能力，提高自己的智力。这就是教学的辩证法。新的教学论应建立在辩证法的基础上，教学过程是辩证的过程，要反对形而上学，反对注入式。教学过程不是可以死板地分为几段，像作八股文那样起、承、转、合，也不是可以像灌水入瓶那样，将知识灌入学生的脑中。学和思相结合，教师的讲与学生的思相结合，思想活跃，精神饱满，不是使学生如坐针毡，或一心以为有鸿鹄将至。第二，"不愤不启，不悱不发"，完全符合心理学的原理。科学的教学论应当建立在心理学的基础上。"愤"和"悱"都是一种心理状态,对学生进行教学要根据学生的心理状态去进行。孔子长期进行教学,使他具有一定程度的教育心理学知识。他知道对学生进行教学,学生要有心理准备。在学生没有心理准备的时候强行教学,不是没有效果,就是事倍功半的费力活动。"愤"和"悱"也都是一种情绪状态,愤懑和悱恻的激动感情,遇事则奋发有为,求学则意开辞达,举一反三。为什么发愤读书就效果大呢?愤就是一种激情状态,它有助于求知活动。举一隅不以三隅反,这就是因为他还没有心理准备,思想还未进入活跃状态,这时暂停一会,让他思想活跃起来后再进行教学活动,这就可以使教师事半功倍。

  学与思结合是孔子的教学论中的重要内容之一,但他还指出学必须与实践结合,光有学问而不注重实践,学问也是没有用处的。而且从道德行为方面来说,实践比学问重要,行比知重要。他的弟子子夏说:"贤贤易色;事父母,能竭其力;事君,能致其身;与朋友交,言而有信;虽曰未学,吾必谓之学矣。"(《论语·学而》)《论语·公冶长》篇记载说:"子路有闻,未之能行,唯恐有闻。"这都是孔子所教导出来的高足弟子注重实践的实例。孔子对他的弟子们说:"弟子,入则孝,出则弟,谨而信,泛爱众,而亲仁。行有余力,则以学文。"(《论语·学而》)这就是说,道德实践比学习书本重要,行比知重要。行在知之先,道德在学问之先,有道德然后再谈有文化。孔子还说:"君子食无求饱,居无求安,敏于事而慎于言,就有道而正焉,可谓好学也已。"(《论语·学而》)这就是说,请有道德的人经常指导自己,比自己韦编三绝更重要。好学不仅是自己勤学,更重要的是要经常请有道德的人来指导自己。孔子自己谦虚说:"文,莫吾犹人也。躬行君子,则吾未之有得。"(《论语·述而》)这也表现他把躬行放在学问之上的思想。

  孔子的教学论中,还有一个很重要的思想,就是他的因材施教的思想,这种思想完全符合近代教育心理学中的个性差异的理论。教育心理学要求教学要重视学生的个性差异,要根据个性差异,进行因材施教。在现在班级教学制度中，往往智力强者要等待智力弱者，而智力弱者又往往赶不上智力强者，要齐步走，要高低一样，这是近代班级教学的一大缺点，对培养特出人才是极大的不利。不同的个性，要施行不同的教育，这才能发展各个学生的特长，因势利导，培养专才。《论语》中记载孔子对弟子进行因材施教的实例很多，不同的弟子，问一个相同的问题，孔子答复他们是各不相同的。以问"仁"为例：

颜渊问仁。子曰："克己复礼为仁。一日克己复礼，天下归仁焉。为仁由己，而由人乎哉？"颜渊曰："请问其目。"子曰："非礼勿视，非礼勿听，非礼勿言，非礼勿动。"（《论语·颜渊》）

仲弓问仁。子曰："出门如见大宾，使民如承大祭。己所不欲，勿施于人。在邦无怨，在家无怨。"（《论语·颜渊》）

司马牛问仁。子曰："仁者，其言也讱。"曰："其言也讱，斯谓之仁已乎？"子曰："为之难，言之得无讱乎！"（《论语·颜渊》）

樊迟问仁。子曰："爱人。"（《论语·颜渊》）

樊迟问仁。子曰："居处恭，执事敬，与人忠。虽之夷狄，不可弃也。"（《论语·子路》）

这是一段多么生动的孔子教学情况的描述啊！孔子对学生的性格特点，对学生的优点和缺点，对学生能做到的和不能做到的，都了如指掌，所以他指导学生成竹在胸，有的放矢，箭无虚发。这也反映出他的循循善诱、诲人不倦的高尚的教师品德。还有一次，子路问孔子："听到了就做，是吗？"孔子答复他说："有父兄在，还应该征求父兄的意见，怎么能听到就做呢！"冉有也问这同样的事，孔子说："听到了就做。"这引起公西华的疑惑：老师为什么对同一问题有两种不同的答复？他就去问孔子，孔子说："冉有不勇敢，做事畏缩，所以我鼓励他做；子路勇敢莽撞，所以我要他禀命而行。"孔子对学生的教育，是如此了解学生的心理，处处和时时以学生的心理为依据来进行教学。在班级教学制度下，如何因材施教，在班集体中如何注意个别差异，如何对不同的学生提出不同的要求，如何发展学生不同的专才……这些，在当前的教学改革中，都必须加以考虑。孔子的因材施教的许多具体事例，可以做我们有益的参考。

使教学能收到良好效果，方法是重要的，但除了采用好的方法以外，教师的教学态度，教师的职业道德，教师的情绪和教师的修养，都对学生的知识和世界观的获得和培养有很大的影响。教师学不厌，才能教不倦。要学生勤学，教师先要自己勤学；要学生谦虚，教师先要自己谦虚；要学生正确接受一些有益的批评，自己先要倾听学生的意见。这样才是好教师，好的教学法才能发挥有效的作用。孟子说："人之患在好为人师。"（《孟子·离娄章句上》）孔子从不以自己有学问、有道德自居，他是谦虚谨慎的，从不自诩自己是"圣人"，是"仁人"。他说："若圣与仁，则吾岂敢？抑为之不厌，诲人不倦，则可谓云尔已矣。"他的弟子公西华说："正唯弟子不能学也。"（《论语·述而》）《孟子》一书中记载孟子与他的弟子公孙丑的一段对话，孟子也说孔子从不以圣人自居。孔子还说过，一般的德性像忠和信，大家都可以做到，但像他那样勤学就不如他。"十室之邑，必有忠信如丘者焉，不如丘之好学也。"（《论语·公冶长》）他认为他不是生而知之的人，只不过喜欢古人所留下的学问，勤勉去学习它。他要弟子"敏而好学，不耻下问"（《论语·公冶长》）。他希望能多活几年，多学习，使他可以没有大的过失。孔子在进行他的教学活动时是如此的谦虚，如此的好学，不愧为弟子的师表。孔子的教学相长的思想，在《学记》中得到发挥。《学记》上说："虽有嘉肴，弗食不知其旨也；虽有至道，弗学不知其善也。是故，学然后知不足，教然后知困。知不足，然后能自反也；知困，然后能自强也。故曰：教学相长也。《兑命》曰：'学学半。'其此之谓乎！"孔子还表示要向他的弟子学习："子曰：'回也非助我者也，于吾言无所不说。'"（《论语·先进》）而颜渊怎样赞美他的老师呢？他的老师的教学效果是怎样的呢？"颜渊喟然叹曰：'仰之弥高，钻之弥坚。瞻之在前，忽焉在后。夫子循循然善诱人，博我以文，约我以礼，欲罢不能.'"(《论语·子罕》)教学到了使学生欲罢不能的境界,这是教学到了最成功的地步,教学论应该向这目标前进。

以上谈了孔子教育思想中的教学论部分以及他在教学活动中所表现出来的教学品德。孔子的教学论思想,是他的思想中的精华部分,在现在进行教学改革,进行培养高智能人才的教学活动中,值得做我们的参考和借鉴。孔子教育思想中的德育思想和美育思想,由于杂志的篇幅限制,当另文叙述。

(原载于《孔子研究》1986年第2期)

教育实践与教育科学

不懂教育科学能否办好教育呢?我说能,但又不能。我说能,因为在教育实践中,总能积累一些经验,依靠这些经验,不断摸索前进,日积月累,锲而不舍,总能做出成绩来。但这样做,往往是事倍功半。教育学成为一门科学,是总结了前人的教育经验,成为一种指导教育活动的理论,为什么不掌握这一理论去指导实践,为什么还要去摸索前进?摸索前进,事倍功半,而在理论指导下的前进,则可以事半功倍,何乐而不为?能与不能,区别在于事倍功半与事半功倍。教育工作者要力争事半功倍,再不要去热衷于做那事倍功半的旷日持久的摸索工作。

一

教育活动有没有规律可遵循?当然有。年青一代的身心发展的规律,是教育的依据。教育科学是总结教育活动的经验而产生的,但它又是指导教育活动的指南。栽培水稻,有稻作学;养牛喂马,有畜牧学。而培养年青一代是延续和发展社会的头等大事,难道可以没有教育学吗?

有些人说他们没有学过教育学,但一样办了几十年教育,教了几十年课。

陈元晖

还有人说，孔子当时并没有教育学，但并不妨碍他成为万世表。说这些话的人的共同思想认识是以为没有教育理论，一样有教育行动。他们并不考虑这样一个道理：没有实践依据的理论是空洞的理论，而没有理论指导的实践是盲目的实践。教育工作者应要求有理论指导的实践，这样才能避免盲目摸索，走冤枉路。回顾教育工作中确有这样的情况，在一些问题上，屡改不迭，又往往改得不好。这充分说明轻视理论是不行的。

至于以孔子为例子，证明不学习教育科学也一样可以成为好教师，这个例证也是错误的：孔子是一个有经验的教师，他不仅有丰富的经验，而且还有丰富的理论。《论语》一书是他从事教学的理论总结。教学上我们现在还常提到启发式教学，启发的理论就是由孔子总结他的教学经验而提出来的教学理论。他说："不愤不启，不悱不发。"（《论语·述而》）对学生进行教学，如果学生还没有心理上的准备，就不要进行。不到学生自己想求明白的时候和想说而又说不出来的时候，就不必去启发他们，开导他们。他接着又说："举一隅不以三隅反，则不复也。"这就是说学生如果自己不动脑筋，就不要继续进行教学，勉强叫学生接受。这些话说得多么深刻有理啊！孔子不仅懂得教育学，还懂得心理学。不愤，不悱，说的都是心理状态，没有具备应有的心理状态，就不要勉强进行教学，这说得多好。不用启发式，就是注入式。我们常常说要用启发式，但对学生的心理状态不闻不问，盲目无知，所以也就不知不觉地滑到注入式的道路上去了。根据孔子教育思想而写出来的我国第一部教学论专著《学记》一书，把启发式教学，总结为一句话："道而弗牵，强而弗抑，开而弗达。"意思是说，对学生要引导他们，但不要牵着走；要严格要求，但不要施加压力；要启发学生思考，但不要代做结论。这些话已不是简单的教学经验的记录，而是把实践经验进行概括、归纳，提升为理论。这种理论又回过来指导实践。所以，真正重视实践的人，是不会轻视理论的，而轻视理论的人，往往是狭隘的经验主义者。在教育工作者的队伍中，存在着轻视教育理论的现象，有些同志甚至否定教育学可以作为一门社会科学而存在，说没有教育学也一样可以办教育，教学生。这种思想对发展教育，提高教育质量，起了阻碍作用，要注意纠正。

二

教育科学除包括教育学外，还包括教育心理学、发展心理学、教育社会学、教育哲学等学科，这些学科各从某一特定方面，对教育实践提出指导性的理论，对实际的教育工作者都有重要的价值。掌握这些学科的知识，对提高教育质量有很大的关系。例如，教育心理学是研究学习心理和学科的教学心理，以及个性差异等内容。教师的教学活动是不能对学生的心理状态盲目无知的。不掌握学生的心理发展规律，教学就寸步难行。又如，我们常要求学生要"触类旁通"，使他们学得的一类知识可以扩充应用到旁的领域中，这就要我们知道教育心理学中关于学习迁移的理论。有了学习迁移的教育心理知识，我们在教学上就会考虑促进学习迁移的教学原则，使学生闻一而知十。

重视实践是对的，但重视实践并不是说可以忽视理论。真正重视实践的人，他一定要求理论的指导，有了理论的指导，才真正是科学的实践。而且重视实践的人，也不能忽视前人的实践，忽视前人的经验总结。《论语》《学记》都是指导教育实践的理论著作，都是从长期的教学实践中总结出来的中国古代教育理论著作，教育工作者怎么能忽视它们呢？其他中外教育科学名著，也都是从实践中概括出来的原理、原则。没有实践根据的"理论"是没有生命力的，而至今尚表现其活跃的生命力的教育著作，是从实践中来而又可以指导实践的。所以读书，包括读教育科学著作，是向前人求教，是向前人的实践求教，教育工作者怎么能不读书呢？不读书的结果是闭目塞听，坐井观天，夜郎自大。这些人埋头苦干，往往是事倍功半，有的则会遭到失败，后悔莫及。

教育科学还应该包括教育哲学。目前教育哲学的著作出版还不多，特别是根据辩证唯物主义原理写出来的教育哲学著作太少了。恩格斯说："的确，蔑视辩证法是不能不受惩罚的。无论对一切理论思维多么轻视，可是没有理论思维，就会连两件自然的事实也联系不起来，或者连两者之间所存在的联系都无法了解。"① 我们在对学生进行教学过程中，只注意传授知识，认为灌输得愈多愈好，很少注意启发学生思维。孔子早就说要学与思结合，他说："学而不思则罔，思而不学则殆。"（《论语·为政》）平庸的教师，只能使学生闻一知一，而良师则可以使学生闻一知十。我们在课堂教学中，不仅应使学生有所知，还应使学生有所不知。在学生的脑子中留下他有所不知的问题，他就可以积极思考，学而又思，然后就会思而又学。学而又思，思而又学，生生不已，不断前进。只学不思，只思不学，都不是好的教学。因为学而不思，则使学生愈学愈糊涂；思而不学，则使学生徒劳无益。孔子的学与思结合的教学论是符合辩证法的，说得很深刻。

蔑视辩证法，就为形而上学开辟市场。例如我们有一种"绝对"概念，好的学生就是绝对的好，坏的学生就是绝对的坏，他们不知坏的可以变好，而好的有时也可以变坏，教育就是要巩固好的，并把坏的变为好的。知和不知也是辩证的关系，教学就是使不知变为知，但在已知的基础上，还要提示学生不知的东西，让他们自己思维，自学参考材料，自己解决问题。使学生有所知，这一般的教师都能做到的，但怎样使学生有所不知，则需要能够掌握辩证法的教师才能做到。《学记》上的"开而弗达"，说的就是这个道理。"开而弗达"的思想是辩证法的思想。懂得教育科学，就是要懂得教育辩证法。恩格斯说经验主义轻视辩证法，而轻视辩证法则要陷入最荒唐的迷信中。我们一些口里天天喊"实践"而轻视理论、轻视辩证法的人，就不免坠入迷信的陷阱中去。迷信一鳞半爪的经验，沾沾自喜一孔之见，把自己的经验看成不能变动的教条，这不是最荒唐的迷信吗？教育科学是破除教育上的迷信的武器，教育者需要掌握这种武器。

---

① 《马克思恩格斯选集》第3卷，第482页。

三

学习外国的教育理论和教育经验与学习中国古代的教育理论和教育经验都是需要的,"他山之石,可以为错",以古为鉴,可知得失,现在所说的"洋为中用、古为今用"就是这个意思。但我们可以看到:对某一位外国教育学家的介绍好的就是绝对的好,就是无所不好,不去分析这一位教育学家,他的经验用在何时,用在何地,在什么条件下使用这一经验,无条件地接受他的经验,无条件地崇拜他,这也是违反辩证法的。对中国古代某一位教育家的介绍,也有与此相似的情况。

现在还看到有些人为实用主义教育理论辩护,说不能完全否定它。这种思想是违反辩证唯物主义的。实用主义是近代西方唯心主义的经验论哲学,这能不否定吗?建立在这种经验论哲学基础上的教育理论是主观的、片面的,值得为它辩护吗?"从做中学"的实用主义教育理论是违反辩证法的,也是违反辩证唯物论的。教师要热爱儿童,要重视儿童,但提出儿童中心主义却是另一回事。儿童中心主义是以儿童的经验为中心,把它作为学校中的太阳,一切行星都必须围绕这个太阳转,这完全是唯心主义经验论的教育理论,抛弃它不会对教育有害,只会对教育有利。

由此看来,我们不仅要学习教育科学,还要加强研究教育科学,要把教育科学的基础奠定在辩证唯物论和辩证法之上。教育有了科学的教育理论做指导,就会如虎添翼,一往无前,奔腾前进。

(原载于《人民教育》1984 年第 1 期)

教育心理学

(1982)

一、教育心理学的开端与发展

教育心理学作为一门独立的学科,列在科学分类表上,是比较晚的事,是在 19 世纪后半期到 20 世纪初期之间才出现的事。教育心理学这一门学科的出现，是在心理学成为实验科学与实验教育学出现以后才产生的一门新学科。这一门学科是跨心理学与教育学之间的一门边缘学科，是一门综合性的学科。

在科学的发展史上，出现了物理化学、生物化学、生物物理学等综合性学科，也出现了教育心理学的综合性学科。这是最近一个世纪间的事。但在教育实践上，知道要根据人的心理状态进行教学，却起源很早。中国古代著名的哲学家、教育家，都有一些关于教育心理学的名言和启示。孔子在《论语·述而》中说："不愤不启，不悱不发。举一隅不以三隅反，则不复也。"荀子在他的《劝学篇》中说："故不问而告谓之傲，问一而告二谓之囋。傲，非也；囋，非也。君子如向矣。"《学记》上说："故君子之教，喻也。道而弗牵，强而弗抑，开而弗达。"又说："记问之学，不足以为人师，必也其听语乎。力不能问，然后语之，语之而不知，虽舍之可也。"这些名言都可以作为教育心理学的基本原理看待。古希腊哲学家、教育家苏格拉底，他的"问答法"的教育方法，也是符合教育心理学的基本原理。他的问答法叫作"产婆术"，他认为他的教学，不是给受教育者以知识，只不过是起一个产婆的作用，使知识从受教者自己诞生下来。在西方，洛克（1632—1704）的《人类理解论》（1690）是近代心理学的哲学理论基础，同时也是教育心理学的哲学根据。在他之前，夸美纽斯的《大教学论》（1657）的出版，不仅为西方教育学奠定了理论基础，同时为教育心理学创造了发展条件。在教育心理学成为独立学科之前，教育心理学是与教育学分不开的，是教育学家，也就是教育心理学家；教育学包括了教育心理学的基本理论的论述。到了心理学成为实验科学（1879）以后，教育心理学成为心理学的一个分支，也是在生理心理学、变态心理学、动物心理学、种族心理学各成为心理学一个分支之后，并且把教育心理学列在应用心理学这一分支之下的更次一级的小分支，与实业心理学、广告心理学、法律心理学等同隶属于应用心理学范围之下。教育心理学从附庸蔚为大国，从小分支蔚然成为一门独立学科，是 20 世纪的事。

促进教育心理学的诞生和壮大，第一是由于教育实践的需要，第二是心理学发展的要求。没有实践的推动，教育心理学的诞生和壮大，不能在 100 年的历史中发展到现在的水平规模。资产阶级第一次工业革命，发展了生产力，在生产力发展的要求下，需要人力资源，需要发展掌握技术的各种智力条件，这就推动了教育的发展。由于教育的发展，就迫切需要理论的说明和理论的指导。在这种形势的要求下，教育理论就应需要而发展起来了。在西方资本主义国家里，就产生了像赫尔巴特（1776－1841）这样的教育学家。赫尔巴特是近代西方教育学体系的奠基人，同时也是最早企图把教育学奠定在心理学的基础之上的人物。他著有《普通教育学》（1806）、《教育学讲授纲要》（1835）等教育学著作，又著有《心理学教科书》（1816）、《作为科学的心理学》（1821－1825）等心理学著作。他 1831 年出版的《在教育学中应用心理学问题讨论书信集》，反映了他试图把教育学与心理学结合起来的思想，所以应该认为他是教育心理学最早的奠基人。他是教育学家，同时又是心理学家，一身二任，他也企图建立一门一身二任的学科，这就是教育心理学。他企图创立"科学的教育学"，而科学的教育学实际就是心理学的教育学，这种教育学从心理学家的角度去看它，也就是以后所称为"教育心理学"这一门学科。教育心理学这一门学科的创建，追根溯源，应该是从赫尔巴特开始的。在赫尔巴特稍后，也是一个德国人，名叫贝奈克（1798－1854），这位教育学家兼心理学家，他著有《教育和教授学》（1835）和《作为自然科学的心理学教科书》（1833）等书，他也是主张把教育学建立在心理学的基础之上的教育学家。俄罗斯教育学家乌申斯基（1823－1870）著有《人是教育的对象》（1868－1869）一部书，这部书是他的主要教育学著作，但它实际是一部教育心理学专著。在这部书里，他研究了感觉的生理学基础，其次研究了记忆、注意、知觉、想象、思维、语言、情绪和意志，这些都是属于心理学研究的对象。上述这些教育学家，都是教育心理学创立的先行者，对以后的教育心理学的创立和发展具有一定的影响。

近代自然科学的发展,促进了工业革命,同时对社会意识形态也产生了巨大的影响。"自然科学精神"成为"时代精神",渗入到哲学和社会科学领域,思辨的玄学的经院哲学思想,在自然科学蓬勃发展的形态下,不能再继续占领社会科学的领域。不仅自然科学强调实验,社会科学也跟着强调要有实验,实验精神成为这一时代的思潮,19 世纪末叶在德国、英国和美国发展起来的"实验教育学派",就是这种思潮在教育学方面的反映。强调"科学",尽量吸取自然科学取得大成果的研究方法,成为这时的哲学和社会科学的共同愿望。所以,"实验教育学"是"应运"而生的,应社会科学与自然科学结合的运动而生的。实验教育学所吸取的自然科学方法是否是真正的自然科学的科学方法,这在教育学史上已有定论,不能用矫揉造作或把结论放在实验之前来从事实验,这是这一学派的主观主义思想的反映。但应当指出,实验教育学派想把心理学结合到教育学中来,却给教育心理学的发展起了推动的作用。实验教育学派的代表人物是德国人梅伊曼(Ernst Meumann,1862－1915),他著有《实验教育学导论讲义》和《实验教育学纲要》等书,主张把教育学建立在实验儿童心理学的基础上。他是冯特的学生,跟冯特专门研究实验心理学。另一实验教育学家黎意(Wilhelm August Lay,1862－1926),他著有《实验教育学论》(1990),该书分 16 章,主要章节都属于心理学问题,如第三章论感觉及表象运动,第四章论感情问题,第五章论注意,第六章论观念联合及类化,第八章和第十二章论记忆,第九章论想象作用,第十章论思维作用,第十三章和第十四章论意志,都是心理学的内容,他是以心理学作为教学论的基础。美国的重要的教育心理学家桑代克(Edward Lee Thorndike,1874－1949),他也是一个有名的实验教育学家,以后他的教育心理学家的名声,超过了他的实验教育学家的名声。在这些实验教育学家的眼里,教育学是不能离开心理学的,两者必须密切结合,这种看法和他们努力的结果,就推动了教育学与心理学两种学科结合的教育心理学这一门新学科的产生和发展。

教育心理学的产生，最重要的自然要从心理学本身的发展去进行说明。这首先要归功于冯特的实验心理学的创建。冯特（Wilhelm Wundt，1832—1920）于1879年在德国莱比锡大学建立第一个实验心理学实验室，使心理学成为实验科学，摆脱了它的哲学附庸的地位。同时，他也是使心理学实验室独立于生理学实验室之外的心理学家。在他之前，无论是维贝尔（E. H. Weber）和费希纳（G. T. Fechner）的心理物理学或弥勒（J. P. Muller）和赫尔姆霍茨（Hemann L. Fvon Helmholtz）的生理心理学，都是在生理实验室内进行的。心理实验室的建立和实验心理学的产生，这不只是心理学研究方法的改变，而且是大大扩充了心理学研究内容，开辟了心理学研究许多新部门，教育心理学就是其中一个重要的部门。由于心理学研究方法的改变，使心理学有可能采用自然科学的观察的方法和实验的方法，面对事实，进行分析和研究。心理学研究要面对人的身体活动和人的心理活动进行观察和实验，这就启发一些心理学者把心理学和教育学结合起来进行研究。人在受教育过程中所表现出的心理状态，是最容易捉住它的，最容易进行观察的，心理学和教育学结合这是实验心理学创立以后心理学发展的必然的趋向，教育心理学也就在这样的形势下诞生了。

教育学和心理学的结合，在实验教育学中已启其端倪，但成为两者结合的触媒，是测验学的功能。在实验教育学中，为了了解儿童智力的发展，广泛使用测验法。为了研究学生的个别差异，也要使用智力测验。至于要了解学生的学习成绩及教师的教学效果，就要依靠教育测验。桑代克是教育心理学大家，同时他又是推动测验学发展的有力人物，美国许多测验学家大多是他的及门弟子。测验学一方为教育学所需要，一方又为心理学所需要，所以，在这两种学科结合成为教育心理学之前，测验学成为结合的强有力的触媒，结合之后，它又是教育心理学研究的不可缺少的辅助学科。

教育心理学成为一门独立学科，应该归功于桑代克。他在1903年出版

《教育心理学》一书，教育心理学作为正式的独立学科，是由他开始的。在1903年之前虽然有俄国乌申斯基著的《人是教育的对象》(1868)和卡普杰列夫(1849—1921)著的《乡村小学教师的教育心理学》(1877)、日本伊泽修二著的《教育学》(1887)和汤原元一著的《教育心理学》(1899)、美国包德温(J. M. Baldwin, 1861—1934)著的《初等心理学与教育》、詹姆斯著的《与教师谈心理学》以及实验教育学家的某些著作，但把教育心理学作为一门实验的科学，并建立起自己的一整套体系，而且有自己的独立的研究对象和专门任务，应该从桑代克开始。桑代克对人类的学习进行了系统的科学的长期的研究。1903年出版的《教育心理学》，10年后扩展为三大卷，教育心理学的内容就更加完备了。他在1898年发表了效果律，以后与练习律、准备律同作为学习的三个定律。桑代克的教育心理学偏重于人类的学习，他是以研究人类的学习问题作为教育心理学的基本内容。他出版的大量著作，以研究学习问题为他的主要成绩。他的教育心理学著作是以大量的实验资料为根据，与他的测验学研究是分不开的。三大卷的《教育心理学》一书，内容包括人的本性、学习心理学、个别差异及其原因三部分，这也说明他的教育心理学着重点在研究学习心得。

桑代克的《教育心理学》著作不久即被介绍到中国来。陆志韦翻译了《教育心理学》的简编本，译名为《教育心理学概论》，在商务印书馆出版。萧孝嵘编译了《教育心理学》的第二章，取名《学习定律分析》，于南京钟山书店出版。赵演翻译了桑代克的《人类的学习》、杜佐周等翻译了桑代克的《成人的学习》。由于师范教育的发展，教育心理学为师范院校的必修科，教育心理学的著作出版较其他门类的心理学书籍为多。廖世承、艾伟、萧孝嵘、朱君毅、舒新城、朱定钧、陈选善等都有教育心理学著作，但大多是吸收美国方面，特别是桑代克的教育心理学研究成果。1949年以后，才开始吸收苏联方面的教育心理学研究成果，并编出了力图以辩证唯物主义为指导和结合中国教育实际的《教育心理学》，该书由潘菽主编，1963年出版了该书的讨论稿，1980年修订后正式出版。1983年出版了邵瑞珍等编写的《教育心理学》，这是一本以认知心理学为基础的教育心理学著作。

在教育心理学这一门学科的发展过程中，行为主义、机能主义、格式塔心理学对它的影响较大。巴甫洛夫的条件反射学说及其第二信号系统学说，对近代教育心理学也有较深的影响。最近，国际的认知心理学的研究和发展，必然对教育心理学会提供新的理论根据。至于新技术革命和信息社会的到来，给科学研究带来崭新的内容，也会给教育心理学带来新的课题，教育心理学会有一个以储存信息和传递信息并进行信息加工为研究内容的新的前途，尤其重要的是教育心理学如何为建设物质文明和精神文明服务，这是教育心理学今后的发展方向。

二、教育心理学的研究对象和方法

教育心理学既然属于跨学科的边缘学科，它的任务就不是单纯的研究心理学的课题，或教育学方面的课题，它要一身二任，既要对心理学基本理论有所贡献，又要对教育学理论的提高有所作为。心理学理论的提高，必须通过与教育实践的结合，通过不断地观察和实验的过程，取得事实依据，然后进行理论思维，才能有所发现，有所发明。心理学研究不能脱离人类的经验，而观察人类的经验，最重要的途径是通过教育，人类在受教育过程中的表现，是人类改变自己和创造自己的过程中的最集中的表现。教育心理学是在人类受教育的过程中，研究人类心理状态的一门学问，它既与心理学有关，又是与教育学有关。教育心理学是心理学的一个分支，又是教育学的一个分支。教育学是研究对受教育者施加心理影响的一门知识，包括启发学生思维、积累知识、训练技能、强健身体、培养感情、锻炼意志，没有心理学的知识，就难以达到这些目的。所以教育学是以心理学为重要的基础之一的一门学科。教育心理学是教育的心理学，也是心理的教育学，这两种说法都一样正确，教育心理学的任务是一身二任。

人类的学习是教育心理学研究的最重大的课题。普通心理学和教育学也都研究这同一课题，但教育心理学是以它为中心的课题。人类的学习，包括德、智、体、审美、技能各个方面的学习。学习的理论，就是教育心理学的理论中心，通过它，把教学方法的研究、思考力与创造力的培养的研究、道德陶冶的研究、技能的训练研究、审美的研究，统一起来，进行综合的研究，教育心理学成为一门独立的综合的学科，就是由于这些任务决定了它的学科性质和内容。

教育心理学包括学习和教学两方面。教学心理学方面，包括各学科的教学心理和各学科的教学效果的测量，以及教师所应具备的心理条件，也都是教育心理学研究的对象，也都是教育心理学所应完成的任务。

因材施教是中国教师长期积累的经验，是我国优良的教育传统。要因材施教，就必须掌握学生的个别差异，无论是性格方面、智力方面、情感方面、意志方面的差异，都必须进行观察与测量，以便在教育过程中进行辅导。这是教育心理学的组成部分，是教育心理学研究的对象和任务。

学习和教学，除在学校内和课堂上的学习外，还有社会性的学习，如模仿和榜样，如集体在学习中所发挥的作用，社会化对学习的影响，班集体对学习的组织作用，这些属于社会教育心理学方面的知识，也应该包括在教育心理学的对象和任务之中。

教育心理学研究的常用方法包括下列五种。

（一）观察法

教育心理学研究的基本方法是观察法。存在于受教育者内心的思想活动、认识过程、情感变化及行为表现，都会表现于行为上和外表上，观察这些变化，并把它记录下来，从事于分析和综合的系统的研究，这就是教育心理研究最常用的方法。观察法，有时选择特定的情境下进行，有时选择特定的时间内进行。采用这种方法，事前必须有详细的计划，观察过程中必须有详细的记录，事后必须有科学的分析和综合，做出从观察事实得来的结论。采用这种方法，要善于借助科学仪器和工具，如摄影机、录音机、录像机、电脑、测量器等。采用这种方法的关键在善于记录,并要忠实地记录。有时在事件进行中即景记录,有时在事件过后回忆记录。

（二）实验法

从心理学脱离哲学成为实验科学时,实验法就成为心理学各个分支学科的共同方法,是教育心理学最常用的方法。实验法不能与观察法截然分开,实验进行中必须不断地进行观察。教育情境和教育现象,有些可能是一瞬即逝的,为便于进行有控制的观察,便于在较长的时间内进行系统的观察,就必须把情境控制起来,延长其出现时间,重复其出现次数,对比其不同情境的不同效果。实验法的施行,必须有比较,必须有控制组和实验组之分,以便进行比较。实验法是从自然科学吸收过来的方法,一般在实验室内进行,或在由实验者设计和布置的特殊环境中进行。

（三）自然实验法

自然实验法是从实验法分化出来的一种教育心理学研究方法。在学校班级教学中进行教育心理的实验,与在实验室中进行教育心理的实验,情境有很大的不同,效果也会很不一致。进实验室做受试者,与在教室中做被观察者,前者往往采取戒备状态,后者则在自然、自在的状态下进行学习活动,自然实验法就是在后一种状态下进行的实验。在教育心理学的研究中,实验法是自然实验法的补充,而不是自然实验法作实验法的补充。经常的、大量的是自然实验法的应用,这种方法是客观的,最能反映受试者的真实情况,最便于进行系统的、连续的、长时间的观察。

（四）调查法

调查法是观察法的补充,它可以分为问卷法和晤谈法。前者多用于集体调查,后者多用于个体调查。调查的对象要有选择,这就是所谓取样。要选择与研究的课题关系最密切的个体或集体,要选择具有典型性的个人或班、组,随机取样或分层随机取样要能达到较大的或然率。问卷法一般多用于集体,晤谈法多用于个人。

（五）个案研究法

个案研究法应用于对个人的研究。班级中有个别的弱智的学生，心理不健康的学生，偶发事件的肇事者和牵连者，拔尖学生的成就经验，等等，往往都必须进行个案研究。个案研究是调查法的更进一步的方法，是要用较长的时间来进行的，是解决某一特殊学生的特殊问题而采取的研究方法。

上述五种方法，都必须在辩证法的指导下进行，要善于揭示矛盾，分析矛盾，处理矛盾，扬弃矛盾。要认识：没有矛盾就没有事物，不通过对矛盾的事物的揭示和分析就得不到真理。矛和盾的相互依存性，正和反的相互对立性，了解它们的转换、发展和统一，不断分析综合，用这样的辩证法去指导观察、实验和调查研究。这是教育心理学与其他所有学科共同的指导方法。

［原载于《陈元晖文集》（下卷），福建教育出版社1993年版，第770—780页］

林慧清编撰

潘懋元

【题解】

潘懋元（1920－2022），中国著名的教育家和高等教育学的奠基人，曾任厦门大学副校长、教育研究院名誉院长，厦门大学资深教授。他一生致力于教育事业，为中国的高等教育发展做出了卓越贡献。2022年12月6日，潘懋元先生在厦门逝世，享年103岁。

潘懋元先生自小便展现出对教育的浓厚兴趣。15岁时，他开始在家乡广东汕头的一所小学担任教师，教授三年级的国文和算术课程。尽管当时只有初中毕业学历，但他的教学热情和能力得到了师生的认可。1941年，潘懋元考入厦门大学教育系，并兼任长汀县立中学教务主任和教育学会主席。1946年，他受聘于厦门大学教育系，开始了高等教育教学与研究生涯。

潘懋元不仅是一位杰出的教育实践者，更是一位卓越的教育理论家。他创建了中国第一个高等教育研究机构，出版了中国高等教育学科的开山之作《高等教育学讲座》和中国第一部高等教育学著作《高等教育学》。这些作品为中国高等教育学科建设提供了重要的理论依据和清晰的发展蓝图。潘懋元先生多次荣获国家级优秀教学成果奖一等奖、二等奖，以及全国教育科学优秀成果奖、教育部普通高校人文社会科学研究优秀成果奖一等奖、二等奖及吴玉章奖。此外，他还荣获中国高等教育学会高等教育研究终身成就奖和高等教育科学研究特别贡献奖。1999年，他被英国赫尔大学授予荣誉科学博士学位。

潘懋元提出了"教育内外部关系规律"理论，为中国高等教育理论体系建设奠定了基础。他认为，教育不仅是知识的传授，更是价值观的培养。他一生致力于在学生心中种下更多的善种子，通过言传身教影响了一代又一代的学生。潘懋元曾深情地说："我一生最为欣慰的是，我的名字排在教师的行列里。""如果再让我选择一次，我还会选择教师这一职业。"这种对教育事业的热爱和执着，使他在长达 79 年的教学生涯中，始终站在三尺讲台上，为中国教育的研究和实践做出了巨大贡献。除了在高等教育领域的学术成就外，潘懋元还积极参与社会服务工作。曾担任厦门大学副校长、教育研究院名誉院长等职务，为学校的建设和发展做出了重要贡献。潘懋元的学术思想和实践活动不仅在国内产生了深远影响，也提升了中国高等教育的国际影响力。他的理论和实践为我国高等教育学科建设、宏观发展和人才培养提供了重要的理论依据和现实支撑。

"教育内外部关系规律"理论是潘懋元教育思想的核心与基础，具有极其丰富的内涵。这一理论不仅在学术上、高等教育学科建设上具有重要价值，而且对高等教育改革与发展实践也产生了深远影响。1980 年在湖南大学举办的高等学校领导干部学习班上，潘懋元正式提出了"教育内外部关系规律"学说。该理论以马克思主义唯物辩证法原理为基础，同时融合了大量的系统论思想。具体来说，将教育分为内部关系和外部关系两大类。教育的外部关系规律，指的是教育作为社会的一个子系统，与整个社会系统的关系。这一规律强调教育必须受一定社会的经济、政治、文化等制约，并反作用于一定的政治、经济和文化。教育的内部关系规律，指教育系统内部各要素之间的相互作用和规律，包括尊重青少年的身心发展规律和认知发展规律。1988 年，潘懋元在《高等教育研究》第 3 期上发表《教育的基本规律及其相互关系》，该文实则是潘懋元在华中理工大学（现"华中科技大学"）所作报告的整理稿。该报告总共包括三个部分：教育的外部关系规律、教育的内部关系规律、外部规律与内部规律的关系。其中,教育的外部关系规律指的是"教育必须与社会发展相适应","适应"包括"受制约"和"为之服务"两个方面。教育的内部关系规律也就是教育自身的规律,指的是社会主义教育必须培养全面发展的人。与此同时,外部规律与内部规律的关系是相互起作用的,内部规律的运用要受外部规律的制约,外部规律必须通过内部规律来实现。此外,教育内外部关系规律理论自提出之日起便引发了广泛的讨论和争鸣,这些争论主要围绕其提法的科学性、立论基础、分类标准等方面展开。

1990年,潘懋元在《厦门大学学报》(哲学社会科学版)发表《教育外部关系规律辨析》,重点对"外部关系的规律"进行了概念上的辨析,并阐明了提出教育外部关系规律的背景与原因,最后对教育外部关系规律在具体教育实践中的运用进行了详细介绍。潘懋元通过深入研究和总结我国高等教育的成功经验和失败教训,明确了按照外部规律必须通过内部规律起作用的原则来办教育,把社会需要和人自身的发展统一起来。从规律上进行深层次探讨,为高等教育学科的建立和完善提供了重要的理论支撑。尽管存在争议,但该理论仍被认为是对时代问卷的积极应答,对推动中国高等教育改革与发展起到了重要作用。潘懋元作为高等教育学领域的杰出学者,所提出的教育内外部关系规律不仅丰富了教育学的理论体系,也为后续研究提供了新的方向和思路,为高等教育理论界和教育实际工作者所广泛接受和认可,具有里程碑式的意义。

潘懋元对民办高等教育的关注始于20世纪80年代,并为当时刚萌芽的民办高等教育提供了理论支持。作为中国改革开放以来民办高等教育重建与研究的首倡者,他在实践中一直是中国民办高等教育发展的坚定倡导者、支持者和引路人。自1992年起,我国的民办高等教育迎来了前所未有的蓬勃发展期,在这一关键时期,潘懋元敏锐而又深刻地针对民办高等教育的战略定位、发展道路、评价理念和保障体系等进行了系统性思考。1999年,潘懋元在《中国高等教育》发表《对发展民办高等教育若干问题的认识》,主要包括如下核心观点：其一，明确民办高等教育是我国高等教育事业的重要组成部分；其二，积极发展民办高等教育是实现高等教育"大众化的必由之路"；其三，产业化是民办高等教育能否顺利发展的关键所在；其四，应以公正的、辩证的态度看待民办高等学校的质量；其五，尽快建立健全发展民办高等教育的法规。这些思想不仅深刻揭示了民办高等教育在我国高等教育体系中的价值，更为积极探索民办高等教育发展新机制提供了前瞻性指引，引领着我国民办高等教育不断迈向新的高度。

潘懋元主要是从我国步入高等教育大众化开始关注高等职业教育，并开展了大量的调查和研究。他强调，随着经济的发展和社会对职业型人才需求的增加，高等职业教育在国家和社会发展中扮演着越来越重要的角色。早在2000年的时候，潘懋元便在《清华大学教育研究》发表了《高等教育大众化的教育质量观》。在这篇文章中，潘懋元提出高等教育大众化阶段的核心问题是教育质量观的转变。由于精英高等教育阶段人们所重视的是学术型人才；而在高等教育大众化阶段，人才市场需求量大的是职业型人才。因此，高等教育大众化阶段必须改变传统的精英教育质量观为大众化的教育质量观，应当以增加高等职业技术教育为主，来确保所培养的专门人才在人才市场上"适销对路"。上述观点揭示了高等教育大众化、高等教育职业化作为21世纪世界高等教育发展的两大趋势，强调从单一追求学术卓越转向兼顾市场需求与职业导向，既是对高等教育功能认识的深化，也是对教育资源配置与人才培养模式优化的理性思考，为高等教育体系的可持续发展奠定了坚实的理论基础。

2005年，潘懋元在《高等职业教育：体系、定位、发展与模式》的笔谈中撰写了《建立高等职业教育独立体系刍议》，其内容包括为何需要构建高等职业教育的独立体系、建立高等职业教育独立体系的依据以及高等职业教育独立体系的构想。潘懋元先生认为，将高等职业教育作为独立的高等教育体系，既可满足部分学生追求高学历的愿望，又能较好地适应现代化建设对职业技术型人才的需求。同时，职业教育保持前后连贯，既可避免"立交桥"的困难与问题，又可避免专科层次的高职为照顾学生"专升本"而削弱职业技术实训的问题，更可以避免高职高专院校因为"专升本"而定位不明。潘懋元关于高等职业教育独立体系的构想，不仅是对当时职业教育现状的深刻反思，更是对未来教育发展趋势的精准预判，对于刚刚步入高等教育大众化阶段的我国而言，具有前瞻性和深远的现实意义。

潘懋元作为中国高等教育学的开创者与奠基人，通过其开创性的理论研究和实践探索，为中国高等教育质量的优化提供了坚实的理论基础和实践指引。2002 年，潘懋元在《高等教育研究》发表《多学科观点的高等教育研究》。文章系统地从历史学、哲学、心理学、文化学、科学学、经济学、社会学、政治学、管理学、系统科学、比较教育学等多学科视角对高等教育进行了全面深入的研究，运用不同的学科方法来认识高等教育的功能与价值。在多维度、跨领域的综合性探索过程中，全面和深入地理解高等教育、掌握高等教育的内外部关系规律，为高等教育学理论体系建构提供坚实的理论支撑和丰富的实践指导。

2005 年，潘懋元发表《中国高等教育的定位、特色和质量》，该文提出通过联合国教科文组织的国际教育分类标准来明确我国的高等教育定位，同时提出在明确定位的基础上还要发展特色，并关注质量标准及其质量保障。在质量标准部分，提及了第一层标准是教育目的的质量标准（公共的标准），第二层标准是符合人才市场需要的质量标准（各专业的标准）。在 2000 年发表的《高等教育大众化的教育质量观》一文中，潘懋元同样提及了这两个质量标准。上述观点不仅体现了教育分类学的精准应用，更蕴含了高等教育发展的战略智慧，对推动我国高等教育体系学理化、规范化发展具有重大价值。

2018 年，潘懋元在《主动适应新时代新形势　发展高等教育中国学派——在厦门大学教育研究院 40 周年庆祝大会上的讲话》提到：高等教育的任务是培养专门人才，当前我们面临着新难题、新任务。此次讲话中，潘懋元强调了高等教育研究的重要性和中国在这一领域的领先地位。他指出，在新时代背景下，高等教育面临新的挑战，即高等教育既要培养自然人，还要培养机器人，使之成为专门人才。同时，潘懋元呼吁高等教育工作者应立足中国特色，强调中国高等教育的文化自信和中国特色，提出推动构建高等教育中国学派的目标。

2020年9月，潘懋元在《高等教育研究》发表《新时代中国高等教育改革与发展：今天、明天与后天》。该文提出，"今天"指高等教育已然进入普及化阶段，我国目前已经是世界高等教育大国；"明天"是指中国将成为世界高等教育强国；"后天"是指我们将要和机器人共同营造属于我们共同的地球村，人类命运共同体的高等教育将面临把机器人教育为智慧人的新任务。文中系统分析了中国高等教育的现状、未来发展方向和任务，提出了高等教育普及化和强国建设的具体措施，并前瞻性地探讨了机器人教育的问题，为中国高等教育的未来发展提供了全面的战略指导。

2021年，针对高等教育普及化阶段的高校招生考试，潘懋元在《从选拔性考试到适应性选才——高等教育普及化阶段试行"套餐式"招生模式的设想》一文中指出，在高等教育从大众化阶段向普及化阶段转变的过程中，规模的扩张必将引起性质的变化，学生接受高等教育将由特权、权利转变为义务。与之相对应的，高校招生考试也应该从选拔性考试向适应性选才，即实行"套餐式"的招生录取方式：高校根据各个学科、专业设计并提供不同类型的套餐，学生根据自身的个性特征、能力基础选择适合自己的套餐。从总体上看，潘懋元提出的"套餐式"招生模式为高等教育普及化阶段的招生考试提供了一种未来改革的新方向，具有较高的创新性和理论价值。

在高等教育普及化阶段，潘懋元提出的许多具有前瞻性的观点和构想，不仅为中国高等教育的改革和发展提供了重要的指导，也为应对当前高等教育普及化阶段面临的挑战提供了宝贵的参考。

教育的基本规律及其相互关系

这个报告准备分三部分：第一部分，讲教育的外部关系的规律。第二部分，讲教育的内部关系的基本规律。第三部分，谈外部规律与内部规律的关系。研究这些规律，目的是进一步深化当前的教育改革。

一

教育的第一条基本规律即教育的外部关系的规律，就是教育同社会的关系的规律。教育同社会存在必然性的关系，必然性关系就是规律。作为整个社会系统来说，这种关系存在于社会系统的内部，作为教育这个系统来说，它所指的是教育与社会的其他子系统之间的关系。这条规律的表述很简单，一句话，就是"教育必须与社会发展相适应"。"适应"这个词，我的理解包括两个方面，一个方面是"受制约"，一个方面是"为之服务"。因此，这条规律可稍加引申，表述为"教育必须受一定社会的经济、政治、文化所制约，并为一定社会的经济、政治、文化的发展服务"。现在我想就这两个方面展开谈谈。

教育要受哪些社会因素制约呢？概括起来，主要有三个因素。

第一个因素是生产力和科学技术的发展水平。

生产力的发展是社会发展的动力，因此，生产力的发展也是制约教育发展的最基本的因素。但是为什么我在生产力发展水平后，还要加上科学技术的发展水平，把它们归在一起作为第一个制约因素呢？生产力跟科学技术不是一码事，生产力的发展水平不等于科学技术的发展水平；反过来，科学技术的发展水平也不等于生产力的发展水平。现代生产力的发展水平主要决定于科学技术的发展水平，但不能简单地说，有什么样的科学技术水平就有什么样的生产力水平。因为除此以外，还有其他因素对生产力的发展水平起作用。比如说资金，没有资金，生产力的水平上不去；又比如说管理，管理水平不够，生产力也提不高。但是，毕竟生产力的发展水平，特别是现代生产力的发展水平，主要决定于科学技术的发展水平。因此，我们说，生产力是社会发展的动力，而科学技术是关键。所以可以把这两者合在一起，当作一个制约因素来看待。

教育的发展，最基本的就是要受生产力和科学技术发展水平的制约。例如，教育发展的规模与速度、各级学校的培养目标和培养规格，特别是大学的专业设置和课程、教材等，都要受生产力、科学技术发展水平的制约。这里举一个例子，谈谈学校教育制度是怎样受生产力发展水平制约的。不管是中国还是欧洲，在古代并无大学、中学、小学之分，也无职业学校、普通学校之别。在中国，叫它国学、太学、四门学也好，叫作州学、府学、县学也好，都是笼笼统统的学校。欧洲的学校，如希腊的修辞学校、哲学学校，即使是雅典大学也是如此。在中国，如果一定要分，那就是学校是按照学生父祖的官阶高低而分等级，不是按水平高低来分。到了资本主义萌芽时候，学校教育制度才逐渐往上伸，往下伸，往旁伸。往上伸，出现了近代意义的大学；往下伸，出现了小学，或者叫作国民教育，培养有一定的读、写、算能力的工人；往旁伸，出现了职业教育系统。这受什么影响？受生产力的影响，因为资本主义的生产力要求学校分化。到了今天，由于科学技术、生产力的更高的发展，一个人在儿童、少年、青年时期所受的学校教育不够了。因此，终身教育、继续教育、大学后教育、回归教育等种种概念引进了我们的学校教育系统。成人高等教育成为正规的学校教育制度，终身教育成为学校教育制度的组成部分。这就是教育受生产力、科学技术发展水平制约的证明。就拿大学里的专业设置来说也是这样。例如，高、精、尖的科学技术出来了，我们必须及时设立高、精、尖的专业。但是，如果所有的专业都搞高、精、尖，行吗？现在激光专业的毕业生太多了，分不出去，理论物理专业的学生更难分配，应用物理的毕业生也不太好分。为什么？还是由生产力发展水平决定的。因为，我们的生产力发展水平不都是高、精、尖的，有相当大的部分是资金密集型的，还有大量的是劳动密集型的工业。而资金密集型的、劳动密集型的工业，在工业发达国家称之为"夕阳工业"，但在我们中国是"夕阳还没有下山"，还早得很，即使在工业发达国家也还是没有下山。因此，我们的高等学校，对那些所谓的"夕阳工业"部门所需要的人才，还是要培养。而且，我们的乡镇企业要发展，乡镇企业不可能一下子都是高、精、尖企业。所以，专业如何设置，既要看科学技术发展的先进的东西，也要看全国的整个生产力的发展水平如何。

学校教育制度、专业设置要受生产力、科学技术发展水平的制约，更不用说教学内容、教学手段了，这里就不一一列举。

第二个因素是社会制度。

社会制度，主要是指社会的经济制度和政治制度，当然还有其他的制度，如文化制度等。社会制度不仅制约教育体制，还要制约我们的教育目的、思想政治教育、某些教学内容。对此，我不想多加说明，现在我想具体谈谈经济制度是如何影响教育的。现在我们所进行的教育体制改革，就是直接在经济体制改革制约下的改革。社会主义初级阶段的经济，是计划经济指导下的商品经济，即以有计划的商品经济为主，多种经济成分并存。经济体制反映到教育体制上来，教育就要引进市场机制。有的不叫市场机制，叫竞争机制，实际上引进的只是市场机制。竞争机制不等于市场机制，它的内涵比市场机制丰富得多。教育领域引进市场机制，是由目前我国所处的经济体制所决定的。因此，它是必然的，是不以人们的意志为转移的。我们对此要有所认识，有所思想准备。

今年1月，福建省的高校和各地区的人事部门在厦门大学联合召开了一次大学生分配会议，会上大家都在讨论如何解决现在大学生分配难这个问题。我认为毕业生分配不出去，与其说是教育问题还不如说是经济问题，或者说是社会问题。我在会上向大家提了个问题:"大学毕业生分不出去,是好事还是坏事?"我说:"是坏事但也是好事。"为什么?大学生毕业分不出去,据人事部门分析,有六大原因:第一,当前面临政治体制改革,机构要精简,党政机关一般不想进人。第二,工资包干,经费包干,人才流动很难,所以近来企事业单位都不敢进人。第三,企、事业单位现在实行的是短期任期目标责任制,考虑的是短期行为而不重视长远效益,大学生进来要占一个位置,还不知道什么时候才能发挥作用,因此不想进大学毕业生。第四,人事部门对编制控制很严,增干指标不容易拿到。第五,有些专业和社会需要不对口,长线专业太长。第六,更多的是由学生以及学生价值观念所引起的,大学毕业生不愿到基层去,到乡镇企业去。如此等等。在所分析的原因中,除了短期目标责任制,使企业只有短浅的眼光,是坏事外,其他都是好事。正因为长线太长分不出去,就逼着学校考虑调整专业,进行体制改革,机构压缩,这个从总体上也是好事。总之,这些原因归根到底会促进我们的教育改革、调整。因此,从这个角度来说,大学毕业生分配不出去基本上是好事。

第三个因素是文化传统。

文化传统对学校教育的德、智、体、美各个方面都有广泛的影响,第一个制约因素、第二个制约因素往往需要通过文化传统的折光反射出来。任何一个人在价值观念、伦理观念以及思想方式上都会自觉或者不自觉地,或多或少地受已有文化传统的影响,即使是青年人也不例外。而教育是人干出来的,干教育的人既然脑子里有文化传统的影响,他在怎样办理教育的时候,怎么不受文化传统的影响呢?而且一旦文化传统形成一股力量的时候,往往不是一两个人,而是整个社会都受其影响。比如说教育价值观。中国古代有"学而优则仕"的传统观念,现在大学生尤其是名牌大学生中出现的"从政热"是好事,不能说"从政热"就是"学而优则仕"。但是"学而优则仕"的传统观念有没有在人们的头脑中起一定作用呢?我看好像有一点。又如现在为什么大学毕业生不愿到基层、到乡镇企业去,有没有等级思想的影响?恐怕也还是有一点。我说受影响，也不都是坏事。文化传统对教育的影响可能是消极的，但更可能是积极的，而且积极面更大。因此，不要讳言文化传统对我们的影响，而是要正确对待文化传统，发挥文化传统的积极作用，减少它的消极作用。

最近几年，在中国出现了一股"文化热"。这究竟是好事还是坏事呢？我说是好事。它的形成，我认为有两个原因：一个原因是逆反心理造成的。过去一天到晚讲的是政治、经济、阶级斗争、生产斗争。现在人们觉得在文化中很有一些值得我们去寻找、思考的东西。这是人们对过去那些条条框框不满意所形成的"文化热"，作为一定时期人们的心理，是可以理解的。还有更深刻的原因，就是我们过去解释问题、分析研究问题时，往往比较简单化。似乎有什么经济，就有什么政治；有什么政治，就有什么思想。有很多东西解释不清，说不通。例如，为什么生产力水平差不多的国家，它们的教育制度可以不同？为什么社会制度差不多的国家，它们的教育制度也可以不同？这些问题不从第三个方面找原因，就说不清楚。所以，文化传统是不知不觉、无孔不入地起作用的，我们必须正确地认真对待。但是，不要"热"得过分，否则，就会走向唯心主义。就教育的三个制约因素来说，第一是生产力、科学技术，第二是社会制度，第三是文化传统。文化传统尽管很顽强，但是，在一定情况下，它会或快或慢地改变的。如果把它摆在第一位，那就变成了唯心主义的"文化决定论"了。

以上谈了"受制约"的一面，还有"为之服务"的一面。"受制约"是前提，"为之服务"才是教育努力的方向。《中共中央关于教育体制改革的决定》里面有两句话表述了这条规律"为之服务"的这个方面。即"教育必须为社会主义建设服务，社会主义建设必须依靠教育"。要"为之服务"，就要使我们的教育尤其是高等教育要有主动适应社会发展需要的积极性和能力。对高等学校方面来说，为社会服务就体现在高等学校的三个社会职能上。这三个社会职能，第一个叫作培养人才，第二个叫作发展科学，第三个叫作直接为社会服务。有的人叫作多种形式为社会服务，叫作直接为社会服务更好一些。因为培养人才、发展科学归根到底也是为社会服务。

对此，我觉得有几点需要加以说明。

第一，高等学校的三个社会职能是发展的。第一个职能，自古以来，有高等学校就有，这是其最基本的职能。第二个职能，很难说是从什么时候开始有，但是比较明确地提出来的一般归之于19世纪初德国的柏林大学（也叫洪堡大学）。当时德国的柏林大学明确提出要把科学研究引进学校教育之中，把科学研究作为学校的一个正式职能提了出来。第三个职能，一般认为是在19世纪后半期，从美国发展起来的。美国的威斯康星大学开办之初，就以为本州服务作为它的办学宗旨。我们现在为"创收"所举办的科技咨询、短期培训班，大学的工厂和实验室为社会服务，以及派专家、教师当顾问，为地方承担设计、计划等工作，威斯康星大学当时就这样办了。这所大学为地方在政治、经济、管理、教育等各方面进行的卓有成效的服务工作，受到地方的欢迎，学校也受到地方的欢迎，学校也得到地方政府和社团、企业的大量资助。这一做法为当时美国许多州立大学所竞相仿效，后来人们就把它叫作"威斯康星思想"（Wisconsin Idea）。直接为社会服务也就成为高等学校的另一个重要职能。中国的高等学校职能的发展，大体也经历这样的过程，只不过比人家后一点。培养人才的职能自从清朝末年办大学起，自然就有。第二个职能即大学承担科学研究的职能，过去有人提出过，如蔡元培就提出过。但是，始终没有把它作为一个正式的职能确定下来。20世纪50年代，马叙伦当部长时正式提出过，综合大学要办成既是教学机构又是科学研究机构。但是，因为当时我们受苏联科研和教学分离的体制的影响，这一思想在高等学校中并未真正地贯彻执行下去。1976年，制定12年向科学进军的重大科学研究规划，所有的重点项目都由科学院牵头，大学只是作为协助单位。在20世纪70年代末，在高校有了"两个中心"或者叫"一个方面军"的提法，这时，高校的第二个职能才明确了。第三个职能过去也零敲碎打搞过，正式提出来，大概是 1983 年间，主要目的是"创收"。而一经提出来，它的发展就比任何国家都快，而且富有中国的"特点"。

第二，三个职能发展的历史顺序，也是它们重要性的顺序。历史不能颠倒过来，重要性也不能颠倒过来。培养人才是基本的，发展科学、直接为社会服务都是必要的，但是，不应该影响第一个职能。如果因为搞科研、直接为社会服务而影响培养人才的质量，从长远的经济效益与社会效益来看，都是不足取的。我个人的看法是，科学研究，如果仅仅为"创收"，大量地只搞简单的有利可图的产品开发，对于发展科学，特别是对高水平的大学来说，是不利的。更不要说，现在有一股风，好像人才质量如何、科学水平如何都可以不谈了，"创收"压倒一切。这股风的形成可以理解，但是作为教育决策者和学校领导者，必须冷静对待这个问题。

第三，不同层次、不同类型的高等学校，对这三个职能以及每个职能的实际内容，可以根据学校的条件，有所侧重，找出各自适合的范围，不要相互攀比，一拥而上。各个学校如此，各个系也如此。不要人家在这方面较强于你，就赶紧挤；不要一提"两个中心"，所有大学都要办成两个中心；不要一提直接为社会服务，就什么都要搞。尤其不宜于什么学校、什么专业都搞"经商"，而且什么生意都做，都开"百货"公司、皮包公司。直接为社会服务，办成开放型的大学是好的，是必然的趋势。但是，小而全、大而全，"万事皆备于我"，是小农经济思想在新的历史时期的反映。

第四，直接为社会服务，它的本质意义是什么？其本质意义就是把培养的人才、科研的成果更直接地、更快地转化为生产力。这样做对促进社会的发展十分有利。现在有人把高校的第三个职能简单地称为"创收"，这就是去掉了它的本质意义。因此，第三个职能要着眼于社会效益，要讲究国家的经济效益。当然高等学校自身的经济效益也要讲。因为现在国家不够向我们提供充足的办学经费，高校又不可能像国外的私立大学那样，获得财团的资助。所以，在这一特定的历史时期，为学校的经济利益考虑是必要的。在一定情况下，为个人搞点"福利"也是必要的，工资太低了。我们是从教育理论来看这个问题的。《中共中央关于教育体制改革的决定》里面有两句话，往往被人们遗忘了，我觉得这两句话很重要。这两句话是："衡量任何学校工作的根本标准，不是经济效益的多少，而是培养人才的数量和质量。紧紧掌握这一条，改革就不会迷失方向。"换句话说，不掌握这一条，恐怕改革就会迷失方向。中共中央这个决定是1985年公布的，这句话我理解当时是有针对性的。那么，现在还有没有针对性呢？应该说还是有的。遗憾的是，有些高校未能紧紧掌握这一条。

由此可见，教育的外部关系规律说起来简单，但是要根据这条规律办事，掌握恰当，的确是不容易的。往往会发生违背规律办事，受到规律惩罚的事情。过去违背这条规律，惩罚是落在我们头上，我们千万不要违反这条规律，使惩罚落到我们的后代身上。

二

教育的第二条基本规律，是内部关系的规律，或者叫教育自身的规律。我在《高等教育学讲座》里是这样表述的："社会主义教育，必须培养全面发展的人，或者说社会主义教育必须通过德育、智育、体育、美育，培养全面发展的人。"这条规律，过去我们一直作为教育方针提的，因此比较熟悉。这里，我简单地提一下全面发展的含义，集中谈谈作为劳动力的人和作为社会关系的总和的人的培养问题。

人的全面发展的学说，马克思主要是在他的《政治经济学》理论里面论述的。理所当然，马克思首先是把人作为生产力的劳动力这个因素来说人的全面发展的。人作为劳动力，所需要的是体力、脑力或者是体力、智力这两个方面的充分的、和谐的、统一的发展。马克思是从资本主义的大工业生产所需要的劳动力，提出人必须在体力、智力两方面充分地发展的。马克思提出这个理论也是针对着大工业生产在资本主义制度之下，把人作为机器的附属品，身体肢解了，智力的发展被压抑扭曲了这一现象的。因此，把全面发展理解为体力与智力的充分发展，对不对呢？对，因为人如果仅仅作为劳动力来说，无非就是体力和智力两个方面。体力，是身体的自然力；智力，如马克思所说的，是精神方面的生产能力，包括文化科学的知识、劳动的技能、生产的经验等。但是，马克思也把人作为社会关系的总和来对待。把人作为社会关系的总和来对待，那就不仅仅是体力和智力的问题，而应该是包括其他方面，譬如，包括了人的道德、意志、情感、审美情趣等。当然，在这一方面，马克思谈得不太多。但实际上，从总的方面已经提出了德、智、体、美四个方面的丰富内容。

过去，我们把人简单化为劳动力的时候，就不容易理解到马克思把人作为社会关系的总和的丰富的内容。那么，作为社会主义关系的总和的人来说，我们过去又是怎样理解的呢？我们过去只把人作为生产斗争的工具和阶级斗争的工具。作为生产斗争工具的人，要具有体力、智力；作为阶级斗争的工具的人，还得要有政治思想。因此，我们只提德、智、体。其中对德的理解也不很全面，德不只是政治思想，还有其他道德品质。从德、智、体三方面来理解人的全面发展，基本上是正确的，但还不够全面。在社会活动中，最主要的一个是经济活动，一个是政治活动。但是，作为社会的人，尤其是青年，除此之外，还有没有其他活动呢？当然，生产活动和政治活动是最重要的社会活动，但不是其全部。还有其他丰富的生活内容，如休闲的生活，文化的生活，恋爱、婚姻，组织家庭，交朋友，事业的追求，创造的欲望，等等。因此，我们应该比较全面地理解"全面发展"这个概念。

对人的"全面发展"的全面理解，是有现实的、积极的意义的。它可以使我们正确地遵循教育的内部规律办教育，提高培养人才的全面质量。因为这个问题不是今天这个报告的重点，就不展开论述了。

三

教育的内部规律和外部规律的关系是相互起作用的，办教育既要遵循外部规律，又要遵循内部规律，应把内、外部规律很好地统一起来，不能把它们分割开。具体地说，一个方面，内部规律的运用要受外部规律的制约；另一方面，外部规律必须通过内部规律来实现。

首先，教育的内部规律的运用要受教育的外部规律的制约。如果只考虑教育的内部规律，也就是"就教育谈教育"，哪怕谈得再好，想得再美，但是，社会条件不具备，或者是培养出来的人不适合社会的需要，教育的社会效益、经济效益就不能实现。从这个意义上说，内部规律的运用要受外部规律的制约。我们之所以引进市场机制或竞争机制来改革教育，正说明我们不能不考虑外部规律的作用，不能只考虑人的自我完善和个人的价值。

现在有许多文章谈教育价值观的问题。教育的价值是什么？教育的价值观历来有两大派，一种认为教育的价值应该体现在人的自身发展、人的自我完善上；另一种认为，教育的价值应该是体现在国家的利益、社会的利益上。这是两种对立的价值观。过去，我们的教育价值观很简单，人是工具，教育也是工具，是生产斗争的工具和阶级斗争的工具，因而，只有国家的利益、社会的利益。但是，最近一段时间，谈得更多的是人的自身完善、个人的价值，也就是更多地阐述以个人为中心的教育价值观。

这种以个人为中心的价值观，不是今天的新发现，自古有之，尤其是在资本主义初期，或者在封建主义向资本主义过渡的时期，许多进步的教育家，都是持这种教育价值观的。这种教育价值观认为，如果教育要以国家、社会的价值为价值，是功利主义的。功利主义压抑人的发展，使教育失掉了在对人的发展上的真正的价值。但是，教育是要受社会的制约的，这是不以人的意志为转移的客观规律。因此，认为教育可以摆脱社会的制约，不考虑社会的需要，这样的教育价值观是唯心主义的。我们现在认为他们在历史上是进步的教育家，正是因为他们的价值观本身就是适应当时社会需要所产生的观念，而不是他们离开社会所想出来的。在资本主义跟封建主义做斗争的时候，要摆脱封建的统治，要摆脱宗教的束缚，而在那样的历史时期，这种观点是起进步作用的。

那么,我们社会主义社会的教育价值观应该是什么呢?是不是一切为了社会需要的那种教育价值观呢?对!但是不全面,简单化了。社会主义社会的教育价值观应该是社会发展的需要与人的自身发展需要相结合的教育价值观。也就是说,大前提是培养一个社会的人,适应社会的需要。但是,另外一方面,也不能丢开人的自身发展的需要,不要把人变成工具。因此,作为培养人的这个内部规律,既要受外部规律的制约,又不能丢开它自身的规律。过去,在"左"的思想影响下,把教育仅仅作为工具,不管人的自身发展的需要,是片面的。现在许多文章鼓吹人的自身发展的需要,而不顾国家、社会的需要,作为一种逆反心理,可以理解;作为一种教育价值观来说,也是片面的、错误的。看教育价值观,应该把内部规律与外部规律统一起来,把社会需要和人自身发展统一起来。

其次,教育的外部规律要通过内部规律来实现。"就教育谈教育"是行不通的,但是,只就社会的各个因素来谈教育,只就生产力、社会制度、文化传统来谈教育,不顾教育自身的特殊性,违反教育的内部规律办事,也是不全面的。开放改革,引进市场机制,是当前教育工作特别要解决的问题。但是,当我们运用教育外部关系规律的时候,不要又产生另一种偏向,就是只看到社会对教育的制约,对教育的要求,而没有看到教育有它自身的内部的特殊规律,不要忘掉外部规律通过内部规律来实现。这个偏向已经有所冒头了。市场机制引进后,怎样正确处理教育的内部关系?这就要看你会不会运用教育的内部规律了。不能简单地引进市场机制,大家都去"创收"就完了。譬如,如何正确处理基础学科之间的关系?如何处理人才这种加引号的"商品"在市场流通、市场交换中的机制?等等。如果不重视教育自身的特殊规律,照搬商品生产中的价值规律、市场机制,方便倒是方便,但是恐怕是不行的。即使一时搞得很"活",后果恐怕不好。一般化、简单化是不行的。

现在,有人认为引进市场机制,就应该将高等学校作为企业来办。市场有什么需要，高等学校就办什么专业，设什么课程，学什么知识，一切听从市场的调节。这种看法，似乎是根据外部规律办教育了，但却没有按照外部规律必须通过内部规律起作用的原则办教育。不要简单地把市场机制生搬硬套到教育事业上，忽视教育的特点，忽视教育自身的内部规律。"就教育谈教育"是不对的，"不就教育论教育"恐怕也是不对的。教育事业，同其他文化事业一样，除了经济效益之外，还有非经济的社会效益，还有政治的、道德的、文化的效益，而这些效益是市场信息难于反馈的，即使就经济效益来说，作为"商品"的人才的经济效益和物的商品的经济效益也不尽相同。一般说，培养人的过程周期长，而产品的生产过程周期短；人才的社会经济效益缓慢，而产品的社会经济效益快速；人才市场的经济效益往往是间接的，而商品市场的经济效益则是直接的。也就是说，教育的效益具有滞后性、长效性与间接性的特点，短期的、即时的、直接的市场机制未必能充分反馈人才的经济效益。对于教育事业的调控，不能仅仅依靠短期的、及时的、直接的市场信息。教育的决策，不能仅仅看到短期的、及时的、直接的经济效益，更要看到滞后的、长效的、间接的经济效益；不能仅仅看到经济效益，还要看到非经济的社会效益。总之，我们要全面地、综合地看问题，避免片面性；要有长远的观点，避免贻误百年大计。

（原载于《高等教育研究》1988 年第 3 期）

教育外部关系规律辨析

一、概念的辨析

1980 年我应原第一工业机械部教育局之邀，到湖南大学为当时该部所属高等院校领导干部教育科学研究班讲课，正式提出教育两条基本规律。一条是教育外部关系基本规律，指的是教育作为社会的一个子系统与整个社会系统及其他子系统——主要是经济、政治、文化系统之间的相互关系的规律，简称教育外部规律；一条是教育内部关系基本规律，指的是教育作为一个系统，它的内部各个因素或子系统之间的相互关系的规律，简称教育内部基本规律。当时的表述是比较粗糙的，针对社会主义教育，前者表述为"社会主义教育必须通过培养全面发展的人为社会主义的政治、经济的发展，生产力的发展服务"；后者表述为"社会主义教育必须通过德育、智育、体育培养全面发展的人"。① 后来湖南大学把我的讲课录音整理印成《高等教育学及教育规律问题》小册子，内部印发，并被一些地方和单位翻印为多种版本。其后，我所主编的《高等教育学》（人民教育出版社、福建教育出版社联合出版，1984年）将这两条基本规律分别作为第一章"高等教育的性质任务"和第一章"高等学校培养目标"的理论线索，并在《高等教育学讲座》（人民教育出版社出版，1986年）第二讲"教育的基本规律及其对高等学校教育的作用"作了比较全面的论述。关于教育外部关系的规律表述为"教育必须与社会发展相适应"，并指出"适应，包括两个方面的意义，一方面教育要受一定社会的政治、经济、文化科学所制约；另一方面教育必须为一定社会的政治、经济、文化科学（的发展）服务"，"它一方面'受制约'，一方面'为之服务'，二者之中'受制约'是前提，'为之服务'是方向"。② 至于教育内部关系基本规律，仍按前书的表述。至今我认为外部关系基本规律的表述比较准确，内部关系基本规律的表述尚不成熟。因为教育内部的因素很多，关系复杂，从不同的角度揭露它的基本矛盾，至今没有一致的看法。我只是从教育系统区别于其他社会系统的特点是人的培养，而社会主义教育就其本质说是培养全面发展的人，全面发展教育的组成是德育、智育、体育、美育等角度来理解，因而认为德、智、体、美诸育的本质之间的关系是最为基本的。如果从教育者与受教育者（师生）的关系、个体与社会的关系、教育过程中主客体的关

---

① 《高等教育学及教育规律问题》，第43页。
② 《高等教育学讲座》，第34页。

系，以及从教育结构、教育管理的角度揭露教育的基本矛盾，可能对内部关系的基本规律有不同的理解与表述。这是一个有待探讨的理论问题，因为不是本文研究的范围，不拟展开论述。

教育外部关系规律的提出与阐释，为高等教育理论界许多同志所接受，尤其是受教育实际工作者所欢迎，认为教育基本规律明确的表述，有利于人们根据规律来解释与解决现实的教育问题，指导教育实践。对于这条外部关系规律的实质，认识比较一致。其实，1985年《中共中央关于教育体制改革的决定》中所提的"教育必须为社会主义建设服务，社会主义建设必须依靠教育"，我认为正是"教育必须与社会发展相适应"的规律。

问题在于规律是事物内在的必然联系，提外部关系的规律，是否准确，是否有违于哲学常识。1983年在华中工学院（华中理工大学）召开的《高等教育学》初稿听取意见会上，有的同志就认为哲学教科书或哲学词典关于规律定义为"事物内部的必然联系"，外部关系的提法不妥。我对此，曾做了答辩。与会者认为是可以成立的，因此仍写在正式出版的《高等教育学》中，并且广泛引用在一些论文著作中。近来又有文章认为"就规律而言，它是事物的内部联系……教育与诸社会现象之间存在着本质的关系，这些联系也是教育这一事物的内部的固有的稳定的深刻的联系，不好说它是外部联系、外部规律。若讲'外部'，那只能是事物的非本质的不稳定的联系，非本质的联系可以反映规律，但本身并非规律。所以说什么'教育的外部规律'，是不确切的"。[①] 看来，只在会上做答辩不够，还必须对"外部关系"这一概念做公开的辨析。

哲学教科书或哲学词典，确有的（不是所有的）把规律定义为"事物内部的必然联系，决定事物的发展趋势"云云。显然，这里所指的内部，不是空间、范围、系统的"内部"（即"里面"），而是指与表面现象相对的本质

[①] 《十年来我国教育理论的主要成就》，载《党的十一届三中全会以来中国教育科学的回顾与展望》，第119页。

的"内部"（即"内在"）。在中文中，"内部"一词，有时可作为"内在"的同义语使用。如以英文表述则前者用的是"inner""inside"或"within"等，而后者只能用"inherent"表述，如"inherent law"，就不致产生歧义的误解。

那么，系统与系统之间，是否存在相对于本系统来说是外部的，同时也是本质的必然联系呢？也就是说，是否存在本系统与其他系统之间的关系的规律呢？

列宁在《哲学笔记》中对规律的定义是："规律就是关系。……本质的关系或本质之间的关系。"① 列宁在这里不仅指出规律是"本质的关系"，还特别指出"或本质之间的关系"，显然，两者是有区别的，前者指的是事物的内在必然联系，后者则是指这一事物与另一事物之间内在的必然联系。例如，新陈代谢，是生物运动的规律，它是生物机体同外界物质之间通过同化与异化作用，同外界物质进行能量转换而构成了生命现象和过程的规律；同样，个体社会化，是教育活动的规律，它是教育系统同外界经济、政治、文化等系统通过人的主观能动作用，同外界环境进行信息转换而构成的教育过程的规律。列宁又曾指出："外部世界、自然界的规律，乃是人的有目的的活动的基础。"这就是说，外部世界、自然界的规律，是作为基础与人的活动存在必然的联系。既然外在于人的活动的自然界同人的活动之间尚且存在必然的联系，则外在于教育系统的政治、经济、文化等活动作为教育活动的基础，同教育活动也必定存在必然的联系。自然相对于人的活动来说是外部世界，政治、经济、文化相对于教育系统来说也是外部世界，教育与这些外部世界的必然联系，就构成了教育外部关系的规律。简单说，教育外部关系的规律的"外部"一词，指的是范围、系统的外部，而不是相对于内在本质的表面现象的所谓"外部"；教育外部关系规律，指的正是教育系统与本系统之外的政治、经济、文化等等系统（活动、现象）之间所存在的"本质之间的关系"，而不

---

① 《列宁全集》第38卷，第161页。

是"非本质的不稳定的联系"。

如果由于中文的"内部""外部"诸词是多义的，怕外部关系的规律这一提法易产生歧义误解，那么应当如何表述这种外部关系呢？有人认为"应以规律作用的范围为其根据。将教育规律分为一般规律和特殊规律。为一切教育活动所共有的规律是一般性规律，为特定的教育事实所特有的规律是特殊规律。一般规律总是表现为特殊规律，总是存在于特殊规律之中；而特殊规律包含着一般规律，却比一般更为丰富。这种分类，较之通常说的教育的外部规律、教育的内部规律更科学些"①。把外部关系作为一般规律，把内部关系作为特殊规律，显然是错误的。因为外部关系规律与内部关系的规律所表述的是范围、系统内外的关系，一般规律与特殊规律所表述的是事物的一般与特殊的关系。两者是不同的。我们可以说一般存在于特殊之中，特殊包含着一般；却不能说外部存在于内部之中，内部包含着外部。例如，我们可以说，社会发展总的规律，在教育领域，存在于教育发展规律之中；教育发展规律，包含着社会发展总的规律；却不能说政治规律、经济规律存在于教育规律之中，教育规律包含着政治规律、经济规律。因为前者是社会发展一般规律与教育这一特殊领域之间的关系，而后者则是教育这一社会子系统与社会其他子系统的关系。它们之间，存在着相互制约的关系而不是相互包含的关系。例如，社会主义初级阶段，教育的发展必然要受商品经济、市场机制所制约，但不能认为教育规律就内在地包含商品经济、市场机制的规律。前些时候，在教育与商品经济关系的问题上，正是由于混淆制约与包含的不同关系，把商品经济、市场机制的规律作为教育规律，在办学方向上引起某些混乱与失误。

同时，如果以一般规律取代外部规律，以特殊规律取代内部规律，势必逻辑地得出这样的结论：只有教育的外部规律"为一切教育活动所共有的规律"，而教育的内部规律即使是基本规律也只是"为特定的教育事实所特有的

---

① 《高等教育学及教育规律问题》，第56页。

规律"。众所周知,"社会主义教育必须培养全面发展的人",是一切社会主义教育都应共同遵循的基本规律而不是只为特定的教育事实所特有的规律。

其实,我在《高等教育学讲座》中,对于一般规律与特殊规律的关系、外部规律与内部规律的关系这两类不同性质的关系,已经有所说明,其要点就是:"(一)下位规律(即特殊规律)必须符合上位规律(即一般规律),上位规律要通过下位规律来实现。""全面发展是教育内部的基本规律,它管所有的教育过程。如果我们总结出一些教育经验,提出一些教育原则,跟这一规律相抵触的话,那就不是真的规律。例如,用过重的负担来使学生多获得知识,以至影响身体健康,那样的做法不管你怎样提到理论原则上说,也是假的、主观的、错误的认识;用注入式来多灌输知识,虽然知识的灌输多一些,但它阻碍了学生智力的发展,抑制了学生能力的发展,所以不能认为它是符合规律的,这也是一种错误的认识和做法。""(二)教育的外部规律制约着教育的内部规律,教育的外部规律必须通过内部规律来实现。""教育同政治、经济、文化的关系,是教育要为政治、经济、文化服务。教育如何为政治、经济、文化服务呢?要通过培养人来为政治、经济、文化服务。培养什么样的人?社会主义社会要培养全面发展的人。"[①] 由于是根据讲课录音整理的《讲座》,在语言表述上不像科学论文那样严谨,但意思是明白的。其中(一)所阐述的就是教育的一般规律与特殊规律的关系,(二)所阐述的就是教育的外部关系规律与内部关系规律的关系。

二、教育外部关系规律的提出

教育与政治、经济、文化的本质之间的关系,是客观存在的,人们对此早有所认识,并不是研究高等教育理论才发现的。打开以往任何一本以历史唯物主义为指导所编写的教育学教科书,差不多第一章"教育的本质""教育的性质与任务"或"教育的历史性与阶级性",其所论述的就是教育与社会发展的关系。以往教育学讲所谓"教育的本质",可以概括为两句话:(一)自

---

① 《高等教育学讲座》,第32—33页。

有人类，就有生产劳动，就有教育，所以教育与生产劳动是密切联系的，是人类永恒的社会现象；（二）不同的社会发展阶段，教育的性质不同，所以教育具有历史性；在阶级社会中，教育具有阶级性。然后，往往按照社会发展史论述原始社会、奴隶社会、封建社会、资本主义社会以及社会主义社会的教育，系统地论证教育的历史性与阶级性。这就是说，以往的教育学，已经清楚地揭示了教育与社会发展的必然联系，与政治、经济的本质之间的关系了。但是，任何一本教育学教科书，都没有明确地表述、分析、论证教育的外部关系规律，而只是对教育与社会发展的关系作出"浑沌的关于整体"的描绘。并且只着重于教育与经济基础、社会制度的关系，而对于教育与生产力、科学技术、文化传统的关系，即使不是没有涉及，也是浮光掠影。（相对来说，西方的教育学对于教育与文化传统、科学技术的关系，倒是比较重视，但也只是停留在现象的描绘上。）这是因为以往的教育理论研究，只是以普通学校教育作为它的主要研究对象，而普通学校教育与社会生产力、政治经济制度以及文化科学的发展之间的关系，相对来说，是间接的，因而只能就总体上把握教育与社会诸因素的关系而难于深入地探讨这些关系的具体机制。在论证过程中，往往也只能从抽象原理的推论中得出一般性的结论，这可能是研究对象单一，占有材料不充分，导致对客观规律的认识不深入具体。

当人们开展高等教育理论研究时，对教育与社会诸因素的关系的认识就打开了一个新的局面。因为高等教育是学科性、专业性的教育，对高等教育的理论研究，必须深入各门学科各专业领域，获得丰富的材料；高等教育是培养专门人才的教育，这些人才将直接走向经济以及上层建筑各个部门担任各种专业工作，从事各门科学研究，解决各种实际问题。社会生产力的发展，科学技术的成就，政治制度、经济制度的变革，文化观念的演变，往往会直接地、迅速地反馈到高等学校的办学方向、课程教材之中。因而从高等教育的角度看政治、经济、文化同教育的关系，就比较直接、深入、具体、生动；对于如何使高等教育与社会发展相适应，更为关心而具有紧迫感。当然，这只是相对的，丝毫没有否定普通学校教育必须同政治、经济、文化的发展相适应之意。但小学的读写算、中学的数理化等基础知识，相对于大学的专业课程来说，是比较稳定的；同社会的政治、经济、文化的发展变化的关系，是有程度差别的。只要不是抱残守缺或抱有成见，就会承认开展高等教育理论研究以来，已经和正在拓宽教育研究的视野，加深对教育原理的认识，包括对教育外部关系规律的认识。这就是教育外部关系规律作为一条教育基本规律首先从高等教育理论研究过程中提出来的缘故。

  为什么我在20世纪80年代初把教育必须与社会发展相适应作为外部关系规律提出来，而且一经提出，就被广泛认可呢？这里还有个时机的问题，也可以说是被客观需要逼出来的。"文革"时期，实际是1958年以后，我国在社会各个领域，主要是在经济领域，就出现大量违反客观规律办事的现象。违反客观规律办事，是要受规律惩罚的。在社会活动中，当人们遵循规律办事时，虽然规律无时无处不在起作用，但人们往往是凭经验认识到应当这样办，较难自觉地提到理论认识上来理解为什么必须这样办。而当人们违反规律办事，受到规律惩罚时，痛定思痛，通过大量现象的考察，总结成功的经验与失败的教训，进行深刻的反思，运用辩证唯物主义的理论武器，透过事物的现象把握事物内在的本质，就比较容易抓住本质的规律性的东西。党的十一届三中全会号召"为了迎接社会主义现代化建设的伟大任务"，必须"保持必要的社会政治安定，按照客观经济规律办事"。[①] 要按照客观规律办事，就必须认识客观规律，经济如此，教育也如此。这个时候，教育实际工作者，理所当然地要求教育理论工作者说清楚教育的客观规律，教育理论工作者也应当负起这个责任。当然，一部教育学，所阐述的无非都是教育规律及其运用。但是，对于一般干部、教师来说，向他们提出符合科学而又简明的规律的表述，"实现由混沌的关于整体的表象到蒸发为若干简单的规定，然后再回

---

  ① 《十年来我国教育理论的主要成就》，载《党的十一届三中全会以来中国教育科学的回顾与展望》，第118页。

到整体",是必要的。当时我就申明:"认识规律是很难的,表述规律更困难。……何况社会的规律,还要随着社会的发展而发展。可以说规律是无穷无尽的,探讨规律也是无穷无尽的。"① 为满足大家合理的要求,"提出这样规律,那样规律,只是属于探讨性的,不全面"。至今我仍认为对于教育规律尤其是教育外部关系规律的认识,仍是很肤浅、很不全面的。

随着形势的发展,新的矛盾的产生,经验的总结,认识的深化,"我们正在逐步加深对某些规律的认识"。② 我在研究学校教育制度与社会发展的关系时,就发现制约学制的外部因素,只提政治、经济、文化,失之笼统。从世界性新技术革命的浪潮和我国社会主义四化建设过程中,从"文化热"的论争中,看到科学技术与文化传统对教育的制约作用至关重要。因此,有了一些新的思考,认为制约一国高等学校教育制度的主要因素应当是:(一)生产力与科学技术发展水平;(二)政治制度与经济制度;(三)文化传统。

生产力发展水平是最基本的制约因素,因为社会的发展,最终决定于生产力的发展,而生产力诸要素渗透着科学技术知识,它的发展水平总是与科学技术结合在一起的。如果说,以往我们对马克思所说的"生产力里面也包括科学在内"这句话的理解不深,重视不够,那么,世界性的新技术革命和我国的四化建设,已经充分地证明了"生产现代化,科技是关键"这一真理。生产力与科技水平对高等教育的制约,不但直接地体现在自然科学与工艺技术专业、课程、教材以及教学手段上,而且间接地制约着整个高等学校教育制度。例如,继续教育作为一种教育形式,纳入教育体系之中,在高等教育制度上给予确定的地位,就是适应生产力与科技发展的需要。

社会制度,主要是政治制度与经济制度,是制约教育的另一个重要因素。生产力发展水平对高等教育的制约,一般总是要通过一定的社会制度起作用的。教育体制的改革前提是政治体制、经济体制的改革;政治体制、经济体

---

① 《高等教育学及教育规律问题》,第41—43页。
② 《高等教育学及教育规律问题》,第41页。

制的改革，必须要求教育体制进行相应的改革，当前我国教育体制改革，正是根据这条规律进行的。

　　文化传统也是制约教育的重要因素。过去对于这一因素的制约作用的研究很不够，近年来"文化热"的讨论，对于文化传统在社会生活的一切方面，尤其在社会改革中所起的作用，有了比较清醒的认识。文化传统是长期的历史过程中形成的思想意识，包括价值观念、道德观念、思维方式等。人，总是生活、成长于一定社会文化传统之中，文化传统在人们对一切事物的判断、选择、取向中，无不或明或暗地起着制约作用。生产力、社会制度，甚至科学技术对教育的制约，往往不同程度地、自觉不自觉地受文化传统的影响、折射。在教育改革过程中，文化传统可能是一种助力，也可能是一种阻力，如果忽视这一点，就会简单化地以为有什么样的生产力与科技水平，就会有什么样的教育水平；有什么样的社会制度，就会有什么样的教育制度，对于许多复杂的教育现象，就很难解释。而如果忽视文化传统在教育改革实践中的助力或阻力，不能因势利导，化阻力为助力，教育决策就很难行得通。不过，文化传统虽然是一种顽强的社会势力，却不是不可改变的。人既是文化的产物，也是文化的改造者与创造者；高等学校既负有保存、传递文化的任务，又负有改造与创新文化的任务。文化传统在促进或阻碍社会发展的过程中，也在不断地改造其自身。不符合生产力的发展、科学技术的进步、社会制度的变革的文化传统，总要或快或缓地被扬弃、更新的。而文化传统的改造与创造，往往就发端于高等学校的校园文化之中。

　　以上只是就制约教育的主要的外部因素而言。其他的外部因素还很多。如人口、资源、地理条件、生态环境、宗教、民族等，一般说，不是主要的因素，但在特定的条件下，也可能是十分重要的，也是不可忽视的。对于诸多外部因素同教育的关系的研究，可以使我们对外部关系规律的认识更为具体与深入，在研究教育问题、采取教育对策时，可以提高教育决策的科学性与可行性。

三、教育外部关系规律的利用

对于教育外部关系规律的研究与表述，尽管还很不成熟，但受到广泛的重视与欢迎。高等教育工作者和教育理论工作者，认为明确的表述，有利于对规律的认识与运用。例如，中华人民共和国成立以来，我国高等教育四十年的历程，既有符合教育规律的成功经验，也有违反教育规律的失败经验。应从规律的理论高度上进行反思，可以避免就事论事，提高认识，得出比较正确的历史结论。又如，对于当前现实的教育问题，根据外部关系规律来解释与解决，可以提高教育决策的科学性与可行性，避免或减轻失误。再如，制订教育发展战略，全面地、实事求是地考虑制约教育的各种外部因素，可以对教育发展的必然趋势看得比较清楚，结合本国本地的条件，提出有科学依据、符合实际的方案。总之，认识与利用教育规律，也就是发挥教育理论指导教育实践的作用。

在认识与利用教育规律上，必须避免简单化、形式化与片面性的生搬硬套。对于"教育必须与社会发展相适应"这条外部关系规律的运用，要解决两个有分歧的问题。

（一）要全面适应，不要片面适应。如上所述，社会系统，包括政治、经济、文化等子系统，制约教育的外部因素，有生产力与科技发展水平、社会制度、文化传统以及人口、资源、地理、生态、宗教、民族等因素。这些子系统与因素之间，又是密切联系、相互制约的。如果教育只强调与某一方面、某一因素的发展相适应而忽视其他方面的适应问题，就可能导致片面性的失误。例如，"文革"以前，强调教育要为无产阶级政治服务，这是与我国社会主义政治制度相适应的；但是，后来发展至"以阶级斗争为纲"，批判所谓"白专道路"，忽视教育要为国民经济发展服务，这就违反了教育要与经济发展相适应的规律，以致教学质量严重下降，不但不能很好地培养出社会主义四化建设所需要的人才，也不利于巩固无产阶级专政。"文革"之后，强调教育要为经济服务，这是与我国以经济建设为中心，进行改革开放的形势相适应的。但是后来发展至只片面强调教育要适应商品经济发展，把教育商品化了，办教育只要有商品意识就行，忽视了教育还必须与政治、文化相适应，办教育还必须抓精神文明建设，导致思想混乱、道德滑坡的最大失误。从这些经验教训中，可以很清楚地看到，教育与社会发展相适应是全面的适应，任何只强调某一方面的适应而不顾其他方面是否适应，这种片面性的所谓"适应"，必将走向全面的不适应。

当然，在某一特定时期，在政策上，有针对性地强调某一方面的重要性，无可厚非。如三中全会之后，为把工作的着重点转移到社会主义现代化建设上来，针对前一个时期教育与经济发展不相适应的问题，强调教育要为经济建设服务，是必要的。问题在于对政策的形而上学理解与执行的片面性，以致在相当长的一个时期，对待两个文明建设，一手硬，一手软，不但影响了精神文明建设，也不利于物质文明建设。所以，任何时候，对于外部关系规律的认识与利用，都必须有全面观点，在执行政策上尽可能使教育与社会发展全面适应，否则就会左右摇摆，导致失误。而教育上的失误，不但直接影响了教育事业，最终必将危及经济的发展与社会的进步。

（二）要主动适应，不要被动适应。规律是客观存在，不以人们意志为转移的。但人们在利用规律办事时，却可以而且应当充分发挥主观能动性。教育必须适应一定社会的政治、经济、文化，但如何适应，却有主动适应与被动适应之分。

什么是主动适应？人们往往把主动适应作为"紧跟"的同义词使用，以为只要紧跟政治、经济形势，就是主动适应。政治上的阶级斗争为纲，就搞"教育政治化"，经济上发展商品经济，就搞"教育商品化"。这是盲目的被动适应，其后果是人所共知的。被动适应表面上似乎是按规律办事，事实上却是产生违反规律的后果。历史已经充分地证明了这一点。

一定社会的政治、经济、文化在其发展过程中，往往存在积极面与消极面，因此，对教育的影响，也有积极作用与消极作用。尤其是在改革探索的过程中，很难避免出现某些偏差。教育主动适应经济与社会的发展，指的是对积极面的适应，而不是不加判别去适应一切，包括不利于社会进步的消极、落后的、偏差的、错误的东西。所谓主动，就有个主体自觉地判断与选择的作用。当年那种"左"的错误，是不利于社会主义社会健康发展的。虽说在缺乏民主的情况下，高等教育很难不受其消极的、错误的影响。但有的跟得很紧，甚至推波助澜；有的则不是跟得那么紧，尽可能减轻其消极的影响，千方百计抓教学质量。现在，商品经济、市场机制，在对高等教育的改革与发展起驱动与调节的积极作用的同时，也在散发许多消极的东西。众所周知，片面追求个人利益，"一切向钱看"，甚至不顾社会道德，违法乱纪，这种消极面无疑对高等教育是会起消极作用的。对商品经济、市场机制的主动适应，本来可以促进教育，提高教学质量，学生努力掌握真实本领；然而被动适应的结果，却出现了学生厌学、教师厌教的现象。所以，教育应当发挥它的主体判断与选择的作用，办学者应当发挥他的自觉性、主动性，趋利避害，力求主动适应而不要被动适应。

教育如何发挥主体的判断与选择作用，很重要的一条，就是根据教育内部关系规律进行鉴别。凡符合于教育内部关系规律，有利于促进教育自身发展的，一般说，是积极的作用，否则，可能是消极的东西。因为办教育不仅要按教育外部关系规律办事，还要遵循教育自身的规律。教育的外部关系规律，必须通过教育的内部规律来实现。过去的教育政治化，当今的教育商品化，均不利于培养社会主义全面发展的人才，它对教育所起的不是积极作用，而是消极作用。

办教育必须遵循教育外部关系规律，无视教育外部关系规律的作用，"就教育谈教育"，许多教育问题是无法解决的，如教育经费问题、片面追求升学率问题、毕业生就业问题，都不是单靠教育自身所能解决的。但是，不顾教育自身的内部规律而侈谈教育，也是片面的。教育有其自身的特点、价值和规律，不能以经济、政治规律来解释与解决教育问题，以市场机制作为教育的运行机制，否则，正确的"教育必须为经济发展服务"就会被曲解为错误的"教育商品化"。从"教育政治化"到"教育商品化"，其偏差有所不同，而其思想根源却是一脉相承的，都是忽视教育自身的特点、价值与规律。

一般说，教育领导部门，往往较为重视教育外部关系规律的作用，而学校教育工作者，尤其是直接承担培养人才的学校教师，则往往只重视教育内部关系规律的作用。作为教育理论工作者，应当全面地掌握教育的外部与内部规律，起理论指导与思想协调的作用。

（原载于《厦门大学学报（哲学社会科学版）》1990年第2期）

对发展民办高等教育若干问题的认识

我国民办高等教育，重现于20世纪80年代中期，1992年以来，发展迅速。如今在校数上，已同全日制普通高校和成人高校，鼎足而立，三分天下有其二。新近发表的《中共中央国务院关于深化教育改革全面推进素质教育的决定》明确提出："在发展民办教育方面要迈出更大的步伐。"可以预见，进入21世纪，我国的民办高等教育将有大的发展。但在发展的道路上，也会有诸多具体问题需要解决，我们应该以观念的转变为先导，积极探索民办高等教育发展新机制。

一、能否尽快明确民办高等教育是我国高等教育事业的重要组成部分

1993年国家教委发布的《民办高等学校设置暂行规定》对民办高等教育的定位是："我国高等教育事业的组成部分。"这在当时，从不提倡到正式承认是一大进步。但"组成部分"的提法失之笼统，可能有不同的理解。因此，在实际操作上，是作为次要部分而被"严格控制"的。这在当时可能是顺理成章的理解。因为1993年的宪法规定："个体经济、私营经济等非公有制经济，是社会主义公有制的补充。"但今年的宪法修正案已将这一条改为："个体经济、私有经济等非公有制经济，是社会主义市场经济的重要组成部分。"这一修正案的要点有二：其一是个体经济、私有经济等非公有制经济也具有社会主义的属性；其二是明确其为"重要组成部分"。那么，与个体经济、私营经济密切相关的民办（私立）高等教育，是否也可以定位为社会主义高等教育事业的重要组成部分呢？这样的定位，可能较符合于今天已有一千二百多所民办高校，拥有一百多万学生的实际；也符合于未来民办高等教育进一步发展与提高的前景。同时，也显示国家所制定的"积极鼓励、大力支持、正确引导、加强管理"政策的正确性。

理论上定位正确、明确，在实践上有重要的意义。如果早日将我国民办高等教育定位于中国社会主义高等教育事业的重要组成部分，那么，某些对民办高等教育的限制性的成文或不成文的规定就应做适当调整。例如，民办高等教育属于成人教育系统；民办高等教育限于专科层次；民办高校招生排在第四、第五批或只能招收落第生；只有157所民办高校9.4万学生可参加学历证书考试，而经省市政府批准的1095所民办高校119万学生不在全国大学生统计数中；等等。

国外对短期大学、社区学院，在层次上也有所限制，但未听说过对私立大学也有诸多限制。私立大学同公立大学一样，既可办专科，也可办本科，还可以招收硕士生、博士生，可以成为一流大学。当然，当前中国民办高校，由于办学时间短，大多数师资、经费、设备等条件远不如公立高校。着重办专科层次的高等职业技术教育，是符合于当前实际的。但似乎不宜于把民办高校都定位于专科层次，定位于职业技术教育，限制所有民办高校进一步发展、提高，也应允许民办高教办普通高等学校。

二、积极发展民办高等教育，是实现高等教育"大众化"的必由之路

高等教育"大众化"是世界高等教育发展的趋势。据联合国教科文组织于世纪之交所提出的一份《关于高等教育的变革与发展的政策性文件》的统计，1998年世界适龄青年（18—23岁）的高等教育毛入学率为18.8%，其中

发达国家为40.2%，发展中国家为14.1%。而中国截至1997年才只有7.6%（将高等教育自学考试毕业生数加权计入，也只达9.1%），同发展中国家的平均水平还有很大距离。为了满足人民日益增长的文化教育的需要，为了提高国家的综合国力，为了迎接世纪知识经济时代的来临，我国政府已制定了"科教兴国"战略，而高等教育"大众化"是实施"科教兴国"战略的必由之路，发展民办高等教育，又是高等教育"大众化"的必由之路。

我国高等教育"大众化"困难重重，最大困难是国家对高等教育经费投入不足和高等学校毕业生就业困难，还有师资、设备、校舍等教育资源的增长速度一时难以满足"大众化"的需求。发展民办高等教育，相对于公办高等教育，这些难题较易解决：其一，民办高等教育一般不需国家财政拨款（"民办公助"高校，也只要少量财政资助），只要给予适当的政策，就可以通过投资、收费等渠道，获得社会、家庭的投资；其二，民办高校毕业生政府不包分配，他们也较少"大学毕业当干部"的思想。更由于办学者重视人才市场信息，有较大的自主权适时调整专业或专业方向，较易适应社会需要，也较易开辟大学生通向农村的道路。即使一时解决不了就业问题，对政府的压力、社会安定的影响也较小；其三，民办高校可以积极利用社会上的教育资源办学。例如，聘请部分退休教师、工程师充实师资队伍，利用科研机构的实验室和工厂的实习场所以弥补设备的不足。

正因为有这些有利条件，大多数国家尤其是发展中国家在"大众化"过程中，私立高等教育的发展都十分迅速。例如，据1994年统计资料，印尼的高等学校私立的占86.6%，学生占66.7%；韩国，私立的占82.2%，其中初级学院学生占95.9%，大学学生占74.8%；而印度，早在1988年私立的高等学校就约占73%，学生约占57%。即使是经济发达国家，也大量发展私立高等教育以达到大众化、普及化。例如，日本的大学，1994年私立的占73.6%，学生占73.4%；美国的高等学校，1997年四年制的，私立的占73%，倒是二年制的，私立的仅占37.5%。总的校数，私立的占57.57%。

但由于收费高，规模小，私立院校学生总数仅占 26.34%。

总之，不论从国内的实际出发，或参考国外的情况与经验，我国要实现高等教育"大众化"，必须在发展公立高等教育的同时，积极鼓励，大力支持民办高等教育的发展。

三、民办高等教育能否顺利发展，产业化是关键所在

教育是否具有产业性，这是 20 世纪 70 年代末至 80 年代初关于教育社会属性论争所争论的热点之一。时至今日，由于科技和生产力的发展，知识产权的确立，将教育事业作为具有公益性的特殊产业，归属于第三产业（或第四产业），分歧意见已不多。现在的问题是教育，包括高等教育，是否可按照产业运作、按照企业管理，如何运作、如何管理。这个问题，对于公办高等学校，同样存在，但不迫切，而对于自负盈亏的民办高等学校来说，却是生存与发展的关键问题。

高等教育具有产业属性，从理论上说，就可以按照产业运作，按照企业管理，可以营利。但高等教育又具有公益性，公益性的事业不得以营利为目的。营利不营利，是问题的焦点。

许多国家解决这个问题，是将私立高等学校分为营利与不营利两大类，营利的，要按照企业纳税；不营利的，可以按照公益事业减免税以及享有其他优惠待遇。美国的私立院校，营利性的 614 所占 26.6%，也就是说，1/4 以上为营利性的。菲律宾等国家，营利性的私立院校所占的比例就更多。但我国《教育法》规定，"任何组织和个人不得以营利为目的举办学校及其他教育机构"；《高等教育法》也相应规定"设立高等学校，……不得以营利为目的"。而许多市场经济调查或预测，都表明教育产业，是当前以及未来新的经济增长点，许多有眼光的企业家也看好这一产业，很想向民办学校尤其是民办高校投资。而投资必然要求回报。因此，如何解释和解决"不得以营利为目的"，就成为民办高等学校亟待解决的问题。如果这个问题得不到合理合法的解决，则投资、集资、融资、承包制、股份制的合法性都成问题。而单靠捐资办学，不但数量有限，而且难以为继。

与产业化直接相关的另一个问题是收费问题。公立学校学生收费低而私立学校收费可以较高，这是世界的通例，我国现状也是如此。但民办高校收费也不应高于一般生均成本，如果没有其他捐助或创收，只能靠减少行政人员编制和节约行政性开支来保持收支平衡，不少民办高校在这方面有成功的经验。有的民办高校的做法值得参考：一部分学生高收费，大部分学生按一般标准收费，另一部分学生减免学杂费，以至给予一定助学金。取有余以补不足，既有利于吸收一些高水平的学生入学，又使家庭困难而有志向学的学生也能进入民办高校学习，充分发挥民办高校机动灵活办学的优点。

四、对民办高等学校的质量，应有一个公正的辩证的态度

质量，是民办高校生存与可持续发展的生命线，也是社会与家长最关心的问题。民办高校应当在提高质量上下功夫，但是，对民办高校的质量，应当有一个公正的说法或态度。

从传统的知识质量观来看，由于民办高校生源较低，设备较差，教师兼职多且流动性较大，当前民办高校总体知识水平，显然不如公办高校。因此，也就不能简单地以公办高校的知识水平为标准来评价一般民办高校的质量。如果换一个角度，用另外一个标准来评价质量，民办高校并非都是质量不高。不同的层次，不同的培养目标，不同的社会适应面，应当有不同的规格，不同的质量标准。当前民办高校，绝大多数是应用性的高等职业技术教育，许多办得好的民办高校，能够对准社会的实际需要，培养"适销对路"的专门人才，人才市场是欢迎的。还有的民办高校，在外语和计算机应用上，在职业技术的知识能力上，办出了自己的特色，就应当承认是有较好较高的教育质量的。

当然，不应以评价标准不同作为质量低的借口。民办高校，一方面应从社会需要出发，努力提高其应用性的质量；另一方面，也不排斥若干有条件的民办高校，在学术性的质量上不断提高，成为高学术水平的大学。

五、尽快建立健全发展民办高等教育的法规

民办高等教育,有许多不同于公办高等教育的特殊问题。以公办高等教育为主要规范对象的《高等教育法》,不可能也不必要对这些特殊问题一一订出规定。因此,许多国家在一般高等教育法之外,另立私立大学法或条例,作为一般高等教育法的补充。我国虽已有一个《社会力量办学条例》,但并不是针对民办高教特点的,且着重于规范教育机构的设置与管理。因为缺乏一个专门规范民办高等教育的法规可以遵循,在民办高等教育事业的实践上,对许多特殊问题苦于无法可依,不利于保障民办高等教育的健康、持续的发展。许多民办高校,呼吁尽快出台民办高等教育法。据我所知,立法部门也在积极地进行立法的前期研究工作。我认为,在立法的研究中,应当强调的要点有:

(1) 必须明确民办高等教育的社会性质,确保其与国家的社会制度相一致。我国是社会主义国家,公私立高等教育,都必须坚持社会主义办学方向,都必须贯彻社会主义教育方针,遵守国家的宪法和法律,都必须保持与社会的政治、经济制度相一致。

(2) 必须尊重私立高等学校的相对独立性、自主性和灵活适应性。公立高等学校是由政府举办并以财政拨款作为学校经费的,民办高等学校是由社团或公民个人举办的。民办高等学校在遵照教育方针与国家法律的前提下,应当具有较大的独立性与自主性,才能使办学者有更强的积极性与责任感,充分发挥其灵活性,以追踪人才市场的需求,及时调整自己的行为,办出自己的特色。独立性、自主性与灵活的适应性,是民办高等教育的优势所在,也是发展民办高等教育的动力。

(3) 公平对待,鼓励竞争。民办高等学校,除了投资渠道不同之外,国家应当同公立学校一样,公平对待。包括学校及其师生,享有平等的社会地位,经批准建校的民办高等学校,其学历证书具有与公立高等学校同级同类学历证书同等的效力。在提高教育质量、从事科研工作、参与社会活动上,鼓励公私立高等学校平等竞争，做出成绩，给予同样的表扬。这样有利于整个高等教育事业的发展与提高。

（4）必须明确责任。在立法中，要明确规定民办高等学校举办者、办学者的责任和国家对民办高等学校应负的责任。国家不但应负审批、管理、监督的责任，而且应负引导与支持的责任。例如用拨款方式或设置奖学金、助学金来引导私立高等学校的专业调整和科研方向，通过拨给土地、仪器设备以及直接的拨款方式来支持民办高等学校办学，使之能更好地发展。

（5）建立科学的评估与督导制度。国家对民办高等学校既有管理、监督的责任，又不能像对待公立高等学校那样，过多干涉。有效的监督与引导的方式是建立评估制度。由教育主管部门制定评估准则和实施细则，组织评估小组，定期进行评估。有条件的还可以从主管部门的评估过渡到社会组织的评估。评估制度的建立，不仅有利于引导与监督，更重要的是可以起激励的作用。

最后，还必须指出：立法的目的在于保障、引导民办高等教育的健康、持续的发展。虽然法规条文往往提出许多限制性条款，但应当有这样的共识：合理的限制就是保障。如果没有必要的限制，放任自流，就会出现"学店""文凭工厂"之类的私立学校，教育质量得不到保障，民办高等教育事业也就很难发展。因此，一方面，在制订限制条款时，应持积极的保障、支持的态度而不应持消极的压制态度；另一方面，民办高等学校的办学者，在理解合理的限制条款时，也应持积极的遵守、合作的态度而不应持消极的抵制、规避的态度。

（原载于《中国高等教育》1999年第13/14期）

高等教育大众化的教育质量观

一

中国高等学校注册的大学生，在绝对数上，即将突破700万（包括普通高校与成人高校，不包括高等教育自学考试与非学历培训），已是仅次于美国的世界高等教育大国。但在相对比例上，不但远低于发达国家，也低于发展中国家的平均数。高等教育的发展落后于国民经济发展的规模、速度，势必影响经济、科技以及人民生活质量持续发展与提高的后劲。为了迎接21世纪知识经济时代的来临，实现科教兴国战略，增强国家的综合国力，也为了最大限度地满足人民日益增长的提高文化科学水平的需要，还为了当前提高人民教育消费水平，扩大内需，拉动国民经济持续增长，有识之士和沿海地区，纷纷要求加快高等教育大众化步子。国务院批转的《面向21世纪教育振兴行动计划》和第三次全国教育工作会议公布的《关于深化教育改革全面推进素质教育的决定》，都重新修订高等教育发展的指标，预定于2000年使适龄青年毛入学率达到11％，于2010年达到15％，也就是进入高等教育大众化的阶段。这是一个令人鼓舞的决策，也是一个摆在各级政府和高等教育界面前的艰巨任务。完成这个任务，要解决一连串的难题，包括办学资金、招生制度、就业出路以及师资、设备、校舍等教育资源问题。如果按照传统的精英教育的办学思想去寻求解决的办法，其中许多问题，是无法解决的。例如，办学资金只靠政府财政拨款，即使富裕国家，也难以承担庞大的财政开支；用单一的文化知识标准来选拔大学生，不符合多样化的高等教育尤其是高等职业技术教育的需求；不解决大学毕业生包当干部、只能在城市就业的思想，政府不可能为越来越多的大学毕业生提供充分的就业机会；按现行的师生比例、生均校园占地和房屋面积标准,也很难解决快速增长中的教育资源问题。如果思想不变,体制不改,措施不当,即使以行政手段推行,一时勉强得通,但难以为继。因此,人们担心将重复过去大起大落的覆辙。这种担心不是没有理由的。为此,必须树立有别于传统办学思想的大众化办学思想。

高等教育从精英阶段到大众化阶段,不只是量的增长,而且是"质"的变化。最早提出高等教育大众化这一新概念并以其有力的论证得到世界认同的马丁·特罗(Manin Trow),在总结发达国家大众化进程规律时,就指出量的增长必然要引起"质"的变化。所谓"质"的变化,包括教育观念的改变,教育功能的扩大,培养目标和教育模式的多样化,课程设置、教学方式与方法、入学条件、管理方式以及高等教育与社会的关系一系列的变化。也就是说,大众化这一概念的内涵包含了量的增长与"质"的变化,不能只顾量的增长而不顾"质"的变化,否则将由于"无法解决增长所引起的问题"而陷于两难境地。最后的抉择只能是"要么进一步增长,要么停止增长"。进一步增长必然要打破传统的精英教育办学思想和模式,而停止增长则意味着走回头路。马丁·特罗称这种既赞成大众化又企图保守传统思想与模式的人为"传统主义者—扩张主义者"。[1]

准此,我们在讨论高等教育大众化问题,提供决策者参考时,就必须从大众化这一概念的完整的内涵出发,不能用精英教育的培养目标与规格、学术取向与标准、课程选择与组织、教学方式与方法、办学体制与管理体制等来规范大众化高等教育。当前许多讨论大众化的文章,正是由于持传统精英教育固定不变的准则来面对数量增长而感到困惑,处于两难境地。

其实,即使是还未进入大众化阶段,只要是多种形式办学,就不能用原来全日制普通高校本科教育(它是传统精英教育的主体)的准则来规范成人高等教育、高等职业技术教育、高等教育自学考试;不能用学历教育的准则

---

[1] 马丁·特罗:《从精英向大众高等教育转变中的问题》。(译文见厦门大学高教所《外国高等教育资料》1999年第1期)

来规范非学历教育；不能用课堂教学的准则来规范各种远距离教育，如此等等。多种形式应有多种规格，各具自己的特点，各有其不同的社会适应面。《高等教育法》总则第 6 条规定："国家根据经济建设和社会发展需要，……采取多种形式积极发展高等教育事业。""积极发展"是以"采取多种形式"，也即多种规格、不同特点、不同社会适应面为前提的。如果抽掉了大众化概念中"质"的变化，只就数量增长谈大众化教育，许多道理就说不明，许多问题就难于解决，就会陷于马丁·特罗所说的"传统主义者—精英主义者"的两难境地。

大众化阶段，是就高等教育发展的总体而言，并不排斥而应包括精英教育作为它不可代替的组成部分。正如马丁·特罗所说："精英型和大众型高等教育机构同时存在。""在大众化阶段，精英高等教育机构不仅存在而且很繁荣。"对于这一部分仍应坚持精英教育的培养目标与规格和高学术水平的教育质量。而且随着经济与科技的发展，要在学术水平上不断提高。但对于快速增长的多种形式的非精英教育高等教育，就应从传统的精英教育思想中解放出来，转变为大众化教育思想，包括教育价值观、人才观、教育质量观的转变。其中核心问题是教育质量观的转变。

二

教育质量，是高等教育发展的核心问题，也是高等教育大众化的生命线。精英高等教育要保证质量，大众化高等教育也要保证质量。但两者由于培养目标与规格不同、社会适应面不同，因而其质量的标准也就不同。既不应以学术型的精英教育质量标准作为大众高等教育的标准，也不应以职业型的大众高等教育质量标准作为精英高等教育的标准。有人认为高等教育大众化，可以不顾质量或降低质量，这是错误的；更多的人担心数量增加，必将导致质量下降，"高等教育将不成其为高等教育了"。两种看法虽似不同，而其实质都是以精英高等教育的质量标准作为高等教育大众化的质量标准，都会产生误导作用，使高等教育大众化的发展陷入误区。

因此，有必要弄清楚什么是"教育质量"？什么是"大众化的高等教育质量标准"？

根据《教育大辞典》的释文：教育质量是指"教育水平高低和效果优劣的程度"，"最终体现在培养对象的质量上"。"衡量的标准是教育目的和各级各类学校的培养目标。前者规定受培养者的一般质量要求，亦是教育的根本质量要求；后者规定受培养者的具体质量要求，是衡量人才是否合格的质量规格。"① 按照这一解释，教育质量标准可以分为两个层次，一个是一般的基本质量要求，另一个是具体的人才合格标准。对高等教育来说，前者所指的是一切高等教育，都要依据我国教育目的和高等教育一般培养目标，培养德、智、体、美全面发展，人文素质和科学素质结合，具有创新精神和实践能力的专门人才；后者所指的是依据各级各类高等教育的具体培养目标所规定的质量要求，是衡量所培养的人才是否合格的质量规格。以往高等教育基本上是单一的本科教育，两个层次不分，因具体的质量要求不明确而被忽视，以致人们往往把高等专科教育视为本科教育的"压缩型"，无非是比本科课程学浅一点，学少一点。这样培养出来的专科毕业生，"理论水平不如本科，动手能力不如中专和职业高中"。由于缺乏自己的特点与社会适应面，在人才市场竞争中处于劣势，就业困难。现在，高等教育大众化的发展前提是多样化，多样化的高等教育应有各自的培养目标和规格，从而也应当有多样化的教育质量标准。1998年在巴黎召开的首届世界高等教育会议所通过的《21世纪高等教育展望和行动宣言》就指出"高等教育的质量是一个多层面的概念"，要"考虑多样性和避免用一个统一的尺度来衡量高等教育质量"。② 所谓"多层面"，包括博士、硕士、本科、专科等纵向层次，也包括研究型、理论型、应用型、技能型等横向层面。对于纵向层次的质量要求不同，人们比较清楚，

---

① 《教育大辞典》增订合编本（上），上海教育出版社1998年版，第798页。
② 《21世纪高等教育展望和行动宣言》第11条。

而对于横向层面的质量标准不同,则往往被人有意无意地忽视。但是,从精英高等教育走向大众高等教育,能否分辨横向层面的不同质量标准却是高等教育大众化能否顺利发展的要害问题。

许多讨论高等教育培养目标和培养模式的文章,往往把侧重于理论学习与研究的称为学术型教育,而把侧重于实用知识、技能培训的称为职业型教育。前者主要指传统大学按学科分类的本科以上教育,后者主要指适应人才市场需要,按职业或行业分类的职业技术教育。严格说,这种分类只有相对意义:传统大学中的工、农、医有明显的职业倾向性,而应用型、职业型的高等教育也应有一定的理论学习。实际上两者是复杂交错的。不过就培养目标的价值取向来说,学术型以学术价值的追求为主,着重理论水平的提高,适应社会对高科技专门人才的需求;职业型以职业价值的追求为主,着重掌握职业知识与技术,针对各行各业对专门人才的需求。一般说,在精英高等教育阶段,人们所重视的是学术型人才;而在高等教育大众化阶段,人才市场需求量大的是职业型人才。这种人才,以前主要是由中专、职业中学提供的。随着生产从粗放型向集约型转变,经济与社会发展水平不断提高,相当多的职业岗位,尤其是高科技生产部门和第三产业,越来越需要受过高等职业技术教育的专门人才才能胜任。这是社会发展的必然趋势,也是高等教育大众化的基本动因。

为什么人才市场大量需要的是高等职业技术教育呢?这是由于它的培养目标具有明确的职业针对性而不只是一般的职业倾向性。普通高等教育的培养目标,虽然也有一定的职业倾向性,但它一般是按学科设置专业和课程,按理论系统组织教学内容;它要求理论联系实际,但联系实际主要是为了更好地掌握理论;它强调培养学生的能力,但着重的是一般的能力而非专门的技能。至于具体的职业训练,要于毕业后在实践中锻炼或经过专门的培训,这样才有发展的"后劲"。而高等职业技术教育所强调的是职业的针对性,它的培养目标是"为生产第一线和工作现场服务的,承担将设计、规划等转换为现实产品或其他物质形式以及生产具体物质产品的技术人才、管理人才和智能操作人才"。① 它是按社会的职业或行业设置专业、课程，围绕职业需要学习必要的理论知识，通过现场实习培训操作技能。知识传授与技能训练并重一般要求达到1∶1的时数，要求毕业后很快就能在对口岗位顶岗工作。"至于后劲及转换工作如何适应的问题，则留待继续教育中去解决"。由于生产第一线工作的技术人员和管理人员，是城乡大小企业以及服务部门所缺乏的，需要量大，所以就业问题较易解决。

发达国家在20世纪50—60年代进入大众化阶段，大量发展的是应用型、职业型的高等教育，适应经济与社会发展的需要，从而又提高了社会的生产能力与文化科学水平，使社会能容纳更多的大学毕业生就业。虽然大学生成倍增加，并未发生大量毕业生失业现象。但也有些发展中国家，在20世纪70—80年代出现过大学毕业生供过于求的现象。其原因：一方面是大学生的增加速度远超于经济发展的速度，另一方面是按照传统精英教育的模式扩展普通高等教育本科，社会上接纳不了过多的学术型人才。正如市场经济要求产品"适销对路"，在人才市场上，也有个是否"适销对路"的问题。因此，在即将进入大众化阶段，必须改变传统的精英教育质量观为大众化的教育质量观，使我们培养出来的专门人才在人才市场上"适销对路"。这是当前大量增招大学生，加快高等教育发展速度时必须充分重视的关键问题。

三

当前以及今后一个相当时期，中国高等教育的发展，应当以增加高等职业技术教育为主。这已体现于20世纪80年代中央有关的文件和教育领导部门的措施上。例如，1980年之后的几年间，大量开办职业大学，最多时达到120多所；1986年《中共中央关于体制改革的决定》也提出：要"积极发展

---

① 叶春生、周石创主编：《高等职业教育的探索与实践》，苏州大学出版社1998年版，第61、22页。

高等职业技术院校"。如果说，在20世纪90年代中期以前，国家所重视的还停留在中等职业教育上，对于高等职业技术教育只是一笔带过，缺乏具体的要求与措施，以致已经办起来的职业大学逐年减少，幸存的也把"职业"两个字撤掉；那么，在第三次全教会上，不论讨论高等教育的发展或职业教育的发展，都聚焦于高等职业技术教育上。《关于深化教育改革全面推进素质教育的决定》第9条指出："高等职业教育是高等教育的重要组成部分。要大力发展高等职业教育，培养一大批具有必要的理论知识和较强实践能力，生产、建设、管理、服务第一线和农村急需的专门人才。"第10条指出："职业技术学院（或职业学院）可采取多种方式招收普通高中毕业生和中等职业学校毕业生。职业技术学院（或职业学院）毕业生经过一定选拔程序可以进入本科高等学校继续学习。"第11条又提出："把发展高等职业教育和大部分高等专科教育的权力以及责任交给省级人民政府。"等等。同时，还针对当前许多职业大学、成人高校（大部分本来也是职业型的），也像高等专科学校那样办成本科压缩型并追求"专升本"的问题，提出"现有的职业大学、独立设置的成人高校和部分高等专科学校，要通过改革、改组和改制，逐步调整为职业技术学院（或职业学院）。还允许少数重点中专举办高职班以发展高等职业技术教育（即所谓'三改一补'）"。并且积极鼓励和支持社会力量以各种方式举办高等职业教育。全教会的决定，以"三改一补"和鼓励民办高等职业技术教育来加快高等教育大众化的进程，无疑是正确的决策。全教会后，雷厉风行，1999年计划增招的58万高校新生，除10万名拨给成人高校、少量招普通高校本科生外，大部分进入相当于大专层次的高等职业技术教育领域（即所谓"新高职"），这样的安排也是无可非议的。问题在于"新高职"招生指标的分配，绝大部分委托给全日制普通高校培养，只有少量分给经评审认可的数十所"三改一补"高等职业技术院校和民办专修学院。全日制普通高校为了承担这一"临时"任务，匆忙成立附属高等职业技术学院；而办学积极性很高并有一定的办职业教育经验的新高职院校和民办专修学院，则苦于生源不足而展开"生源大战"。如此分配方案，作为准备不足而采取的被动的临时措施，可以理解。但如果在指导思想上，认为全日制普通高校质量信得过，而担心"三改一补"的高等职业技术院校与民办高校质量低，则是昧于高等教育大众化的教育质量观。

从传统精英教育的质量观看，普通高校尤其是本科院校培养"新高职"大学生，学术质量有保证；但从高等教育大众化的质量观看，普通高等学校培养"新高职"大学生，则是"扬短避长"，未必比按照职业技术教育模式建立起来并积累了一定经验的独立的高等职业技术院校或民办高校，能更好地培养出符合高等职业技术教育培养目标的职业型人才。一般说，普通高校师资的理论水平高，但动手能力差；学科知识丰富而职业知识贫乏；很难要求他们成为"双师型"的教师与实习指导员。普通高校尽管有较好的仪器设备，但符合职业技术培训的校内实习场所和校外实习基地却往往不足。加之全日制普通高等院校，既办成人教育学院，又办"新高职"学院，领导力量、师资力量都分散，为了不致过分影响原来的学术水平，只能将较弱的师资分流到这些附属机构去。更为重要的是，传统的精英教育质量观，不是一朝一夕所能转变过来的；以培育学术气氛为主的校园文化环境，也不利于学生往实用性的职业技术方面发展。这样，很可能把"新高职"当作"老大专"来办，成为本科教育的"压缩型"。缺乏特点，没有优势，在人才市场竞争上处于劣势。如果三年之后再增加数十万压缩型的"老大专"毕业生，而且逐年还将递增，就业问题确实不容乐观。当然，如果普通高校能认真对待这些问题，把"新高职"办成真正符合高等职业技术教育培养目标与培养模式，借其"品牌"优选生源，以其教育资源支持办学，也有其自身的优势。

相反，不少办学已有成绩的职业技术院校、成人高等学校、民办高等学校，它们办职业技术教育较有经验，有的已有一批专、兼职的"双师型"师资，设备与实习场所（包括校内外），也比较符合职业技术教育的要求。同时，全国3000多所中专，800多所职业高中，其中不乏师资力量雄厚、设备与实习场所充足、办学成绩卓著、培养职业技术人才经验丰富的重点学校，提升为高级职业技术学院或开办高职班也就是指按"三改一补"的原则设置的高等职业技术院校。从高等教育大众化的质量观看，更能培养适应经济与社会多方面需要的"适销对路"的职业技术人才。

高等教育大众化、高等教育职业化，都是 21 世纪世界高等教育发展的大趋势。这两大趋势具有内在的必然联系，第三次全教会的决定，充分体现了这两大趋势的结合。但是，如何把决定转化为实践，使中国高等教育大众化能够更顺利地发展，有一系列难题要解决，而解决这些难题，首先要转变传统的教育观。这篇短文所涉及的只是教育质量观的转变，还有教育价值观、人才观、教学观、学生观以及教育发展观等的转变，都有待于高等教育理论工作者，结合现实问题，进行探讨。

（原载于《清华大学教育研究》2000 年第 1 期）

建立高等职业教育独立体系刍议

一、问题的提出

发展高等职业教育是推进中国高等教育大众化的必然选择。从 1999 年高等学校扩招开始，国家就在本科扩招的同时，以"三改一补"的方式，增办一批高等职业技术专科学校，并要求普通大学开办高等职业技术学院，虽曾一度在招生计划上有不同争论，但基本上执行了这项政策。高等职业教育在短短的 5 年间，增长迅猛，到 2004 年，高职（专科）院校达 1047 所，占普通高校总数（1731 所）的 60%；高职（专科）在校生数达 595.65 万人，占普通高校学生总数（1333.5 万人）的 45%。在国家政策的引导下，中国的高等职业教育已经成为推进中国高等教育大众化发展的主要力量。

但是，由于中国社会存在重理论轻实用和重视学历、以学历高低定社会地位的传统观念，有些用人部门，不从实际需要出发，招聘高学历毕业生以抬高单位的身份；许多高职院校在创办之初，教育资源不足，教育管理不善，发展方向不明，教育质量不高，以致在人才市场上，就业率暂不如本科毕业生，这些现象引发了"专升本"的热潮。

为满足高职学生及其家长"专升本"的意愿，教育主管部门出台了架设"立交桥"的政策，鼓励本科院校以及电大、自考机构开办"专科起点本科班"，助长了"专升本"的热潮。一时"专升本"成为中国高等教育一道"亮丽"而令有识之士迷惘的风景。

作为"立交桥"的"专升本"，并非高等教育大众化的最佳选择。首先，"立交桥"的换轨困难。高职高专为了让学生能够顺利进入本科，不得不削弱职业技术课程，让学生做"升学"准备，以致发展方向本来就不明确的高职院校更加彷徨。其次，中国当前只有单一的理论性普通本科，"专升本"意味着从职业技术教育转变为理论性普通高等教育，从多样化趋向单一化。这可以满足部分学生及其家长的愿望，但不能满足人才市场多样化的需求。从长远看，很多学生都挤在一条通道上，更不利于毕业生的就业。

许多学生希望"专升本"，不少学校也以"专升本"为"奋斗目标"。因为在传统观念中，本科院校的社会地位高于专科学校；本科院校为正厅级单位而专科学校规模再大，声誉再高，也只是副厅级单位。政策还规定以就业率作为高等院校的主要评估指标，"升本"的毕业生可以算作就业，这促使许多高职高专院校大力鼓励毕业生"升本"。总之，学校、学生上下同心，都指望"升本"，形成一股"专升本"洪流。

在这股洪流面前该怎么办？笔者认为，只可"导"，不可"堵"。"人往高处走"，学校、学生渴望自我发展，其志可嘉。"堵"是堵不住的，强行堵，一律不许"专升本"，必将挫伤学校、学生的主动性与积极性；"导"则是将这股洪流引向另一条通道。综上所述，需要构建高等职业教育的独立体系。

二、建立高等职业教育独立体系的依据

建立高等职业教育独立体系，其依据主要有以下几方面。

（一）现代化建设的人才结构

中国社会主义现代化建设所需要的专门人才是多层次、多样化的。党的十六大指出，为全面建设小康社会，开创中国特色社会主义事业新局面，要"造就数以亿计的高素质劳动者、数以千万计的专门人才和一大批拔尖创新人才"。因此，高等学校既要培养研究型的科学人才，更要培养应用型的工程人才，还要培养更多的生产、管理、服务第一线的实用型的技术人才。传统的以理论教育为主的本科院校，难以满足多样化的需求，有必要建立以职业技能教育为主的高等职业技术教育体系。

（二）高等职业教育是一种教育类型，不是一个教育层次

教育类型和教育层次是两个不同的概念。高等职业教育是一种有别于理论性普通高等教育的类型，但并不是一个区别于本科的专科层次。众所周知，职业教育既有中等教育的职业学校、技工学院，也有高等职业技术学校；而高等职业技术学校既可以是专科层次的，也可以是本科以上层次的，形成一个独立于理论性本科院校之外的独立的高等教育体系。所以，不应把高等职业教育限定于专科层次。

（三）世界高等教育发展趋势

早在20世纪70年代，欧洲教育部长会议就组织了一个"第三级教育多样化专题调查组"，经过六年在英、法、德、荷兰、挪威、瑞士、瑞典七国的调查与试验，提出"第三级教育多样化"的报告，指出："传统的高等教育制度，既不能满足各方面差别不断增加的学生们的需要，又不能适应这些国家技术上较发达以及民主的欧洲社会中技术和资格极大多样化对教育的需求。要使这些问题得以解决，只有把传统的高等教育改变成范围较广的、具有各种目的的和各种水平的多样化第三级教育体系。"还提出，不同于传统大学教育另外形式的教学计划，要"更着重于就业需要"，"专业和职业走向必须以关于劳动力市场发展情况的既有数量又有质量的系统情报为基础"。

其后，高等教育多样化成为国际共识，如何建立多元化的高等教育体制

成为各国所关注的问题。1998年联合国教科文组织第一届世界高等教育大会提出的《关于高等教育的变革与发展的政策性文件》中说："几乎世界各地的高等教育都趋向多样化，虽然有些学校，尤其是具有理论传统的大学对变革有一定程度的抵触，但从总体上说，高等教育已经在较短时期内进行了意义深远的改革。""许多国家的高等教育制度，出现了两元的但未必是两极的分化现象——大学类型及非大学类型的高等院校……多样化是当今高等教育中值得欢迎的趋势，定当全力支持。"

（四）可资借鉴的正反面实例

德国是一个十分重视科学技术转化为生产力的国家，以工艺精密、产品优良闻名。在培养技术工人方面，实行双元制教育体制；在高等教育阶段，于普通大学之外，高等专科学校——科学技术大学另成系统。

英国传统上重视理论教育，注意培养研究型科学家。因发展生产需要，许多地方建立新的大学学院，开始时颇重视应用性研究与培养生产技术人才，但不久纷纷向传统大学靠拢，在科学技术转化为生产力上，远不如德国做得好。20世纪80年代以来新建的多科性技术学院，据说也有综合大学化的趋势。

美国早期的初级学院，主要是作为大学的初级阶段（相当于一、二年级）。其后因强调为地方经济和社会发展服务，改称社区学院。80％以上的社区学院为地方培养职业技术的实用人才。至于本科院校，虽然没有分出职业技术类型，但具有实用主义思想传统的大学教育，大多数课程着重于实用知识与技术培训，以满足各行业对高层次实用技术人才的需求。

有必要特别提及中国的台湾地区，在20世纪50－60年代，因经济起飞的需要，大办技术职业教育，形成普通高等教育与技术职业教育两个系统。高等技术职业教育系统由高等专科学校、技术学院、科技大学组成。高等专科学校以培养专科层次的职技人才为主，个别科系招收本科生，技术学院以培养本科生为主，既有本科生，也有个别科系开办硕士生班；科技大学则本科、硕士班并重,个别科系开办博士生班。台湾的高等专科学校,也曾出现过升格热潮。但升格之后,仍在高等技术职业教育系统之中。近来也有学者主张在本科以上阶段,按照美国模式,打破普通高等教育与技术职业高等教育的界限,但决策部门认为台湾情况与美国不同,技职融入普高,是否能培养社会需要的实用性技职人才,尚需研讨。

（五）世界高等教育的一般结构

联合国教科文组织统计局为了统一世界各国教育的统计口径,制定了《国际教育标准分类法》（以下简称《教育分类法》）,这份《教育分类法》在一定程度上反映了绝大多数国家,包括发达国家与发展中国家的教育结构。1997年修订的方案,对第三级教育（中学后教育）有较大的修改。参照中国情况,绘制示意图如下:

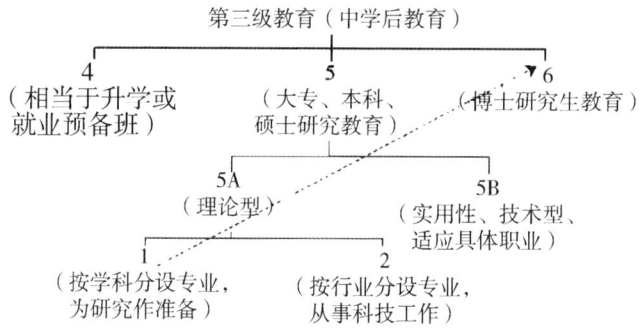

联合国教科文组织第三级教育分类示意图

示意图上所列的5B,相当于职业技术教育。按《教育分类法》第89条说明:"5B的教学计划内容,是面向实际的,适应具体职业的。主要目的是让学生获得从事某个职业或行业,或某类职业或行业所需的实际技能知识,完成5B学业的学生一般具备进入劳务市场所需的能力知识。"5B的教学计划年限一般比5A短,通常是2年或3年,但最长可达5年至6年,也就是相当于本科以至硕士生阶段。

由此可见，构建高等职业教育独立体系，既有客观实际需要，也有先例可以借鉴，还有国际框架可以遵循。

三、高等职业教育独立体系的构想

根据《教育分类法》关于第三级教育的分类框架，结合中国高等教育的实际，笔者提出高等教育三种基本类型及其体系的构想。

第一，综合性研究型大学：本科（学士学位）→硕士（学位）→博士（学位）。

第二，多科性或单科性专业型大学或学院：本科（学士学位或文凭）→专业硕士（学位或文凭）→专业博士（学位或文凭）或进入研究型博士。

第三，多科性或单科性职业技术型或技能型专科学校或学院：专科（副学士学位或文凭）→职业技术本科（学士学位或文凭）→职业技术硕士（学位或文凭）或进入专业硕士。

综合性研究型大学，相当于《教育分类法》的$5A_1$，着重基本理论研究，培养自然科学、社会科学、人文学科的研究人才，一般可进入博士研究阶段。这种类型高校的数量不宜过多，规模也不宜太大。

多科性或单科性专业型大学或学院，相当于《教育分类法》的$5A_2$，着重应用理论研究，培养不同层次的专门人才，如工程师、医师、律师、教师和管理干部，授予专业学位或专业证书。获得硕士学位后，可继续修专业博士或进入研究型博士。多科性（不同于综合性）称为大学，单科性称为学院。这是一个相当庞大而且复杂的院校群，包括一般部委属大学（学院）和地方大学（学院）。其下尚可细分。

多科性或单科性技术型或技能型专科学校或学院，相当于《教育分类法》的$5B$，着重职业技术能力的实训，培养不同层次的生产、管理、服务第一线的技术人才。以工程技术人才为例，包括高级技工、技术员以及设计、施工、管理工程师，专科层次可以授予职业性副学士（或其他名称）学位，但更重要的是职业资格证书。获得职业学士学位之后，可以继续修职业硕士或进入专业硕士。如果获得专业硕士，同样可以继续修专业博士或进入研究型博士。但从当前经济发展与社会需求来说，这一类型的院校，应当培养专科层次的人才。

多科性或单科性技术型或技能型专科学校或学院，如果与中等教育水平的职业学校、技工学校衔接，就构成完整的从低到高的独立体系，这一体系在培养目标、教学计划、课程内容、教学方式方法上，都不同于传统的普通高校体系，更贴近社会实际，培养经济与社会发展所需要的人才。

高等职业教育作为独立的高等教育体系，与中等职业教育衔接，既可满足部分学生追求高学历的愿望，又能较好地适应现代化建设对职业技术型人才的需求。同时，职业教育保持前后连贯，既可避免"立交桥"的困难与问题，又可避免专科层次的高职为照顾学生"专升本"而削弱职业技术实训的问题，更可以避免高职高专院校因为"专升本"而定位不明。

建议教育主管部门允许在高等职业教育系统中"专升本"，但应根据经济发展与社会需求，对学校的教育资源与办学水平，实事求是地加以控制，这是因为：

第一，经济与社会对所需人才的知识能力的需求是逐步提高的，如果需求的是专科层次的人才，过多的高层次人才会形成"过度教育"的教育浪费。

第二，各种职业所需技术人才水平高低不同，因此，各科类、各专业的职业技术学习年限可以长短不同，当前需要大量专科层次人才，少数可允许进入本科以上层次。一校之中，应允许有不同层次的专业存在。

第三，对高职学校"专升本"，学校应有充分准备，达到一定条件与水平，才能胜任高一级的人才培养任务，要避免"拔苗助长"，一哄而上。

（原载于《教育研究》2005年第5期）

多学科观点的高等教育研究

　　近年来，我们在高等教育的应用性研究中，更加深刻地理解到高等教育是一个复杂的、多层结构的开放系统。一方面，高等教育的基本功能是为社会的各个部门培养专门人才，它必须同经济、政治、文化、科学等系统交流不断变化着的信息，受社会各有关系统制约并为之提供服务，以便在主动适应外部环境的变化中获得社会的支持并增强自身的活力，发挥自身的功能，实现自身的价值。另一方面，高等教育是由各种专业组成的，每种专业都是一门或宽或窄、或单一或综合的学科，并且联系着其他有关学科，它必须同各门学科交流信息，获得各门学科最新进展的信息，及时转化为教育资源，以便提高所培养的人才的知识水平和学术视野，并且通过科学研究，促进学科的发展。总之，无论从高等教育系统与社会各个系统的外部关系上，或从高等教育各个专业、各门学科的内部关系上，都有必要从不同的学科观点，运用不同的学科方法来认识高等教育的功能与价值。

　　高等教育的基本理论，无论是宏观的外部关系还是微观的结构的研究，都涉及诸多学科，需要诸多学科的支持，从多学科、多视角进行审视、探索，才能比较全面和深入理解高等教育的本质、功能、价值，掌握高等教育的内外部关系规律。"横看成岭侧成峰，远近高低各不同。不识庐山真面目，只缘身在此山中。"对于高等教育来说，既要横看，看到它的逶迤壮观，又要侧看，看到它的千仞雄姿；既要入山探宝，洞悉其奥秘，又要走出山外，遥望它的全貌。但是，不论横看、侧看、山中、山外，都只能看到其中的一部分。也就是说，从不同的学科观点考察高等教育，都有其局限性。如果以为某一学科的观点是唯一的，以偏概全，就会从正确的观点出发，引出错误的结论。这种例子是很多的。因此，每一门社会科学的研究对象和范围，仅是社会系统中的特定因素或部分。从某一门学科的观点考察高等教育，只能看到高等教育的一个侧面。在研究高等教育的过程中，对某些问题可以而且必须着重就一门适当的学科观点进行深入探讨，不能眉毛胡子一把抓，但不要忘记同其他学科观点的联系。只有把多门学科观点的研究成果综合起来，比较分析，才能获得比较全面的认识。从这个意义上说，多学科的高等教育研究，对于高等教育理论体系的建设，是一项重要的准备工作。

这一准备工作之所以重要，不仅在于各门学科研究成果的积累，更在于具有方法论的意义。一门学科的建设，既要有独特的研究对象，完整的理论体系，还要逐渐形成独特的研究方法。高等教育学独特的研究方法可能就是多学科研究方法。据我所知，开创这种研究方法的是伯顿·克拉克（Burton R. Clack）。他于1984年出版了《高等教育的观点：八个学科的比较观念》一书。在该书中文版序中，他特别强调这本书的方法论意义："各门社会科学及其主要的专业所展开的广泛的观点，为我们提供了了解高等教育的基本工具，不管这个学科是历史学、经济学或政治学，还是其他社会科学，都给我们提供了考察世界的方法，我们可以把它应用到高等教育部门。"王承绪教授从国际比较教育的角度，在"译者序"中也称："本书可以说是一本有关比较高等教育方法论的专著，为比较高等教育的研究开辟了一个新的路子。"确实如此，但还可以从更广泛的意义上进一步说，这是一本高等教育方法论的专著，为从多学科观点研究高等教育开辟了一条新的路子。

伯顿·克拉克主编的书出版之后，由于"在研究方法上进行了新的突破"，在欧美各国广为流传。在中国，由王承绪教授主持翻译的中文版于1988年出版之后，对中国高等教育的研究也起了积极作用。但这本书也有不足之处：其一，这本书的内容主要反映几个发达国家的传统理念与知识经验，对大学生数居世界第二位的中国这个高等教育大国，并不在该书的视野中。其二，这本书成书较早，未能反映近20年来世界高等教育的改革与发展以及新的理念，如可持续发展的高等教育、知识经济时代高等教育的使命、21世纪高等教育所面临的挑战和对策等。其三，八个学科（有的只是领域）虽然都与高等教育有密切的关系，都很重要，但有些同样重要并且更密切的学科"被遗漏"了，如心理学的观点、哲学的观点、系统科学的观点等。因此，我在组织编写《新编高等教育学》之后，就同一群青年学者讨论结合世界高等教育发展的新趋势、新理念和中国高等教育的实践经验，编写一本有中国特色的高等教育多学科研究专著——《多学科观点的高等教育研究》，作为建构高等教育学理论体系的准备工作。下面，简介各篇的突出点，并借此抒发主编者的管见。

历史学的观点：高等教育是一个历史的概念

本书将历史学的观点，作为多学科的第一个观点提出来，是因为高等教育的思想、目标、体制、模式以及课程、方法、手段等，都是一定历史的产物，并都随着历史或将随着历史的发展而变化。历史的观点，最能从宏观上把握高等教育的本质、功能与规律。

在论述历史学的观点中，作者集中于两个带有根本性的问题上：其一，阐述"高等教育"这个概念，它所体现的是人类社会在一定历史阶段教育系统的一个层次；其二，讨论高等教育历史与高等教育理论的关系，研究高等教育改革的历史借鉴。如果说，前者所论述的是涉及高等教育的本质问题，则后者所讨论的实质上是高等教育史的价值问题。

作者首先提出，教育是一个永恒的概念，而高等教育则是一个历史的概念。教育的永恒性在于它是作为社会主体的人的成长因素和作为社会劳动力再生产的必要条件与人类文化的传承方式。"自有人生，便有教育。"高等教育的历史性，在于它既未与人类社会同始，也不会在人类社会中无穷地延续下去，它只存在于一定历史阶段。在整个教育系统中，逐渐分化出一个相对独立的层次，逐渐形成了自己的种种特征——功能、理念、组织形式等。而作为"高等教育"这一统一的概念的出现，更是这一层次的教育以不同的名称存在与发展了很久之后，大约在19世纪后期才被人们所普遍采纳。也就是说，它是特指近现代建立在普通教育基础上的专业性教育。随着经济的发展，社会的进步，生活和生产方式的多样化，出现了各种各样的中学后教育形式，还有介于高等与中等之间的各种教育形式和课程内容，"高等教育"已经很难概括属于或接近于这一层次的种种教育形式。因此，作为一个统一的概念，它已缺乏明确的内涵与外延。人们曾企图用"中学后教育""第三级教育"这些名称来代替"高等教育"，也由于某些介于高等与中等层次之间的教育形式与课程内容的出现，以及"终身教育""学习社会""网络教育"的出现而含糊不清。这也就是联合国教科文组织企图为"高等教育"下定义而始终难以做出科学的界定的症结所在。因此，"高等教育"作为一个教育层次的统一的概念，可能分化成为各种各样的教育形式而被赋予各种各样的名称（概念）。也可能为另一概括性更高的概念所代替。如果统一的高等教育层次不存在，"高等教育"这个概念也就可能随之消失；也可能只作为更高的概念之下的一个子概念，正如"大学"这个概念一样，现在只是"高等教育"之下的子概念，特指作为传承与研究高深学问的教育形式。

意识到"高等教育"的历史性，有利于我们更准确地把握高等教育的本质及其特征，也更有利于我们认识高等教育的规律。"高等教育"这个概念可能变化甚至消失，但历史是有连续性与继承性的，研究高等教育或其衍变的某种教育形式的理论，必须研究高等教育历史，才能掌握其规律。也就是"论从史出"。理论来源于实践，教育理论来源于三个方面的教育实践：其一是前人的实践（高等教育史）；其二是他国的实践（比较高等教育）；其三是当前的与自己的实践。教育史就是前人丰富的实践记录。研究高等教育理论，必须"鉴古知今"；进行高等教育改革，必须"古为今用"。这就是高等教育史的价值所在。

哲学的观点：大学理念

哲学是传统教育学的两大理论支柱之一，以哲学的观点研究、阐释教育基本理论，仍是最基本的途径。

从哲学上研究教育，一般是直接指向教育的本质观，探讨教育基本规律，然后研究与哲学密切相关的价值观、人生观、道德观以及教学过程的原理，那是要写成一本教育哲学专著的。作者没有这样做，而是从人们对于大学的理性认识与理想追求的"大学理念"切入，通过对大学观念的辨析来理解高等教育的本质、功能与规律。之所以这样选择，基于下面三个原因。

其一，研究高等教育本质、功能、规律，是各门有关学科的共同任务。必须从各门学科的视角审视高等教育，才能较全面理解高等教育丰富的本质内涵，认清高等教育功能的发展变化，掌握和运用高等教育的规律。哲学上的研究是最重要的，但不是唯一的，不能以哲学的观点包揽一切学科的观点，否则就只要从哲学的原理进行演绎推理就行了，那样将导致对高等教育本质、功能、规律认识的简单化。

其二，大学理念虽然是一个上位性、综合性的高等教育哲学概念，但它不仅反映高等教育的本质，而且涉及时代、社会、个体诸多方面的因素。从"理念"切入，不但可以更好地把握高等教育的本质、功能、规律，而且能更好地理解高等教育规律如何制约和支持人们对高等教育的认识与追求。

其三，当前大学正面临着"理念危机"——大学理想的黯淡、大学观念的落后、大学精神的失落、大学形象的扭曲、大学使命的弱化、大学目标的混乱。这些正需要从哲学的高度来拯救，用哲学的观点和方法来重新审视、梳理、明晰、匡正，确立符合时代精神与需要的"大学理念"。

众所周知，经典的大学理念是洪堡建立柏林大学时所概括的学术自由、大学自治、教授治校、教育与研究统一的思想原则。这些理念有其历史的与现实的价值，在各国大学的变革与发展中，具有重要的地位与作用，是大学理念由自发向自觉转变，从朦胧到清晰的显著标志。它符合大学发展的内在逻辑，也是大学合理存在并绵延千载的认识基础。其合理的精髓，对今天大学保持其精神与形象、进行变革与发展仍具有重大的价值。但是，时代毕竟不同了，经济的发展、社会的进步，以及大学职能的扩展，尤其是大学从远离社会的"象牙塔"走向社会的中心,高等教育日益受到外部关系规律的制约,社会也日益要求大学为经济、政治、文化、科学的发展提供有效的服务。根据19世纪以前高等教育发展历程所总结的经典大学理念,已不能全面反映社会与高等教育关系的新进展,也不能满足人们对高等教育改革与发展的新追求。因此,20世纪以来,尤其是世纪之交,人们不断地提出许多新兴的大学理念。既有反映大学内部发展逻辑的,如"科学教育与人文精神相结合""个性化与人本化"等,更多的是反映高等教育外部关系的新理念。其中谈得最多的是"高等教育大众化与普及化""面向社会、面向市场""兴国育才""可持续发展",以及"民族特色与国际化",等等。对这些新兴大学理念的产生、嬗变、特点、内容及其对大学教育实践的意义的研究,已经超出了哲学观点的范围,要从经济学、社会学、文化人类学等学科角度探讨。哲学的观点,只能是把"大学理念"作为整体概念来探析。这样做,既有利于反映高等教育的本质、功能、规律,又不致包揽各门学科的研究。

心理学的观点:高等教育改革过程中的心理因素

教育的对象是人,必须根据人的心理活动规律进行教育,因此心理学是教育学的另一理论支柱。这对于普通教育来说,已是一种常识,而对于高等教育来说,却往往被忽视。教育改革过程,从心理学的角度看,是心理冲突与心理适应的过程。而对于高等教育的改革,人们往往只重视经济、政治、文化、科学等教育的外部关系的适应,而忽视社会心理的制约作用;高等教育改革的最终成果,应该落实到教育质量即大学生素质的提高上,而素质教育,归根到底也是一个心理学的问题。因此,研究高等教育活动或研究高等教育改革,心理学,特别是社会心理学、个性心理学和青年心理学,应当是不可代替的重要学科。这就是为什么伯顿·克拉克在综述八个学科观点之后,不无遗憾地说:"还有什么遗漏呢?我们没有考虑高等教育的社会心理学,这个观点集中研究个人的特征,促进对学生特性的广泛研究。"当我们深入高等教育微观方面的教学改革和大学生素质教育时,更加认识到不能让克拉克的遗憾也成为我们的遗憾。

　　作者在这篇不长的宏观与微观结合的研究论文中，着重抓住两个重要问题：其一是高等教育改革过程中的心理冲突与心理适应；其二是高等教育改革与大学生心理素质的提高。作者认为，相对于制约高等教育的政治、经济等因素，社会心理的作用是潜在而持久的。社会心理能对高等教育的改革起推动或阻碍的作用。如果高等教育改革已经有比较良好的心理背景，改革的措施与现有的社会心理意识和价值标准比较一致，改革就可能得到比较广泛的社会心理支持；相反，如果缺乏一定的社会心理基础，与传统的价值取向不一致或相抵触，社会心理就会成为一种顽固的阻力，延缓改革的进程，或使改革偏离预定的目标。如果客观条件已经具备，而缺乏社会心理基础，与传统的价值取向不一致，那就必须首先考虑能否营造有利的社会心理基础或改变传统的价值取向。有可能，就得先做转变思想的工作；不可能或一时不可能，则应当取消或延缓这种改革政策的实施。

　　如何解决心理冲突问题，首先要探讨形成心理冲突的原因，进而消除或缓解心理冲突，促使心理适应。心理冲突的原因主要有：认识的局限性、社会心理定式、利益权衡所造成的心理压力等。促进心理适应要从激发改革动机和培养与提高改革的心理承受力两个方面进行。

　　作者进一步提出，高等教育改革的最终目的是提高教育质量，质量的最终标准是大学生素质的提高。无论是提高大学生的智力，还是进行情感教育，发展大学生的个性，促进大学生的心理健康，都应当依据大学生心理发展的特点和规律。总之，必须从心理学的角度来研究高等教育的改革、发展与提高。

文化学的观点：文化视野中的高等教育

　　高等教育与文化的关系，既密切又复杂，可以概括为两种关系和两种作用：既是外部关系，又是内部关系；既起直接作用，又起中介作用。也就是说，只有从文化的视野考察高等教育，才能较好地认识高等教育的功能。

就外部关系说，文化同经济、政治一样，制约着高等教育的改革与发展。它虽不像经济那样起决定性作用，也不像政治那样起强制性作用，它对高等教育的制约作用是潜在的、直接的。而经济、政治的制约作用往往是以文化为中介。

就内部关系说，高等教育本身就是一种传承、适应、批判－选择、创造文化的人类社会活动。传承文化、适应文化，是一切教育的共有功能；批判－选择，首先是高等教育的功能，普通教育的选择则是在高等教育选择的基础上再选择；创造文化，一般说，是只有高等教育才具有的特殊功能。

作者首先考察了中国和西方关于"文化"和"Culture"的辞源，认为文化的本质就是"人化"，表明人的进步发展的过程，也就是广义的教育过程。文化与教育的"共生同源"，既表明了文化与教育的本质关系，又表明了文化功能是教育的基本功能。

作者在论述高等教育的文化功能上，除了阐述传承与适应的一般功能之外，特别强调高等教育特殊的文化功能：批判－选择与创造的功能；在文化对高等教育的制约与影响上，深入分析文化作用的潜在性与中介性等深层次的机制；在讨论文化变迁与高等教育的关系上，着重论述文化多元化导致高等教育模式多样化的必然性，批判"西方文化中心说"所派生的"从属理论"。同时，联系当前高等教育的现实问题，论述"文化整合"和"科学教育人文化"，"文化交融"与"高等教育国际化"等理念。这些研究成果，为建设有中国特色的社会主义高等教育体系和对大学生开展人文素质教育提供了重要的理论依据。

科学学的观点：科学发展与高等教育的变革

近代高等学校区别于古代大学，是以科学（自然科学）进入大学课程为发端的。在此之前，大学坚持中世纪的传统，只传授人文、神学、法学以及医学等非生产性知识，排斥自然科学进入课程。但从18世纪自然科学闯进大学课堂之后，不但取得与人文学科同等的教育地位，而且以其显著的功利性更快地占据高等教育的主导地位。由此可见，科学的发展与高等教育的近代化变革存在内在的本质联系，这种联系越来越紧密，可以说，没有近现代科学就没有近现代高等教育。从科学学的观点考察近现代高等教育演变，才能掌握近现代高等教育的本质、功能及其发展规律。

为什么科学能在高等教育的发展中起如此重要的作用，取得辉煌的地位？作者首先论述科学的建制化与高等教育的近代化的关系。所谓科学的建制化，是指科学、技术和社会发展的一体化，也即科学作为一种新的文化系统得到社会的认同和支持的过程。高等教育作为一个社会系统，在这个过程中，也就由接纳科学、推崇科学到让科学在大学殿堂上占据主导的地位。

科学的发达，促进了经济的发展，也滋长了以追求近期经济利益为主的"功利主义"思想膨胀，由此而产生的"科学主义"，使大学弱化甚至消失了它的人文精神。因此，大学的学者、教授，近一个世纪以来，不断呼吁要加强"人文主义"以抗衡"科学主义"。但"功利"与"科学"都是不可抗拒的，重视人文精神不应视为"人文主义"的复归。大学在迎接新的科学技术革命的同时，所应提倡的是"科学教育与人文精神的结合"，使"科学教育人文化"。在知识经济时代，大学应当在人才培养与科学创新上，在高新科技与人文精神的结合上，更为完善、美妙。

作者在探讨科学建制化与高等教育近代化相互作用的过程和内在机制之后，着重讨论大学科学活动的类型、特点、地位、作用和发展规律。最后提出新科技革命及其延伸的知识经济的挑战和高等教育的变革对策。作者认为，新科技革命给高等教育提出了三个方面的问题：首先是学科专业的分化发展趋势同职业技术的综合应用之间的矛盾和冲突；其次是知识和信息剧增与教育时效性、成效性之间的矛盾；再次是在"科学主义"思想背景下如何进行大学文化的重构与整合。针对这三个问题，作者认为相应的对策：一是要重构学科专业结构，提高学科、专业的综合程度；二是要强调批判性思维能力和创造能力的培养；三是要实现科学的人文化，实施人文素质教育，重构现代高新科学与社会文化之间的平衡关系和价值观念体系。

经济学的观点：高等教育与经济，双向多维的非均衡互动关系

在制约高等教育改革与发展的外部诸因素中，经济因素所起的作用是基本的、决定性的。而经济的发展，教育是基础。高等教育是经济发展与转型的动力与支点，在知识经济时代，高等教育还将主导经济的发展。因此，高等教育与经济必然要求相互适应。这种适应是双向多维的非均衡互动关系。从经济学的观点考察高等教育，可以使我们对当前高等教育的改革以及未来的发展趋势，有比较清晰的认识。

作者从经济学的角度探讨高等教育的有关问题，主要提出了以下一些基本观点。

1. 人们对于高等教育与经济增长、经济发展关系的认识，是伴随着经济与高等教育自身的发展进步而逐步深化的。近现代西方资本主义经济的飞速发展不仅促进了高等教育规模扩展和高等学校职能的多元化，而且促进了人们对高等教育与经济发展的关系认识的深化。经济增长理论尤其是人力资本理论的提出，是人们对高等教育与经济发展关系认识深化的集中表现，而从单纯的经济增长角度到从经济社会协调发展的角度来认识高等教育与经济的关系，则更是人类认识史上的一大进步。作者在此提出了一个重要论点，认为高等教育与经济发展之间的关系，本质上是一种双向多维的非均衡互动关系。

2. 高等教育的结构、规模与效益问题，是高等教育经济学研究的核心问题。从宏观层次上看，高等教育的结构与规模是决定高等教育经济效益的基础性因素。因此，高等教育结构的合理化和规模的适度化，是一个国家或地区在制定高等教育发展战略及有关政策时首先必须考虑的问题，中外高等教育发展的经验教训无不证明了这一点。总体上讲，高等教育结构的整体效能取决于它与社会的经济结构相适应的程度，高等教育发展规模首先应表现为与国民经济和社会发展总体规模相适应，然而高等教育自身的特点和发展的规模，又决定了高等教育结构和规模具有先导性。我国高等教育结构与发展规模所面临的实际问题说明，必须把结构调整和规模调控、外延发展与内涵发展有机结合起来。

3. 当代经济发展的一个重要特点是经济发展的区域化。区域经济发展的一个必然结果是要建立一个与之相适应的区域性高等教育体系，故高等教育的地方化成为区域经济发展的必然趋势。高等教育地方化一方面要求高等教育主动为地方（区域）经济及社会发展服务，另一方面要求重新调适中央与地方、政府与高等院校的关系，从而为区域高等教育的发展创造条件。高等教育地方化具有双面效应，因而在高等教育地方化过程中要妥善处理好各种关系，扬其长而避其短。

4. 高等教育资源配置模式直接制约着各种教育资源的使用效率，进而极大地影响高等学校的经济效益和高等教育的整体效益。我国高等教育资源配置模式基本上是一种行政控制模式或称国家主导型模式，它曾发挥过巨大的积极作用，但随着社会主义市场经济体制的建立，暴露出种种不足。这些不足只有通过进一步促进高等教育投资主体多元化、投资决策科学化和投资行为规范化来逐步加以克服。除此之外，高等学校专业结构与规模、教育教学的质量、教育资源使用程度以及经营管理水平等都是制约高等学校经济效益的重要因素。

社会学的观点：社会分层与高等教育机会

教育是社会大系统中的一个子系统，高等教育又是教育系统中同社会关系最为直接的一个教育层次。高等教育的许多问题，从高等教育的本质、功能、价值，到高等教育机会、大学毕业生就业，都可以从社会学的角度进行研究，使高等教育的改革、发展与社会的进步耦合。作者只选择社会分层与高等教育机会的关系考察高等教育，这是社会学与高等教育学密切联系的一个关键性问题，也是当前人们最关心的问题。

作者从社会分层对高等教育的影响和高等教育对社会分层的影响两方面

进行双向的研究。前者主要研究高等教育机会，不同层次的家庭其子女的高等教育机会不均等；后者主要研究高等教育促使社会阶层间的流动，文章特别阐述了高等教育在社会纵向和横向流动中所起的作用，这是一个过去中国高等教育学很少研究的问题。文章聚焦于分层与高等教育机会和职业与学历的关系这两个问题上，这是两个当前我国社会所关心的热点问题，人们可以用社会学的理论得到合理的解释。

因此，这篇文章实际上要达到的是两个目的：其一，通过社会分层与高等教育的关系，说明社会学观点在高等教育研究上的意义；其二，用社会学的观点解释职业与学历、高等教育机会等现实问题。

政治学的观点：高等学校的二元权力结构及其运行

权力的研究，虽不限于政治学的观点，如法律学、管理学也要在各自视角中研究权力问题，但政治学对权力的研究特别关注。在本书中，政治学的观点、管理学的观点，都选择权力问题作为考察高等教育的聚焦点。

高等学校是学术性的社会组织机构。作为社会组织机构来说，任何组织机构都有其组织目标、结构、规范，都有一定的内部或外部的行政事务，在其运转中，都要行使一定的行政权力；作为学术性机构，高等学校的主要职能是教学、科研等学术性活动，为达到学术目的、完成学术任务，必须赋予大学教师和科研人员以充分的学术权力。因此，在高等学校中，行政权力与学术权力的存在都是必然的、合理的。

但是，任何权力的行使，都有一定的范围与限度，学术权力只适宜于处理学术性事务，协调校内外的学术性活动，对于有关的非学术事务可以提出建议而不应直接行使权力；行政权力应当限于处理行政事务，过分行使行政权力以干预学术活动，处理学术事务，势必导致高等学校丧失其学术活力，窒息其学术生机。所以，高等学校的学术权力与行政权力都有其局限性。

二元权力的合理性与局限性并存，其本身就必然导致学术权力与行政权力的矛盾冲突。随着高等教育的社会地位日见重要，学术活动和学术事务日益增加，高等学校规模日见扩大，内部组织机构日益庞杂，同社会的关系也日益复杂，这种冲突就更为频繁。学术权力要求处理大学事务都要依据学术标准，而行政权力所强调的是法规制度；学术权力要求学术自由、学术民主，而行政权力要求效率和约束。矛盾冲突的不可避免，并非都是消极的。行政权力与学术权力协调得宜，不但能起相互支持、相互促进的作用，而且能够形成一种有效的内部制约机制。而自我约束机制是学校面向社会、自主办学的必要条件。

作者认为，重构我国高等学校的学术权力和行政权力关系模式的基本点应该是，改变过分依靠行政权力进行决策管理的现象，充分发挥学术权力在决策管理中的作用，健全决策、审议、咨询、执行、监督、保证的运行体系，使学术权力和行政权力互补协调，共同发挥作用。

管理学的观点：高等教育管理中的权力问题

权力问题，是政治学所关注的问题，也是管理学所研究的核心问题。从两个不同的学科观点来研究同一对象，更能说明多学科研究的意义。本篇是围绕高等教育管理中的权力结构展开研究的。

高等教育管理权力的功能在于调整和规范高等教育管理中的各种关系。如中央与地方的关系，政府与高校的关系，校内院、系、所、室与行政职能部门的关系，以及教师与学生的关系，等等。它区别于社会上的经济权力、政治权力的特性就在于它是一种学术性权力，以繁荣学术事业、促进学术进步为宗旨。高等教育管理权力主要由宏观的高等教育行政权力和微观的高等学校管理权力组成。因此，高等教育管理权力结构主要包括高等教育行政权力结构和高等学校管理权力结构两个层次。

作者认为，高等教育行政权力是一种国家权力，是国家赋予行政机关管理学术性事业的权力。中华人民共和国成立以来，我国先后实行过三种高等教育行政权力结构：中央分权模式、地方分权模式和中央地方分级分权模式。现行的中央地方分级分权模式是政府部门经济所有制和部门行政体制的产物。

在市场经济条件下，该模式已经显示出行政权威无序、分权限度无序和行政职能无序等弊端，并导致我国高等教育管理功能"三弱一强"的问题。改革的目标应当是建立中央统一领导，地方统筹协调，政府集中宏观管理和高等学校自主办学的新模式。改革的战略可以选择：（1）适当集中与下放中央各部委所属院校；（2）中央部门与省级政府共同管理部委所属院校；（3）落实高等学校办学自主权；等等。

高等学校管理权力是一种处理高校内部学术事务及其相关事务的权力。高等学校管理的权力主体有学生、教师、行政管理人员以及校外人士等。不过，各类人员所执掌的权力不但有大小之分，而且有性质之别。就我国高等学校管理的现实情况，教师权力和行政权力本是两种起主要作用的权力，但行政权力长期主导管理权力结构。在这种权力结构下，教师权力薄弱，不利于高等学校按教育规律办学；中下层权力过小，不利于调动广大教职员的办学积极性。改革的战略可以是：（1）培植教师集体权力，健全教师参与管理机制；（2）扩大中下层管理权力，调动广大教职员的办学积极性；（3）审慎试验董事会体制，合理引导社会力量参与办学。

系统科学的观点：作为社会学术系统的高等教育系统

高等教育是社会大系统的一个子系统。作者以系统科学的观点，对这一子系统的性质与功能、结构与结构矩阵、社会支持与制约机制三个方面进行考察。

高等教育是从事社会高级智力活动的有机组织体系，它区别于其他社会系统的特殊性质就是鲜明的学术性。首先，它以成熟的学术性学科和专业为基础；其次，它的办学主体是具有学术修养的学者集体；再者，它实现自身社会功能的主要途径是传播和探究人类高深学问，即从事学术活动。系统的性质决定系统的功能。现代高等教育系统发展了多种社会功能，历史地看，培养社会高级专门人才是其原生功能，而发展文化科学技术和直接为社会服务等都是在高等教育发展过程中逐步形成的，是其派生功能。

高等教育系统的结构复杂而多样，既有表层结构，如层次结构、布局结构、形式结构等，又有深层结构即科类结构。表层结构反映高等教育系统的体表特征与状况，深层结构则反映高等教育系统的核质。透过其表层结构看深层结构，可以发现高等教育系统内部存在一系列纵横交错的结构矩阵，比如科类—层次结构矩阵、科类—布局结构矩阵和科类—形式结构矩阵等。

高等教育系统是一个开放系统。它与社会大系统之间保持着密切的人力、资源、信息交换关系。通过社会交换，一方面高等教育系统向社会输出功能成果，包括人才、科技成果和智力服务等；另一方面，高等教育系统从社会获得必需的人力、资源、信息等方面的支持。与此同时，社会也对高等教育系统的运行施加必要的限制，以规范高等教育系统的活动与活动方式。社会对高等教育系统的支持和制约一般通过比较稳定的组织机制实现。这些组织机制主要包括招生制度、毕业生就业制度、投资体制和管理体制等。当然社会文化与社会心理等非组织因素也对高等教育系统具有重要的支持与制约作用。直接的影响是无形的、潜在的熏陶，而间接的影响则是通过上述机制而间接地影响高等教育系统的运行。

比较教育学的观点：比较分析在高等教育改革与发展研究中的运用

如果说，从不同的学科观点考察高等教育，就包括用不同的学科方法研究高等教育，那么，从系统科学的观点和比较教育的观点考察高等教育，就更加突出方法的意义及其运用。比较教育之所以作为一门学科，就标志着它是以比较分析的方法来研究国家与国家、地区与地区、民族与民族之间的关系，以资相互借鉴，增进相互理解，并探索教育发展的共同规律与不同特点。比较教育学家划分这门学科的发展阶段，往往以比较分析方法的进步作为分期的标准。如认为早期是描述性比较，其后是因素分析比较，现代则更重视多种方法（历史法、因素分析法、系统科学方法）并用，并且从比较分析孤立的教育现象到比较分析教育与社会发展的关系。

作者对比较分析方法在高等教育研究中的运用，提出了应当特别重视的几方面的问题。除第一和第二方面阐释比较教育的概念和比较教育与发展教育的关系之外,第三到第六方面,都是比较分析方法在运用中应当注意的问题。如可比性、定量与定性、分类与比较单元的选择以及资料的可靠性等。文章以大量的经验材料说明正确运用比较分析方法的重要性。

第二方面所讨论的问题是全文的重心。作者认为,比较教育研究的中心问题是社会发展中的问题,它的主线是研究教育、学校和社会之间的互动关系,要把教育制度放在特定的社会背景下研究。比较教育和发展教育具有内在的密切联系。正因如此,在重视研究发达国家的发展结果的同时,更要重视研究发展中国家的发展过程,而这正是当前比较教育学容易忽视的重要任务。

比较高等教育作为一门学科或一个研究领域,可以说,稍迟于高等教育学这门学科的形成,中外均如此。但广义的比较高等教育,则是与高等教育理论研究同时开始的。研究高等教育,离不开国际比较。从理论上说,高等教育理论是建立在前人的、他国的与自己的教育实践基础上的。他国的教育实践经验就是通过比较教育获得的。因此,比较教育是教育理论的源泉之一。就实际说,一国的教育模式,多是从国外引进而后加工成为自己的模式。有的又把加工了的模式再输出到其他国家。美国的高等教育模式,先后从英国和德国引进,而后创造出自己的模式,再输出到许多国家去;日本的教育模式,最先是从荷兰、德国等欧洲国家引进的,其后又按照美国模式进行改造(现在还在继续改造中),但都与中国传统文化和日本本土文化相融合,形成了日本模式;东南亚国家,大多模仿英国(也有模仿荷兰、西班牙的),其后又受美国的影响;至于中国近代高等教育,清末学日并通过学日而学欧,民国学美,中华人民共和国成立后学苏,20世纪80年代以来,又向美国倾斜,现在正在致力于融合各国所长,建设有中国特色的社会主义高等教育体系。因此,正确地运用比较分析方法以借鉴而不是照搬国外经验,对于研究中国高等教育的改革与发展,特别重要。

(原载于《高等教育研究》2002年第1期)

中国高等教育的定位、特色和质量

分类不清、定位不明是当前中国整个高等教育发展中的一个令人困惑的问题。精英学校拼命搞大众化的教育，大众化高等教育机构拼命往研究型、综合性的路上挤，所以变成千军万马过一条综合化、研究型的独木桥，这与社会、国家的需要是不一致的。十六大很明确地告诉我们，中国要实现小康社会，不但需要众多的高级人才，更需要数以万计的应用型人才和数以亿计的高素质劳动者。现在大家都奔一条道，都想往综合化、研究型的大学去挤，放弃了自己应有的培养目标。几千万大学生培养出来都是一个模式，行吗？像高职高专这种学校放弃了它应该走的道路而一心想专升本，升了本以后就搞理论型的，搞了理论型的就参加评估，通过评估以后就招硕士生、博士生，然后说我要成为清华、北大。如果全中国的大学都成为清华、北大的话，中国就完了，连饭也没有吃的了，因为你不能叫清华、北大的毕业生都去种粮食。另外，研究型大学为了创收拼命搞大众化教育，培训班也办，成教也办，二级学院也办，冲击了精英教育。现在全国的高等教育质量下降，精英教育受冲击最厉害。因此，前不久我提出一个口号叫"保护精英教育，发展大众化教育"，在发展过程中要保护精英教育。

因此，中国现在急需解决的问题就是定位问题。要定位就要先分类，分类在世界上也是个难题。在江苏高教学会的年会上，四川大学老校长卢铁城介绍了卡内基的分类法。卡内基分类法就是一层层分下来，事实上是鼓励大家往高处爬。我们现在应该根据联合国教科文组织的国际教育分类标准来考虑我们的高等教育分类，然后在高等教育分类中考虑我们的定位。联合国教科文组织的国际教育分类标准对世界所有的国家，包括发达国家、发展中国家都是适用的。而卡内基分类法只针对美国，不一定对我们很适用。联合国教科文组织的分类既考虑到美国等发达国家,又考虑到发展中国家,所以它提出一个比较普遍适用的分类。我想简单地介绍一下国际教育分类标准。在层次上,一般分为幼儿园、小学、中学、高等教育、博士生教育几个层次。编号上 0 是学前教育、幼儿教育,1 是小学教育,2 是初中教育,3 是高中教育,4 是过渡阶段,如升大学的预备班,或高中后学点专业知识、技能,5 是高等教育,6 是博士生教育,这是纵向分。5 字头分为 5A 和 5B 两类。5A 是理论型的(包括应用型的理论),5B 是职业型的、技能型的。5A 又可细分为两小类。一类是为准备搞研究工作而设置的,如 4 年后上博士,但是大量的是第二类,它培养的不是搞研究而是培养各种专业的应用人才,即培养高级工程师、律师、医师、教师等应用型人才。5B 相当于职业技术型的高职高专。我认为中国的高等教育阶段应该分为三大类:第一大类是研究型的综合性的,这一大类大体上是现在我们的重点综合大学(有的名字是工程类,实际上也是综合类的);第二大类是应用型的专业性的,培养各行各业各种专业的应用性的高级专门人才,包括一般的高等学校,尤其是地方高等学校;第三类是职业性的技术技能型的。前几天我向教育部的有关部门提出建议,中国应该赶紧搞中国的学制。中国从 1954 年颁布新学制之后几十年来还没有正式颁布过新的学制。学制最困难的部分是高等教育这个层次的学制。假如颁布学制的话,应该是这三种类型。然后每所学校在它自己的类型里面找到自己的位置。高职并不一定是二年制、三年制,高职是一个系统,是一个以职业岗位为主的系统。从专科层次的高职到本科层次的高职叫作技术学院,硕士阶段的高职叫作科技大学,当然我们这里的科技大学是研究型的。在台湾省科技大学是职业型的,是最高层次的职业型的。

  定位所指的是从总体来说,作为办学的一个主要的努力方向,而不要像有些高职,还在高职阶段就想着要办成东方的哈佛大学,这不利于它认认真真地把职业技术教育搞好。现在很糟糕的一个事情就是职业技术教育本来应该是以能力,尤其是动手能力作为它最主要的培养任务,但是大家都在追求专升本，学校在追求专升本，学生也很想专升本，一升本后就变成理论型的，就从5B变成5A，把动手能力撇开，着重提高理论水平。很多高职生不安心学好一门职业技能，一心想学本科生学的理论，以便专升本。那么高职怎么办？高职定位于应用型、专业性，不是一天到晚比着发表论文的多少，而要考虑怎样把学生培养成为各行各业的高级的工程技术人才。

  定位后再进一步就是特色。每所学校能够生存，能够发展，能够出名，依靠的主要是特色，而不是大，因为大不等于强。"山不在高，有仙则名；水不在深，有龙则灵。"一大批质量很低的学校不一定"名"，不一定"灵"，要成名，就要有特色。特色是很灵的，如果不这样，求大求全，往往很难做出特色。我们现在可以看到许多有名的学校不一定大，1949年以前很多有名的大学事实上是专科学校。杭州艺专，在当时的中国是水平最高的艺术院校。上海的商专、东亚体专，还有立信会计专科学校，始终是专科学校。中国的会计制度和人才基本上都是它们培养出来的。再谈现在的。我到湖南的吉首大学去，该校领导在介绍历史的时候说，朱镕基总理视察学校之后，讲了一句话，叫作"吉首大学是湖南的骄傲"。这句话是怎么来的呢？湖南水平最高的大学肯定不是吉首大学。后来我带着这个问题慢慢了解，我离开吉首大学到湘西游览了一番，回来后我慢慢理解为什么朱镕基总理讲这句话了。湘西是少数民族地区，我所到之处到处碰到吉首大学的毕业生。县级官员50%以上是吉首大学的毕业生，地级官员40%是吉首大学的毕业生，中学教师、小学教师基本上是吉首大学的毕业生，连唱歌、跳舞的也是吉首大学的毕业生。等到我们回去的时候，我说你没有把好东西介绍给我，你老说数学怎么搞上去，物理怎么上去，搞了一个什么工厂赚了很多钱，朱镕基说"湖南的骄傲"是指你们有特色。你的特色是少数民族，少数民族有少数民族的体育专业、艺术专业、语言专业，其围绕为少数民族培养师资、培养干部，你为什么不给我介绍这些呢？介绍这个学科怎样，今后发展多少，你再搞20年也没有办法跟湖南大学去比，跟中南大学去比，但是你们在朱镕基总理所说的特色方面去发展，一切围绕少数民族的特色，你们将来发展不仅在中国著名，而且会在世界著名。他说对呀对呀，现在经常有国外的跑到我们这里来跟我们合作，搞些少数民族艺术、音乐、美术什么的。要著名还不容易？要走一条道，不要大家都走的道。中国人很多跟在人家屁股后面叫作随大流，随大流搞不出特色，要创新、要冒尖很难。你前进了，人家比你前进得更快。老是拿自己的10年之后跟人家现在比，以人家现在的标准来考虑我10年后的东西，等到你10年后跑到了，人家又跑10年过去了。所以我的意思是一定要搞出特色。

四川有一个学校，开始很长时间没有名，现在有名了。5年前我就去了。我不是在中国知道它的名气，而是从国外知道它的名气，它名声在外。学校是规模很小的民办学校，但开了一次18个国家参加的国际会议，这个学校叫作四川标榜学院。标榜学院是做发型的，在世界有名，是因为它有特色。5月份我们的研究生到北京转了一下，有两所学校给我们的印象很深。一所是现代音乐学院，还有一所也是民办的，专招高等秘书专业，规模也不大，他们都很有特色。特色是什么呢？中央音乐学院不设的专业我来设，不培养的人才我来培养。你搞高雅音乐，我搞流行音乐。你搞很庞大的高级秘书，我专搞高级秘书、多功能的秘书。所以他们提出的口号是：避开竞争是最好的竞争。我是弱势群体，比不过你，我在别的方面冒起来，你也没办法比得过我。

这里要谈一下一所大学的特色是怎么形成的。有的学校领导曾经问过我，说我们学校应该定什么东西叫特色。我第一句话跟他说，特色不是上面封的，不是专家定的，特色只能是你们自己搞出来的，从认识到行动自己搞出来的。特色必须是自己内在生发出来的，外在的不能代替你定特色。特色是怎样搞出来的呢？第一，看历史；第二，看客观环境；第三，看主观条件。特色不是主观设想出来的，如果没有历史、没有客观环境、没有主观条件，只是领导说要这个特色，那个特色，你的特色搞不起来。一所大学要成为有特色的学校，要有文化的积淀。北大那种特色，那种相对的学术自由，这个特色是文化积淀出来的。没有文化积淀，只能根据客观环境和主观条件往这个方面努力。客观环境就是客观是不是对你这个特色有需要，还有别人是不是没有占有你这个特色。如果你只看到别人干得很好我也干，那你就没有特色了。我举个例子。斯坦福大学曾经认为土木工程非常重要，斯坦福大学应该搞一个土木工程学院。土木工程学院投资是很大的，钱也投了，最后放弃。为什么？斯坦福大学认为自己要办土木工程学院，就必须办成一流的土木工程学院，他现在虽然可以邀请一些人来，但他请来的这些人水平没法超过伯克利的土木工程。伯克利的土木工程是全美国第一流的，而且离他那里也不远。既然搞不过他，何必把钱放在这里，求全求大呢？最后就不搞了。这个抉择是正确的。我到宁波去看，宁波就有这点好处。原来宁波只有一所宁波大学，也是1949年后才办起来的。从高等教育来说，历史很浅，它现在居然办了12、13所高等学校。而且这12、13所高等学校基本上不重复。每个都有每个的特色，围绕着宁波这个环境的特色。当然，特色还在形成之中。宁波没有重工业，中小企业很多，产值很高。大企业无非是三个大服装公司，2000个中小服装公司，还有很多的家电企业，产值都很高，都是小规模的企业。因此它要针对小规模的企业来培养人才，才能显出特色。比如大红鹰高职，培养的是多面手的秘书。中小企业请不起专门的外事秘书、财务秘书，秘书去了中小企业要什么事情都能管，什么事情都能做，不需要太高深、太专的。它的秘书主要定位在这里。其他的也有特色，比如北仑港高职。北仑港高职定位在北仑港的工厂，替它培养高级技工人才。大学特色要看客观环境，当然主观条件也很重要。主观条件里最主要的是师资，有没有这方面的有特色的教师。当然主观条件自己可以培植，但需要注意的是，不是一个人而是一批人在这方面形成特色。

　　第三个问题谈一下质量。质量问题是高等教育的热门话题。报纸天天都在讲，一谈到高等教育就谈到质量问题，也是大家很担心的事情。现在大家都认为质量下降，质量是否真的下降有两种判断，两种质量观。两种判断，一种判断认为质量下降是真的（质量下降是真命题）。我在中央教育行政学院专讲质量战略，讲到中国高等教育的质量时就提出这个问题。质量下降如果作为一个命题的话，还包含着一个假命题：质量并没有下降。质量为什么真正下降呢？根本原因是我们没有很好地处理好数量与质量的矛盾。具体说就是招生大量地扩充，但教育资源跟不上招生扩大的速度。教育资源最重要的第一是经费，第二是师资，还有其他的教育资源如校舍、设备等。但是最重要的第一要有钱，第二要有人，有了钱有了人，物就好说了。扩招以来应该说教育投资年年增加，尤其前几年人民币稳定的时候，我们增加的速度还是很快的。但我说质量下降是真下降了，因为我们的投资总体上赶不上。说我们今年又增加了多少钱，没错，高校经费年年上涨，但生均经费年年下降。现在国家投资的生均经费占1998年（扩招前）的70%多一点。我们扩招了3倍，经费增加了多少？经费下降会不会影响质量呢？重要的是教师。教师原来1998年以前是1比8点几，现在是1比18点几，有些学校1比20几。质量真的下降是一个严重的问题。

那么质量并没有下降这个假命题所说的又是什么呢？说的是两种质量观。用传统的质量观来衡量的话，质量肯定下降了。但是如果不用传统的教育质量观，而用大众化的教育质量观看问题，就不一定下降。大众化的质量观是什么？大众化的前提是多样化，中国高等教育大众化的前提必须是多样化。靠过去传统的大学，中国的大众化实现不了。大众化是由普通高等学校、普通高等学校里的高等职业技术教育、成人高等教育、网络学院、自学考试来完成的。现在全国大学生数已达到2000多万，所指的不都是普通高等学校。普通高等学校到去年为止是1333万，今年大概达到1400多万。其他的是成人教育、网络学院、自学考试。既然高等教育多样化，培养目标肯定多样化。培养目标多样化，那么教学计划、课程教材、教学方法等，也必须多样化。目标不同、课程不同、方法不同，用一个统一的标准来衡量所有的高等学校，得出来的结论肯定不科学。问题是质量下降这个思想可能出现在评估体系上，用一个评估指标评估所有的学校。同样的思想也存在于社会，在大家的脑袋里，在我们自己的脑袋里。我们的大学教授看不起高职，因为他们用传统的普通大学的标准来衡量高职。他们没想到高职重点不在理论，重点在能不能动手，能不能上岗，能不能适应人才市场发展的需要。所以用一个质量标准去评估，往往得出一个错误的结论。质量下降这个结论往往误导了高职，误导了大众化教育。我们对那种一个标准的评估很有意见，这样得出质量下降的判断是错误的判断、虚假的判断。

当我说多样化应该有多样化的质量的时候，有些校长说不行，你不能这么说，你是替质量低打掩护，替不讲究质量、粗制滥造、乱七八糟的学校打掩护。可以有多标准，不能无质量标准。质量标准按照《教育大辞典》的分类有两层标准。第一层标准是教育目的的质量标准。我们的教育目的是什么？全面发展，全面的素质教育。这个标准是共性。但是《教育大辞典》里还有第二个标准，是高等教育目标的标准。高等教育的目标是培养各种各样的专门人才。第二个标准是培养符合这个专业的人才，那么这个专门人才是不是等于没标准呢？也仍然有标准，只是标准不同。研究型大学的标准是高深学问，这是蔡元培提出来的，现在我们仍然坚持。高职的标准呢？高职并不以培养高深学问作为价值追求，培养高职人才要求适销对路、适合人才市场需要。你说自己的水平很高，但我对你这个人才没兴趣，你到别的地方去，我这里不需要你。不能用高深学问来衡量它的标准高不高。应该看它是个是适销对路，是不是符合社会的人才需要。夹在中间的这些学校呢？我们根据哪一个呢？我们还是要根据一定的理论基础、一定的应用能力，既要能尽快适应岗位工作的需要，又要有一定的发展后劲。我们四年制大学培养出来的学生要尽可能地适应岗位工作的需要，但是又有发展后劲。所以质量有两重性，我们要用不同的标准来衡量不同的高等教育，不能一概而论，说质量下降了。从现在来看，很多高职的质量不低。如果很多高职质量不低，大家看不起高职，再过几年你看看吧，搞得好的高职将来毕业生就业率比本科生都要高。尤其是工程技术类的，现在工程技术类的高职奇缺。所以有的地方有的学生不一定上本科，很想上高职。这个前景可以预见到。教育部只批给深圳高职几个高专，现在它要自己搞本科了。深圳高职的就业率远远高于深圳大学，是社会需要。深圳高职的校长俞仲文在上届全国优秀教学成果奖上，得到高职方面唯一一个成果奖。刚刚颁布的这届，他也得了奖。深圳高职的学生质量好，就业率高，办得好。

第四，讲一下质量保障。现在一提起质量保障，往往谈到评估，教学工作评估。教学工作评估是质量保障的一种方式。但这是外面的保障，不是内在的保障。如果我们只是追求通过教学质量评估而忽视了自身内在的保障的话，就是舍本逐末。不是反对用外力来逼迫你保障质量，它有作用，也有毛病。质量保障最基本的保障是师资队伍的建设。我现在想谈一点如何建设师资队伍。现在一讲师资队伍，好像最重要的任务是引进人才。引进人才是师资队伍建设的重要方面，尤其是一些地位还不很高的大学，需要引进一些人才，但人才的引进只是外因。我个人认为，作为师资队伍建设，不能把它摆在第一位，不能都寄托在引进现成的师资队伍。第一位应该立足于自己培养。总体来说，我们的师资水平还不是很高，但只要观念正确，思路对头，大家有积极性，学校有一定的制度，自己也能逐步培养出人才。当然不像引进人才那么快，但从长远考虑，这是最基本的。自己培养的人才认同感比较高，能在这里扎根。引进的人才能扎根固然好，但引进人才风险性较大。我们常感觉到引进的人才还不如自己培养的人才。引进的人才是"外来的和尚好念经"，但真正要起作用，还是要自己培养人才。我们是不是先让自己"庙里的和尚"念好经呢？而且如果太多依靠引进人才的话，就会挫伤自己的"和尚"的积极性。两者应该并举，但应该立足于自己。如果是真正的人才，他所追求的是什么呢？他追求的首先是在这里能不能发挥作用，实现自我价值。其次才是待遇问题。如果只靠待遇，很容易引进人才，也很容易再流失。因此，我认为要保证质量应该从师资培养做起，而师资培养要有长期的观点。有些学校只是热心引进人才，在一定时期起了作用，但这种急功近利不是什么时候都可以的。

质量保障的第二方面是生源问题。要选择好的生源，这个问题比较困难，不由自己决定。因为生源问题是上面规定好的，是一本、二本还是三本，自己不能做主。但是培养应用型人才不一定要一本的状元，我要求这些学生将来有所作为，能够在事业上有所成功，不一定每个人都是会读书的。我们自己也有这个经验，成功者不一定是读书时成绩最好的。有句话叫"第十名现象"。成功的不是在学校排一、二、三名的，成功者成绩大概在第十名左右。中间偏上的学生将来大有作为，为什么呢？如果是第一名，肯定很会读书，往往是个书呆子。成功不只靠会读书，成功还有其他因素。第十名前后，他书读得不错，同时有余力搞一些社会活动，搞些别的，这些人将来会是成功的人才。我们现在可以回顾一下，我们的同学也好，过去的同事也好，我的学生也好，当时读书最好的那些，很少是成功的。大体上中间偏上的学生有能力。一个成功者需要第一是知识，第二是运用知识的能力，第三是素质，第四是创新精神、创新能力，第五是公关能力、社交能力、处理人际关系的能力，所以一个成功者不完全靠知识。

（原载于《中国大学教学》2005 年第 12 期）

主动适应新时代新形势　发展高等教育中国学派
——在厦门大学教育研究院 40 周年庆祝大会上的讲话

40 年前的今天，厦门大学成立了以高等教育作为专门研究对象的高等教育科学研究室，也是中国第一个高等教育研究机构，从而在高等教育研究领域又有了更多第一：主编第一部《高等教育学》，设立第一个硕士点、第一个博士点，被评为第一个高等教育学国家重点学科，建成第一个国家重点研究基地——厦门大学高等教育研究中心。携手同行，许多兄弟单位也有许多第一或特色。例如，北京大学教育学院拥有国内第一个高等教育经济学；华中科技大学教育科学研究院则以院校研究引领全国众多高校的高等教育研究机构进行校本研究。清华大学、中国人民大学、复旦大学、上海交通大学、北京师范大学、华东师范大学、华中师范大学等的高等教育研究机构，也各有领先与特色。一些地方院校的高等教育研究也以特色支撑领先发展。例如合肥学院的中德高教研究，金华职业技术学院和宁波职业技术学院的职业教育研究，陕西师范大学的西部高教研究，黄河科技学院、西安外事学院、上海杉达学院、浙江树人大学的民办高教研究等。

总之，在高等教育学科领域我们应当提倡力争"第一"，但不要自夸"唯一"。一花独放不是春，百花齐放春满园。这也符合联合国教科文组织在《教育2030行动框架》中所倡导的新理念，其中第一个理念就是"全纳"，也就是"包容"。

新时代，我们的高等教育研究面临新形势、新机遇，有众多新问题需要我们合力去研究。

首先是互联网已经进入高等教育教学，虚拟世界与实体世界并存。如何通过虚拟世界与实体世界的兼存、合作，提高培养人才的效益和质量而不是迷失于虚拟世界，这需要我们去研究。MOOCs、翻转课堂等正在运用并逐渐成熟，还有其他模式有待于大家合力去发现、发展。

高等教育的任务是培养专门人才，因而我们已经面临着新难题、新任务。今后的社会，将由自然人和机器人（或称智能人）共同组成。因此，高等教育既要培养自然人，还要培养机器人，使之成为专门人才。培养机器人，事实上已经在进行中。主要是向机器人输入知识，并以云数据、快速运算为基础，通过优化算法培养机器人的独立思考能力，现已在与自然人的对弈中频频取胜。当然，这只是初步的思维能力，如何形成和发展机器人的创新能力将是新的根本性问题。机器人同自然人共同生存于新的社会中，如何和谐共处，还必须具有新的社会伦理道德以及生活能力，这需要前瞻社会进步趋势，而后对机器人进行道德教育、情感教育、美育等，使之与自然人和谐共处，共同推动未来社会的发展。

培养机器人，现在主要倚重脑科学知识与信息技术。自然人的大脑，说到底是由数以百亿计的神经元及更多的树突所构成的，以脑电波为载体进行复杂而敏捷的活动。随着脑科学（神经科学）的发展，将自然人的大脑及其活动技能复制到机器人，不是不可能的。如何教育机器人，将是多学科专家在未来时代的新任务，如何把机器人培养为专门人才，将是高等教育研究所面临的艰巨任务，但也开辟了广阔发展空间，需要众多专家通力合作。

今天，参加大会的有众多从全国各地以及海外回来的院友。厦门大学教育研究院既是科研单位，又是培养高等教育专业人才的单位。相对来说，我认为培养人才更重要。40年来，虽然我们承担了许多研究课题，出版了许多著作，也是智库之一；但40年来我们培养了677名硕士和271名博士，这更值得引以为荣。他们约一半分布在全国各地，从事高等教育研究工作。有的集中于北、上、广重点大学的重点高教研究机构，有的分散于全国各地方院校从事面向地方的高教研究工作，甘肃、内蒙古、新疆、西藏都有我们院友培养人才的硕士点或博士点。另一半是在教育行政部门或高等院校当领导和管理人员，从事管理和服务工作，如校长、处长或辅导员，他们作为有理论素养的领导、管理者、决策者和服务者，较好地引领了高等教育改革与发展。

不久前有媒体问我，中国已经拥有一支庞大的高等教育研究队伍，能否建立高等教育中国学派。我的回答是：不是能不能的问题，高等教育中国学派已经形成了并在发展中。我们以新时代中国特色社会主义思想为指导，扎根于中华优秀文化传统，应当树立并拥有足够的"文化自信"。当然，我们不排斥国际交流与借鉴。我们的自信就在于我们是世界高等教育第一大国，拥有世界最庞大的高等教育研究队伍，我们许多大学还在培养更多"青出于蓝"的高教研究专门人才。

（原载于《高等教育研究》2008年第6期）

新时代中国高等教育改革与发展：今天、明天与后天

我所说的新时代中国高等教育改革与发展的今天、明天、后天，其中，"今天"是指我国目前已经是世界高等教育大国，"明天"是指中国将成为世界高等教育强国，"后天"是指我们将要和机器人共同营造属于我们共同的地球村。

一、今天：高等教育已然进入普及化阶段

中国在21世纪初进入高等教育大众化阶段，就已是大学生人数最多的世界高等教育第一大国，但不是高等教育强国。如今，中国高等教育已进入普及化阶段，"全国各类高等教育在学总规模4002万人，高等教育毛入学率51.6%，全国共有普通高等学校2688所"。[①] 我国高等教育毛入学率显著提高，既满足了人民群众日益增长的教育文化需求，又适应了经济社会提高生产力与生活水平的需要。不过，在高等教育普及化发展过程中也存在不少隐忧。[②]

20世纪70年代初期，美国社会学家马丁·特罗根据美国高等教育经验、结合对欧洲高等教育的观察，提出了"高等教育发展理论"，受到国际社会广泛关注。马丁·特罗认为，高等教育规模从精英阶段进入大众化阶段以及普及化阶段时，高等教育理念、功能、课程和教学形式、学术标准、入学条件、管理模式和利益相关者的关系等，都有新的变化。当前，我国高等教育正式步入普及化阶段，但不少人仍然以大众化甚至精英化的理念对待普及化，这无疑将有碍于高等教育的现代化发展，更不利于高等教育强国的建设。换言

---

① 2019年全国教育事业发展统计公报［EB/OL］.（2020－05－20）［2020－06－15］.http://www.moe.gov.cn/jyb/sjzl/sjzl－fztjgb/202005/t20200520_45675/.html.

② 潘懋元、李国强：《2030年中国高等教育现代化发展前瞻》，载《中国高等教育》2016年第17期，第5—7页。

之，认识落后于实践，阻碍了事物的变革与发展。如果理念跟不上实践的发展，进入高等教育普及化阶段，问题可能更为严重。

二、明天：我们如何建成高等教育强国

如何建设高等教育强国？习近平新时代中国特色社会主义思想为建设高等教育强国指明了方向。但要成为真正意义上的高等教育强国，我们还有很多工作要做。

第一，要坚持以立德树人作为教育的根本任务，把教师队伍建设作为基础工作，把教育改革作为教育发展动力，把实现中华民族伟大复兴的中国梦作为对年轻一代的期望。推动高等教育内涵式发展的关键在于课程、教学与师资，其中师资是建成高等教育强国的根本。我们现在大力推动创新创业教育，培养创新人才，没有创新型的教师队伍，高等教育强国只能是无源之水、无本之木。

第二，要为各级各类高校的发展注入强劲动力，激发办学活力。我们认为，"双一流"建设不能局限于少数的"985工程""211工程"院校，各级各类学校都应该有它们的"一流"，也能成就各自的"一流"，要用多元的质量观和标准激活高等教育系统的活力。"新时代加强'双一流'建设，要以建设高等教育强国为目标，既建设学术性研究型大学，又激发不同类型高校争创各种类型的一流。其实，不同类型的高校各有所长，都有争创一流的潜质。传统学术性研究型大学可以办成世界一流大学，在某些领域具有特色的应用型大学以及职业技术型院校同样有望办成世界一流大学。因此，在'双一流'建设中，应坚持统筹兼顾、多元发展。"[①]

第三，要努力探索具有中国特色的高等教育发展道路。中华民族是世界上历史最为悠久、历久常青的民族之一。对于历史上所形成的文化传统，我们必须进行认真的反思、扬弃和发展。年轻一代要认真地梳理中华文化，取

---

① 潘懋元：《"双一流"为高等教育强国建设注入强大的动力》，载《人民日报》2017年11月19日第5版。

其精华，弃其不适应现代化的观念，并实现新的发展，争取把中国建设成为有中华文化特色的高等教育强国。中国高等教育的发展要尊重中国的传统，但是不能按照中国的传统来办教育，应该广泛地吸收其他国家办教育的经验和优点。[1] 同时，我们还应尊重联合国教科文组织所提出的教育发展理念，包括全纳、公平、有质量和终身教育。我们应当充分学习、借鉴。[2]

问题在于通过改革与发展，成为高等教育强国之后，新时代中国高等教育该如何走，走向何方？我们绝对不走中国优先的霸道，而要坚持走世界各国共同奋斗、共同发展的人类命运共同体的道路。对此，习近平总书记已经设计了蓝图，就是"一带一路"。"一带一路"沿线的所有国家，相互交流、帮助、合作，朝着人类命运共同体方向前进。也就是说，世界各国高等教育携手同行，进入新的改革与发展阶段。

三、后天：人类命运共同体的高等教育将面临把机器人教育为智慧人的新任务

在新的阶段中，迈向人类命运共同体的高等教育将面临新挑战，或者说，高等教育将肩负起新的任务。即高等教育既要培养自然人成为创新创业的专门人才，还要"培养"机器人的伦理道德思想和法律知识，使之成为智慧人。这就是高等教育发展的"后天"。

将来我们要与机器人相处，我们人类是无法与机器人抗争的，因为机器人是铜墙铁壁结构的，如果机器人能够开始独立思考了，但没有伦理道德，我们将如何应对？相较于自然人，机器人有两个优势：一个是大数据，一个是高速度。所以人类在与机器人进行围棋比赛的时候，自然人比不上机器人。围棋水平最高的人最多只能观察三步之后的变化，机器人的"脑袋"能计算无数的变化，而且反应非常快。所以，将来无人驾驶的汽车比有人驾驶的汽

---

[1] 潘懋元：《中国高等教育改革发展70周年：回顾与前瞻——潘懋元先生专访》，载《重庆高教研究》2019年第1期，第5—9页。

[2] 潘懋元、陈斌：《面向2030的高等教育发展：理念与行动》，载《中国高等教育评论》2018第9期，第3—13页。

车要安全得多。因为无人驾驶安装了 GPS，现在还有我国自主研发的北斗卫星导向系统。无人驾驶汽车的反应很快，它是用光的速度来反应的，从光速角度来看，这辆汽车的相对速度是非常慢的，它具有足够的应对时间，所以说无人驾驶汽车更加安全。

"高等教育的任务是培养专门人才，因而我们已经面临着新难题、新任务。今后的社会，将由自然人和机器人（或称智能人）共同组成。因此，高等教育既要培养自然人，还要培养机器人，使之成为专门人才。培养机器人，事实上已经在进行中。主要是向机器人输入知识，并以云数据、快速运算为基础，通过优化算法培养机器人的独立思考能力，现已在与自然人的对弈中频频取胜。当然，这只是初步的思维能力，如何形成和发展机器人的创新能力将是新的根本性问题。机器人同自然人共同生存于新的社会中，如何和谐共处，还必须具有新的社会伦理道德以及生活能力，这需要前瞻社会进步趋势，而后对机器人进行道德教育、情感教育、美育等，使之与自然人和谐共处，共同推动未来社会的发展。"[1]

2019 年，由 23 位世界著名学者共同撰写的《机器行为学》（Machine Behavior）一文发表在世界权威科学杂志《自然》上。该研究宣告"机器行为学"这门跨越多个研究领域的新兴学科正式诞生。"这个学科研究智能机器，但是并不是从工程机器的角度去理解它们，而是将其视为一系列有自己行为模式及生态反应的个体。"[2] 机器人拥有大数据和高速的优势，是自然人所无法媲美的。如果机器人的行为不受约束，其后果就难以设想。因此，必须营造一个自然人与机器人和平共处的环境，促使自然人与机器人和平共处，合作共赢，共同营建新的地球村。

（原载于《高等教育研究》2020 年第 9 期，有略改）

---

[1] 潘懋元：《主动适应新时代新形势　发展高等教育中国学派——在厦门大学教育研究院 40 周年庆祝大会上的讲话》，载《高等教育研究》，2018 年第 6 期第 1—2 页。

[2] RAHWAN I, CEBRIAN M, OBRADOVICH N, et al. Machine Behavior [J]. Nature, 2019, 568: 477—486.

从选拔性考试到适应性选才

——高等教育普及化阶段试行"套餐式"招生模式的设想

一、推动高等教育发展的两个重要理论基础

20世纪以来,有两个理论对推动世界高等教育发展发挥着关键作用:一个是由舒尔茨提出的人力资本理论,一个是由马丁·特罗提出的高等教育发展阶段理论。

20世纪60年代形成的人力资本理论以大量的统计数据证实了人的因素在推动经济社会发展过程中发挥着至为关键的作用。舒尔茨在长期关注"增长剩余"问题的基础上首次提出了人力资本理论。他认为,"人口的质量和知识投资在很大程度上决定了人类未来的前景"。① 舒尔茨通过分析1929—1957年间美国教育投资与经济增长之间的关系发现,各级教育投资的平均收益率为17%,教育投资增长的收益占劳动收入增长的比重为70%,占国民收入增长的比重为33%。② 由于人力资本作为一种"活的资本"具有典型的创新性、可迁移性和广泛收益性等特征,该理论提出后陆续受到世界各国政府和教育部门的关注,有力推动了世界各国教育事业的发展。

我国拥有14.4亿人口,是典型的人口资源大国,但仍算不上人力资源强国。相关资料显示,2020年我国就业人员总数达75 064万人,其中农民工总

---

① SCHULTZ T W. Investment in Human Capital [J]. The American Economic Review,1961,51 (5):1—17.

② SCHULTZ T W. Education and Economic Growth [M] //HENRYNB. Social Forces Influencing American Education. Chicago:Uniuersity of Chicago Press,1961:46—88.

量28 560万人，而拥有各类专业技术人员资格证书的为3588万人，① 占比仅为12.6%。我国要从人力资源大国向人力资源强国转变还有较大的发展空间。根据人力资本理论，实现转变的关键在于增加对正规学历教育和在职培训的投入，让更多的人有机会接受高等教育和职业技能培训。毫无疑问，单纯依靠自然资源和体力劳动是难以实现现代经济创新发展的，必须努力提升劳动者的受教育水平。

据此，高等教育必须转变教育发展理念，调整学术标准，丰富高等教育入学机会，改变过去单一的学术型录取标准，不断强化应用型导向的招生模式和招生标准，服务于应用型人才的录取和培养。尤其是要不断扩大在职人员等"非传统学生"接受高等教育的机会，满足他们对高等教育的特殊需求。在普及化阶段，高等教育的专业链与社会产业链之间的关系将更加密切，社会需要更多受过高等教育的人才以实现产业转型升级。产业对人才的多元需求决定了高等教育的入学标准和招生录取方式必须更加灵活多元。因此，为了让更多的人有机会接受高等教育，尽可能增加更多人的人力资本，高等教育普及化阶段的招生录取方式需要更加多元、开放，放开年龄限制。

马丁·特罗于20世纪70年代提出的高等教育阶段理论，从历史演进的视角将高等教育发展过程划分为精英化、大众化和普及化三个阶段。当一国上大学的适龄青年的规模保持在15%以内时，属于精英化高等教育阶段；当高等教育毛入学率超过15%时，高等教育进入大众化阶段，高等教育结构开始发生变化；当高等教育毛入学率超过50%时，高等教育进入普及化阶段，高等教育将在诸多方面发生明显改变。马丁·特罗认为，当高等教育从精英化阶段向大众化阶段乃至普及化阶段转变时，高等教育将由量变引起质变，高等教育的观念、功能、课程与教学形式、入学条件、学术标准、管理模式

---

① 2020年度人力资源和社会保障事业发展统计公报[EB/OL].(2021－07－26)[2021－08－07]. http://www.mohrss.gov.cn/SYrlzyhshbzb/zwgk/szrs/tigb/202107/W020210728376021444478.pdf.

和利益相关者的关系等都将发生显著变化,其中,最重要的是教育观念的变化。① 在高等教育精英化阶段,接受高等教育是少数精英群体的特权;在大众化阶段,上大学逐渐成为人们的一种权利或资格;进入普及化阶段,接受高等教育将成为人们普遍的义务。接受高等教育从特权演变成权利,再由权利转化为义务,是高等教育量变引起质变的具体体现。

教育观念的转变必将影响高等教育入学标准和招生录取方式的改变。相较于前两个发展阶段,普及化阶段高等教育将面向所有希望入学或有资格入学的学生,其录取标准是学生的上学意愿。在普及化阶段,高等教育遵循包容教育理念,能够容纳规模庞大的受教育者,使教育基础和背景各异、求学动机各不相同的受教育者都能得到接受高等教育的机会,更使社会各方面对高等教育的需求都能得到满足。在精英化或大众化阶段,高等教育大多关注个体受教育机会的平等,到普及化阶段,高等教育关注的重心将转向群体成就的平等。故此,高等教育招生录取方式必须做出相应的改变——从单一、统一的考试转向多元录取,可以通过考试选拔,也允许申请入学,即各种各样的招生方式并存。换言之,当上大学成为每个人的基本义务时,高等教育的大门应向全社会开放。

二、高等教育普及化阶段亟须改革高校招生录取方式

过去,我国高等教育长期处于精英化阶段,高校根据全国统一高考的分数择优录取,高等教育始终面临入学机会供不应求的矛盾——招生名额有限而有意愿上大学的高中毕业生数量持续攀升。进入高等教育大众化阶段,随着高等教育规模不断增长,高等教育入学机会的供需矛盾有所缓解,上大学不再限于少数优秀高中毕业生,高等教育系统可以为适龄青年提供更多的接受高等教育的机会。教育部最新统计数据显示,2020年我国高等教育毛入学

---

① TROW M. Problems in the Transition from Elite to Mass Higher Education[M]. // MICHAEL B. Twentieth-Century Higher Education. Baltimore: Johns Hopkins University Press, 2010: 86—142.

率达到54.4%,已进入高等教育普及化阶段。在普及化阶段,上大学不仅仅是选拔优秀生源的问题,而是学生如何选择符合个性需求的高校、专业与高校、专业如何选拔契合自身办学特色的生源的双重问题。

根据教育内外部关系规律,教育既要主动适应政治、经济、文化等社会各子系统的发展需求,又要兼顾教育对象的身心发展、个性特征和人的个性的全面发展各个部分的关系。[①] 高校招生录取制度作为教育制度的重要组成部分,其改革既需要遵循教育外部关系规律,也需要遵循教育内部关系规律。一方面,高校招生录取制度需满足经济社会发展的现实需求,为经济社会实现转型发展、创新发展选拔和培养有用人才;另一方面,培养人才是高校的基本职能,包括招生录取在内的各个环节都应以教育内部关系规律为理论基础,坚持"以生为本"的教育理念,引导学生在基础教育阶段形成合理的知识能力结构、在高等教育阶段选择适合个性发展的专业方向。

自1977年以来,全国统一高考制度为高校选拔人才、维护社会稳定和推动社会主义现代化建设发挥了积极的作用。但当高等教育进入普及化阶段后,全国统一高考制度可能会放大"以分数论英雄"的弊端,忽视学生的兴趣爱好、能力素养和个性专长,有违"以生为本"的教育理念。

统一高考实现了分数面前人人平等的目标,从这个意义上讲,它是迄今为止最公平的考试制度。然而,这种公平只是以结果的公平掩盖了过程的不公平,更是忽视了教育的本质,即让每个学生都能享有适合自己个性发展的教育,充分激发学生的内在潜能,使其成为有益于社会发展需求且个性得到尊重的专门人才。2014年出台的《国务院关于深化考试招生制度改革的实施意见》启动了新一轮高校招生考试改革。但客观而言,无论是"上海方案""浙江方案",还是其他省市的新高考改革方案,都只是对统一高考制度中的考试科目、考试内容、考试次数、计分方式、志愿填报方式等环节进行调整,其本质仍是维持统一高考制度,没有从根本上改革,难以真正适应高等教育

---

① 潘懋元:《高等教育论述精要》,福建教育出版社2015年版,第21页。

普及化发展的需要。

要改革高校招生录取制度并非易事,其中有理论问题、政策问题、方法问题,更重要的是如何转变人的观念问题。过去统一高考的考试观主要是通过考试考查学生对知识的记忆能力;现在高等教育普及化阶段的考试观应是充分尊重学生的个性需求,全面发展学生的兴趣爱好,培养能够适应社会主义现代化建设需要的各种有用人才。也就是说,人的个性是各种各样的,社会发展需要的人才也是多种多样的。统一高考制度为实现统一、公平的目标,在一定程度上制约了学生的个性发展,使得青少年没有自由探索的时间,缺少个性化发展的空间,也就难以培养个性化的创新人才。

三、以"套餐式"招生实现从选拔性考试向适应性选才转变

马克思强调人的全面发展,是指实现人的个性的全面发展。在高等教育普及化阶段,高校招生录取方式必须从选拔性考试向适应性选才转变。全国统一的大规模选拔性招生考试的突出问题主要表现为两个不适应:一是没有适应学生的个性特征;二是没有适应各高校各专业的办学特色。如果说在高等教育精英化阶段和大众化阶段,用高考分数满足民众对公平的基本要求有其合理性的话,那么,当高等教育进入新的发展阶段后,就要贯彻新的发展理念,遵循教育内外部关系规律,改革统一高考制度,使高校招生录取制度发挥它应有的作用。

在高等教育普及化阶段,高校招生要适应学生个性特征,满足学生对个性发展的要求。高考分数固然是学生考出来的,不可否认,就学生个体而言,它在一定程度上反映了学生在知识、能力和素质方面的某些表现,但数字是冰冷的,特别是在不同学生之间进行比较的时候,更显得单调而苍白。高考分数并不能代表学生全面发展的情况,更不能代表学生的人生选择和社会理想,但学生的高考分数却可以决定他的命运,影响他的人生轨迹。高考分数的作用被夸大了,高考是为学生服务的,不能成为制约学生个性发展的障碍。十七八岁的学生充满朝气,可塑性强,不能让学生们为了分数而"往死里

学"。普及化阶段高校招生录取制度要适应学生个性发展的需要，要引导中小学教育发展学生的个性，激励学生全面、主动、创造性地发展。

在高等教育普及化阶段，高校招生要适应各专业办学的需要，促进高校各专业有特色发展，办出水平，实现高质量发展。现行高考制度把高校办学差异简单化到高考分数段上，方便了管理，保证了所谓分数公平，却模糊了不同高校、不同专业教育教学的特点，也导致各高校只关注学生的分数，不能全面考查学生的素质能力。普及化阶段高等教育更具多样性，国家高等教育政策积极鼓励高校办出特色、办出水平，当各高校所招收学生的差别只是体现在分数高低上的时候，办出特色和办出水平的政策要求就丧失了最根本的基础。普及化阶段高校招生录取制度要适应高校高质量发展需要，为高校实施个性化教育、走特色发展之路奠定坚实的基础。

那么，如何才能更好地契合学生个性发展的需求呢？我们的初步设想是实行"套餐式"的招生录取方式：高校根据各个学科、专业设计并提供不同类型的套餐，学生根据自身的个性特征、能力基础选择适合自己的套餐。这也是高等教育普及化阶段发达国家的经验。例如，在法国，高中毕业会考是高校录取学生最重要的依据，毕业会考共设有12组考试科目和若干选考科目，学生通过了相应科目的考试即可在相应高校申请入学。在日本，全国第一次共通高考科目共设有5类19科，由学生自选若干科目应试。我们所设想的"套餐式"招生录取方式与之类似，但更加强调高校各专业与学生的双向适应。高校根据不同专业的特色和要求提供多样化的套餐供学生选择，套餐的设计应基于中学的教育教学内容，考试科目应是与中学对接的高校专业所需的基础知识与相关知识的科目。例如，经济学专业的套餐，主考科目为数学，相关科目可以是英语；土木工程专业的套餐，主考科目为物理，相关科目可以是数学和美术；等等。

"套餐式"招生录取方式可由高校自主命题或不同高校联合命题，也可由中介考试机构根据不同高校的教育目标和培养规格进行命题。同一门科目根据不同高校专业的特殊需求,可设计难度和重点不一的考题。例如,语文科可以有难度不一的语文Ⅰ、语文Ⅱ,数学科可以有数学Ⅰ、数学Ⅱ,等等。通过实行"套餐式"招生录取方式,高校各专业可根据自身的办学定位和发展特色,对所需人才的知识、能力和素养提出有针对性的要求。上大学选专业是青年的义务,可以不依据高考成绩,而是基于自己的能力基础、兴趣爱好和个性专长,以完成自身的义务,有利于实现主动学习,最终实现高校各专业与学生的双向自主选择。

在目前情况下,试行"套餐式"招生录取模式可能存在一定的风险,如学生在对自我职业发展不够明确的情况下容易出现偏科现象,高校在缺乏自主办学意识和能力的前提下容易走向趋同化发展。因此,推动"套餐式"高校招生改革需具备两个前提性条件:一是高校应在招生录取过程中享有充分的招生自主权,并有意识地提升招生能力,成为真正的招生主体;二是不断强化高中教育阶段职业生涯规划指导,增强学生对高校和自我的认知能力、选择能力。就高校而言,推动高校招生录取制度改革的关键在于切实推动政府下放高校办学自主权,尤其是招生自主权,鼓励各高校根据自身的办学定位和发展优势制定招生方案和具体录取方式。当然,高校自主发展必须以满足社会发展需求为前提,尤其是对公办高校而言,更应该承担社会责任。就高中生而言,既需要努力夯实知识基础,又需要通过职业生涯规划有效提升自我认知水平,增强对高校和专业的了解,努力在社会需求与个性发展之间寻求平衡。换言之,高校专业想要招收具备什么样素质的人才,应从社会发展需求和本校办学特色出发;哪个专业更符合学生的个性需求,应充分考虑学生的自主选择权、能力基础和兴趣爱好。

上述所谈只是一种设想,或者说是未来改革的方向。至于具体的理论探索、政策制定、方式选择,可能存在的问题、面临的挑战,尚需在改革实践中不断摸索、完善。高校招生录取制度对学生、基础教育和高等教育都有重要的影响。40多年前恢复高考制度时的教育基础已发生了重大变化,经济社会发展也取得了举世瞩目的成就,修修补补的高考改革不能满足新的需要,要以建设高质量教育体系为指南,在全面系统研究的基础上进行整体性再造。让高校各专业招收具备办学所要求的知识、能力、素质的学生,让学生选择与自己的兴趣、能力、理想相匹配的高校和专业,应成为今后我国高校招生录取制度改革的方向。

(原载于《高等教育研究》2021年第9期)

胡科编撰

吴文侃

【题解】

吴文侃（1926—2006），福建德化人，福建师范大学教育学院教授，曾兼任全国比较教育研究会常务理事、福建省教育学会副会长、福建省教委特约督导员等社会职务。研究专长为比较教育学和苏联教学论，曾参编、主编和翻译多部著作。代表性论文有《对我国比较教育教材建设的管见》（1985 年）、《建设具有中国特色的比较教育教材刍议》（1985 年，与杨汉清合作）、《比较教育学的对象和方法论基础》（1987 年）、《再论我国比较教育的学科建设》（1991 年）、《再论比较教育研究的基本原则》（1998 年）等。

吴文侃在《对我国比较教育教材建设的管见》一文中强调，比较教育教材的建设对发挥比较教育的功能至关重要。他分析了我国首部《比较教育》教材的特点和优点，同时指出了其不足，并建议修改时着重考虑内容结构，把我国列入对象国中，对个别章节及材料进行调整和修改。在 20 世纪 80 年代的教材体系争论中，尽管多数人倾向于综合体系，但在实际编写过程中，"由于概况介绍与问题分析，两者材料免不了重复，主编不得不决定把各同志的概况材料压缩为学制述要，这实际上成了问题排列体系"。这虽有助于深入分析各问题，但难以全面呈现各个国家教育的整体概况和深入分析各个问题的历史与社会背景。因此，吴文侃建议增加按国家排列体系的教材以作补充。此外，吴文侃还关注研究生教材建设，提出硕士研究生教材应当涵盖一系列专著和译著，并为博士研究生提供完整的研究资料。他强调，在邓小平"三个面向"思想的指导下，修改教材时应当纳入我国的教育内容，这是构建中国特色比较教育教材体系的重要方向。

在《建设具有中国特色的比较教育教材刍议》一文中，吴文侃和杨汉清强调建设具有中国特色的比较教育教材是社会主义现代化建设的要求。基于编写和讨论统编教材的经验和教学实践，他们提出了建设该类教材需要考虑的关键问题：首先是指导思想问题，即坚持邓小平"三个面向"的指导思想；其次是对象国选择问题，建议包括美国、苏联、日本、联邦德国、英国、法国和中国，以反映不同社会制度和文化传统；再次是学科体系问题，建议采用综合体系，涵盖绪论、教育的传统和变革、教育的共性和特色、教育的未来等方面；最后是提高理论水平问题，提出应当注意四个方面的问题，同时处理好观点与材料、定性与定量的关系，以增强教材的理论性和稳定性。

吴文侃在《比较教育学的对象和方法论基础》一文中，深入探讨了比较教育学的两个核心理论：对象和方法论基础。他认为，当前对比较教育学对象的阐述较为片面，应当从整体视角定义其结构和性质。比较教育学旨在全面借鉴外国教育经验，研究对象涉及研究领域、研究时间和研究空间，其独特之处在于以特定时空下的教育制度和问题为研究对象。比较教育学不仅关注教育现象和经验，还应当深入分析教育本质、形成条件及其与社会发展的相互关系。唯有如此，比较教育学才有其理论价值。在研究方法上，他强调以比较法为主要方法。尽管现代比较教育学的研究引进了政治学、经济学、社会学的概念和方法，但究其根本，比较教育学仍然属于教育科学的范畴。因此，吴文侃强调比较教育研究应当坚守辩证唯物主义和历史唯物主义原则，坚持综合性、整体性、动态性、可比性和客观性的研究原则。他认为，比较教育学是一门以比较为主要方法，探索当代世界各国教育规律，判明教育发展因素，并探索其发展趋势的教育科学。

在《再论我国比较教育的学科建设》一文中，吴文侃强调，国家重视教育是推动比较教育发展的关键。他指出，比较教育研究对教育改革至关重要，不仅有助于掌握国内外教育规律，促进国际理解与文化交流，还能提升学生分析解决问题的能力。在实践中，它增强了本科生的鉴别能力，活跃了其教育思维，为研究生提供了坚实的学术基础，改善了教师的教育教学工作。吴文侃建议，我国比较教育学科建设应具有方向性、计划性、针对性、系统性和科学性。在此基础上，他提出了建设我国比较教育学科的战略步骤：20世纪80年代奠定基础，20世纪90年代按计划推进，21世纪则聚焦微观层次的研究。他特别提到，分科比较教育学是广大教师欢迎的方向，它的完善将促进学科建设的基本完成。此外，他还提醒注意宣传比较教育学科建设的重大意义，争取政府、出版机构、学校当局的支持，发挥学会的组织作用，建立全国性的比较教育资料中心，参加一定的实验研究等。

吴文侃在《再论比较教育研究的基本原则》一文中强调，比较教育研究应当以马克思主义哲学辩证唯物主义和历史唯物主义作为方法论基础。他提出五大原则：一是求是性原则，即实事求是地反映各国教育实际，揭示教育规律；二是实践性原则，通过实践检验并发展教育理论；三是系统性原则，重视教育系统的整体性、结构性、层次性和开放性；四是过程性原则，用发展的眼光和历史的方法观察和分析问题；五是全面性原则，全面分析教育发展的普遍与特殊矛盾、内外因。这些原则相互关联，共同构成比较教育研究的指导体系，旨在揭示教育规律，建设具有中国特色的比较教育学。

对我国比较教育教材建设的管见

比较教育，作为一门科学，它研究各国教育的理论和实践，揭示各国教育的特点和共同规律，展望世界教育发展趋势。它可以洋为中用，促进本国的教育改革，这已为世人所通晓。比较教育，作为一门学科，它可以扩大学生眼界，增广其见识，提高其分析问题和解决问题的能力，这也已为几年来的教学实践所证明。这门科学和学科既然如此重要，要更好地发挥它的作用，研究人员和教学人员的素质是关键，而教材的建设，也是极其重要的问题。本文就此问题提出几点不成熟的意见，以求正于高明。

一

经过全国九所高等院校参加编写工作同志两年半的努力，最后由主编同志修改定稿，终于在1982年7月出版了新中国成立以来的第一部《比较教育》教材。与世界各国比较教育著作相比，本教材有它突出的特点和优点。首先，指导思想方面。本书明确提出以辩证唯物主义和历史唯物主义作为方法论基础，在相当大程度上体现出实事求是的精神。这一点既区别于西方的比较教育著作，也区别于苏联的比较教育学著作。西方的比较教育著作，大多受西方的价值观念所制约。有的虽提出不要为价值观念所约束，但实际上跳不出资产阶级意识形态的框框。苏联的比较教育学著作，也提出以辩证唯物主义作为方法论基础，在某些方面也能以阶级分析的观点批判西方的教育理论和实践，但总的倾向是唯我独尊，对自己对别人都缺乏实事求是的分析态度。我们则不然，对苏联的教育和西方的教育都分析其优点和不足之处（对西方教育我们也分析其阶级实质），我们的分析比较实事求是。其次，内容结构方面。比较教育的结构，大致可分为区域结构和问题结构两种类型，本书是属于问题结构一类。我们的问题分析与别国一些比较教育著作的问题分析也有所区别。别国一般是按问题罗列各国概况，很少作比较分析，我们则在比较上下一番功夫。第三，内容实质方面。我们对各个问题的研究，都有一定的深度，能揭示各级各类教育的一般规律。第四，本书作为大学本科生的教材，在内容分量上，还算适当。综上所述，本书优点是主要的。

一切新鲜事物，在它的发展过程中必然有不足之处，本书是新编课本，一时亦难免有欠周的地方。我们觉得本书在进一步修改时，似乎需要考虑下列四个问题。一是内容结构问题。本书有导论，有分论（学制述要和各级教育比较等），但尚缺少结论。这可能因审稿时间紧迫，结论来不及修改的缘故。再版时可否考虑补上。有了结论，可以总结第二次世界大战后教育的基本经验和存在问题，展望世界教育的发展趋势，这既能与本章导论对比较教育的分析遥相呼应，也能使学习者对世界教育的过去、现在和未来有一个总的概念。二是对象国问题。最好也把我国排进去，理由后面再谈。三是个别章节问题。第二章学制述要分别阐述六国学制的演变和现行学制。主编整理时是花了心血的，也归纳得有条不紊。但由于内容本身多数是资料性的，所以教学过程中讲述较难生动。可否改为学制比较，论述三个问题：1. 国民教育制度的发生和发展；2. 各国现行学制比较；3. 学制发展的一般趋势。这样修改，既与下面各章体例上保持一致，教学时也可能讲得比较活泼。四是个别材料问题。各国教育在变化发展中，有些材料在逐渐老化，如苏联现行学制，到1986年就要过时，在考虑进一步修改时，自然要注意这个问题。此外，有些材料，前后提法有不一致现象，有些材料印刷有误，都待予以纠正。

二

我国是一个具有悠久文化历史的大国，要繁荣我国文化，一定要有百家争鸣的局面。就比较教育教材而言，偌大一个国家，仅有一本比较教育教材，是不能满足需要的。记得1980年在编写教材之初，曾经在教材体系上展开一次争论。究竟是按国家排列的体系好，还是以问题排列的体系好，编辑同志是有不同意见的。后来比较一致的意见是搞本综合体系，既有各国概况介绍，又有问题比较分析。但在编写过程中，由于概况介绍与问题分析，两者材料免不了重复，主编不得不决定把各同志的概况材料压缩为学制述要，这实际上成了问题排列体系。这种体系有它的优点，就是对各个问题能作比较深入的分析，也有它不够的地方，就是较难使读者对一个国家的教育有一个完整的印象，并难于对各个问题的历史背景和社会背景作深入的分析。为了弥补这个不足,是否可考虑再出一本按国家排列体系的比较教育教材。这种体系有它的优点,就是使读者对每个国家的教育有一个完整的印象,并对各国教育的历史背景和社会背景能作较深入的分析。但也有其缺点,就是对每一个问题难以作深入的比较。再写一本按国家排列体系的教材,可以与现行的教材相互补充。各地同志教学时,可根据本校的特点和本人的教学经验,灵活决定以哪本为主,哪本为辅。

三

以上所说的两种教材,指的都是大学本科生教材。这是比较教育初学者的教材,是比较教育教材建设的第一个层次。比较教育教材建设的高一个层次,是为比较教育硕士研究生建设一套教材和教学参考资料。建设这样一套教材和教学参考资料是十分必要的。

现在,国内对比较教育硕士研究生的培养,国家没有制定出统一的教学计划和教学大纲,各地自行其是。比较普遍的倾向,可能会过早专门化,即过早地去研究一个国家或一个专门问题,缺乏比较教育知识的宽厚基础。目前,比较教育硕士研究生,在大学期间,仅仅学了一门几十学时的比较教育课程,比较教育的知识基础是很薄弱的,过早专门化,对他们将来的发展也是不利的。之所以产生这种偏向,除了指导思想外,缺乏一套教材,也很有关系。随着比较教育硕士研究生数的增长,教材问题将逐渐成为一个突出的问题。

我们认为,研究生的比较教育教材建设,不是撰写一本《比较教育》教材问题,而是出版一系列的专著和译著问题。一系列专著可包括各国教育的专著(如滕大春教授的《今日美国教育》等)和各种问题比较的专著(如《比较高等教育》等)。主要的对象国、主要的问题都应当有专著。这就需要国家组织人力分批分期重点建设,"六五"规划已经搞了一些专题,希望"七五"规划能搞齐搞全。译著问题也应注意。也许有人觉得,研究生应当直接阅读原文，何用译本？是的，研究生在研究外国比较教育论著时应当直接阅读原文。但考虑到当前研究生一般只掌握一种外文，而许多国家都有重要的比较教育论著，所以必须把重要的论著译出，以便没有掌握英文的人能够读到英文的论著，不懂俄文的人能够读到俄文论著……现在，我国已出版了美国卡扎米亚斯等的《教育的传统与变革》、苏联索科洛娃等的《比较教育学》、日本冲原丰的《比较教育学》等。埃德蒙·金的《别国的学校和我们的学校：今日比较教育》大概不久亦可问世。此外，施奈德的《各国教育的动力》、汉斯的《比较教育：教育的因素和传统的研究》、康德尔的《教育的新时代》、贝雷迪的《教育中的比较法》、诺亚和埃克斯坦的《比较教育科学的探索》等书都有一定的代表性，都宜组织出版（有的译稿已备）。这些是老的论著。新的有价值的论著也会不断涌现，也应有计划、有选择地组织专人翻译出版。

有了一系列的专著和译著，将有利于硕士研究生的学习，有利于把他们培养成为既有宽厚的基本知识，又能在此基础上从事创造性研究的合格人才。

比较教育教材建设的最高一个层次，是为博士研究生准备一套完整的研究资料。鉴于国家财力有限，不可能花太多外汇订购好多套有关各国教育的外文书籍和刊物。但像我们这样一个伟大的国家，搜集一套或数套完整的资料是绝对必要的。建议由中央教育科学研究所建立一个比较教育资料中心，广泛搜集资料，分门别类加以整理，定期向各有关单位印发书刊目录，并承办复印业务，为地方使用单位提供必要的专题资料。

四

去年，邓小平同志提出了"教育应面向现代化，面向世界，面向未来"的号召，这对比较教育的研究和教材建设也有重大意义。比较教育的研究要洋为中用，本来就是要为两个文明建设服务的，它研究各国教育，展望教育的发展趋势，本来就是面向世界、面向未来的。三中全会以前，我国比较教育的研究受到严重干扰，三中全会以后，这方面的研究有了很大发展，但尚属起步阶段，研究还不很深入，不能满足国家现代化的需要。邓小平同志的指示，使我们思考了许多问题，特别是教材建设的问题。面向世界，不仅应当吸取别国的经验，而且应当向外国宣传我们的经验。国外的比较教育著作，几乎都有论述作者所属国家的教育。例如美国康德尔的比较教育著作有论述美国教育，英国埃德蒙·金的比较教育著作有论述英国的教育，日本冲原丰等的比较教育学著作有论述日本的教育，苏联索科洛娃等的比较教育学著作有论述苏联的教育，印度的比较教育著作也有论述印度的教育。而我们的比较教育著作没有论述我国的教育。这一点，我们以前不是没有考虑过。以前所以没有把本国排进去，是觉得自己比较后进，比不上人家，不好公开比，只好心中比。现在仔细想来，我们并不见得事事不如人家，我们有缺点，但也有很多优点，完全可以实事求是地同人家比。我们的经验也值得别国借鉴，尤其值得发展中国家借鉴。何况科学无国界，我们会翻译别国的比较教育论著，别国也会翻译我国的比较教育论著。他们读了这本著作，也许会感到奇怪，为什么没有把本国教育排进去。鉴于这种情况，建议在修改教材时，把本国也排进去。不仅在分论（各级教育比较部分）中要把本国排进去，就是绪论和结论中也要排进去。绪论中要论述我国比较教育的历史发展，总结中要展望我国教育的发展趋势。至于本文第二点所建议的按国家排列的教材如能实现，也必须把本国教育排进去，还要增加几个有代表性的第三世界国家的教育。并按照我们对世界政治力量的划分方式，按第一、二、三世界国家的顺序排列，在结论部分也按这种模式论述。这样做，能够体现出我国比较教育著作的特点。建立具有中国特色的比较教育教材体系是否朝这个方向努力，值得大家研究讨论。

五

比较教育的教材建设，要有人来做。教材建设要由科学家和教育家配合进行，才能恰到好处，这已为国际教材改革正反两方面的经验所证明。比较教育教材建设要有成效，大概也要走这条路。去年长春会议时，在全国比较教育研究会下成立了比较教育学科研究组，这对于比较教育的教材建设和教学经验交流，将起促进作用。希望教育部和全国比较教育研究会领导能够重视这个组织，财力上给予支持，学术活动上予以安排。建议每两年开展一次学科小组活动，与全国年会交叉进行。

（原载于《外国教育参考资料》1985 年第 1 期）

建设具有中国特色的比较教育教材刍议

建设具有中国特色的比较教育教材，是我国社会主义现代化建设的要求。要实现这个要求，还有许多问题需要探索。根据我们从 1980 年以来参加编写和讨论比较教育统编教材所吸收的经验和教学实践的体会，我们认为下列几个问题是需要认真研究的。

一、指导思想问题

正确的指导思想，是学科得以健康发展和具有高度科学性、思想性的根本保证。1983 年 9 月，邓小平同志给景山学校题词："教育要面向现代化，面向世界，面向未来。"这个题词是马克思主义的普遍真理在新的历史时期在教育领域具体运用的范例。它不仅是整个教育工作的战略方针，也是我们比较教育学科建设的指导思想。

比较教育教材建设以"三个面向"作为指导思想，应该注意些什么呢？

面向现代化，就要认真研究我国社会主义现代化建设中，教育这个战略重点亟待解决的问题。即教育如何促进现代化建设，教育本身如何现代化。从我国实际出发，借鉴外国的基本经验，总结我国的丰富经验，探讨教育规律，促进教育改革，更好地为两个文明的建设服务。

面向世界，就要把我国教育摆在世界教育的背景中加以研究。特色是在比较中显现的，没有比较就显不出特色。因此，我们既要重视研究各国教育的特点，又要认真研究本国教育的特点；既要在比较中借鉴外国教育的长处，又要在比较中实事求是地宣传我国教育的成功经验。这不仅是促进国际文化交流的需要，而且也是中国应该对人类做出较大的贡献。我们应该有这个抱负。

面向未来，就要注意研究世界教育发展的大趋势，以及各国教育和我国教育的发展趋势。重视新技术革命及其对当前和未来教育的深刻影响，建立适应未来需要的教育体系。面向共产主义伟大目标，培养为共产主义事业而奋斗的新人。

二、对象国选择问题

这是比较教育学科特有的问题。如何才能做出正确的选择呢？先让我们看看世界有代表性的几本比较教育著作是如何选择对象国的。

美国康德尔著的《比较教育》（1933 年），研究的对象国是英国、法国、德国、意大利、苏联和美国。他的《教育的新时代》（1955 年）研究的对象是英国、法国、苏联和美国。

英国埃德蒙·金著的《别国的学校和我们的学校：今日比较教育》（1979 年），研究的对象国是丹麦、法国、英国、美国、苏联、印度和日本。

美国卡扎米亚斯和马西亚拉斯著的《教育的传统与变革》（1965 年），研究的对象国是英国、西德、美国、法国、日本、苏联、希腊、坦噶尼喀①和土耳其。

苏联索科洛娃等著的《比较教育学》，研究的对象国是社会主义国家、资本主义国家和发展中国家。

乍一看来，这些作者在对象国的选择上很不相同。详细研究一下，实有共同之处。共同之处在于：1. 各个作者都把本国的教育摆进去；2. 重在发

---

① 坦噶尼喀，是坦桑尼亚的大陆部分。原为德国和英国的殖民地，1961 年宣布独立，1964 年和桑给巴尔组成坦桑尼亚联合共和国。——编者注

达国家兼及其他国家。

其实,对象国的选择决定于编书的目的。例如,康德尔等资产阶级比较教育学家编书的目的主要有二:一是借鉴外国教育经验,改进本国的教育实践;二是宣扬本国的教育成就,培养读者对本国社会制度的忠诚。康德尔本人对此是直言不讳的。苏联索科洛娃等人著的《比较教育学》,主要是以意识形态领域的斗争为目的,宣传苏联教育制度的优越性,批判资本主义国家教育制度的反动性,以培养本国读者对苏维埃制度的忠诚,并争取发展中国家对他们的信赖。

我国的比较教育教材应当以什么为目的呢?显然,我们不能像苏联那样,只顾宣传,不重借鉴。我们赞成借鉴和宣传并重的做法,因为对我们来说,借鉴和宣传都是很重要的。时代不同了,"过去那种地方的和民族的闭关自守和自给自足状态已经消逝,现在代之而起的是各个民族各方面互相往来和各方面互相依赖了。物质的生产如此,精神的生产也是如此。各个民族的精神活动的成果已经成为共同享受的东西"①。"我们的现代化建设,必须从中国的实际出发。无论是革命还是建设,都要注意学习和借鉴外国经验。"② 需要借鉴,这是一个方面。另一方面,我们也应重视宣传。这是由于我国是一个大国,我们有悠久的文化传统,在教育上也有许多宝贵的经验。外国,特别是第三世界国家,对我国的教育工作是很感兴趣的,他们也想向我们学习。宣传我国的教育经验,既有利于外国了解中国,同时也有利于对学生进行爱国主义教育。

我们认为,我国的比较教育教材,从现阶段看,以美国、苏联、日本、联邦德国、英国、法国、中国作为对象国比较合适。因为这七个国家包括三个世界,代表不同的社会制度和不同的文化传统,在办理教育上各有特色。以这七个国家作为对象国,可以达到上述目的。

---

① 《马克思恩格斯全集》中译本,第七卷,第470页。
② 《邓小平文选》,第371页。

我国现行比较教育教材，没有把中国摆进去，不是考虑不够，而是受到当时客观条件的限制。此书编写于1980年夏至1982年夏，当时我国教育战线正处于拨乱反正、调整改革的过程，学制、结构、课程等重要问题还不够明确，一些基本数据尚未公开。考虑到作为我国自编的第一部比较教育教材，会有一定的国际影响，为慎重起见，只好暂时阙如。但是编著者在选材和论述上，都注意了针对我国借鉴的需要。当时提出了"心中比"这个说法，形象地概括了这种心情。今天，客观条件已经成熟了，上述重要问题比以前明确，基本数据已经公开，特别是《中共中央关于教育体制改革的决定》，为今后的编写工作提供了重要的理论基础和政策依据。

三、学科体系问题

还是先考察一下外国有代表性的比较教育著作的情况。

自从1918年美国桑迪福特主编的第一本综合性的《比较教育》问世以来，世界各国出版的这类著作名目繁多，至今不下数十部。这些著作，就内容体系而言，大体上可分为两类：

第一类，按问题排列，逐题论述各国教育情况。

第二类，按国家排列，逐国论述各种教育问题。

下面举几本有代表性的著作作为例子。

属于第一类的有：康德尔的《比较教育》（1933年），该书共十章：一、教育与民族主义；二、教育与民族性；三、国家与教育；四、国民教育制度的组织；五、教育行政；六、初等教育；七、小学师资的培养；八、中学教育；九、中学师资；十、提要和结论。其中，第四章到第九章都是按问题分别介绍英国、法国、德国、意大利、苏联、美国的情况，以资比较。

卡扎米亚斯和马西亚拉斯合著的《教育的传统与变革》（1965年）也属于这一类。该书共五编十章。第一编，比较教育的性质和范围，论述学科的性质和方法；第二编，招生、选拔和教育机会均等，分三章论述古代、中世纪和现代社会的教育情况，其中现代社会分别介绍英国、美国、法国、苏联、土耳其的型式；第三编，教育制度的结构，分三章介绍发达的西方社会（英国、德国、美国），发达的非西方社会（日本、苏联），发展中的社会（希腊、坦噶尼喀、土耳其）的情况；第四编，教育与政治教养问题，分两章论述公民教育与政治社会化、教育的民主化问题；第五编，传统与变革，对上述各编作出结论和概括。

新中国成立前庄泽宣所著的《各国教育比较论》（1929年）也属于这一类。

属于第二类的有：埃德蒙·金的比较教育著作《别国的学校和我们的学校：今日比较教育》（1979年第5版），该书共四编十二章：第一编，比较研究——变化的背景，论述教育背景的变化；第二编，比较研究——新的任务、新的分析。论述比较研究的新方法和对教育制度进行比较分析应注意的问题；第三编，分国研究，分别介绍丹麦、法国、英国、美国、苏联、印度、日本七个国家的教育状况，这一编占全书篇幅的四分之三，是全书的主体；第四编，比较研究——问题分析和政策抉择，论述今日的比较研究对明日的研究和决策的重大意义。

日本冲原丰的《世界教育》（1977年版），第一章论述比较教育的特点、发展和方法，后面分章介绍各国的教育情况。

新中国成立前常导之所著的《比较教育》（1930年）和钟鲁斋所著的《比较教育》（1935年）也属这种类型。

比较教育教材的这两种体系各有千秋。按问题论述的体系，优点是对各个问题能作较深入的比较分析，缺点是难使读者对一个国家的教育有一个完整的印象，并且也难于对各个问题的历史背景和社会背景作深入的分析。因为如果每个问题都是这样分析，必然多所重复。按国家论述的体系恰恰相反，优点是对每个国家的教育能有一个完整的印象，并且对各国教育的历史背景和社会背景能作较深入的分析，缺点是对每一个问题难以作深入的比较。

从高师学生的培养目标和教育工作者的学习需要来看，究竟哪一种体系比较合适呢？应该说，两种体系都不够理想。因为现在和未来的教育工作者，都需要对外国的教育状况有一个概貌的认识，同时对各个主要问题有较深入的了解，能够掌握其基本规律。上述体系中的任何一种都难以满足这种要求。

那么，能否在两种教材体系之外，创立一种新的体系，兼收两种体系的优点呢？1980年夏，为了编写比较教育教材，我国十几位比较教育教学工作者曾会聚一堂，设想出一个既有绪论（论述比较教育的意义、发展和方法），又有各国教育概况介绍，又有各级各类教育问题比较，又有总结与展望的完整的综合的教材体系。这种体系如果能够搞成，那就可以使读者既对各国教育状况有一个完整的印象，又对各种教育问题有比较深入的了解。

根据这种设想，当时做了分工，由十几位同志分别撰写上述四编的内容。由于同志们天南海北，联系困难，结果第三编比较部分与第二编概况部分，内容有较多重复，于是主编不得不把第二编各国教育概况（共六章）压缩成"学制述要"一章。结论部分又由于来不及修改而暂缺。这样一来，全书从整体看，又成为问题排列体系，最初设想的综合体系没有成功。为什么没有达到预期的目的呢？根据我们近年来运用这部教材进行教学实践的体会，这个框架本身就存在着一个不易处理的矛盾："各国教育概况"是分国按教育行政、学前教育、初等教育、中等教育、高等教育、师范教育的体系论述的，而"各级各类教育的比较"也是按同样的顺序比较的。这种体系带来了两个问题：第一，难以避免材料的重复；第二，一些宏观的问题，难容于这个框架。

现在看来，如果比较部分不像现行教材那样，以各级各类教育作为专题，而以我国教育战线上亟待解决的一些重大问题，如普及教育问题、教育结构问题、教学改革问题、师资培养问题、管理体制问题等作为专题，比较的方式不是一一罗列各对象国的情况，而是选择典型的、有代表性的事实来总结带有规律性的东西，那么，比较部分与概况部分的重复是可以避免的。

根据以上对各国有代表性著作的比较分析和对我国编写教材的历史回顾，

根据教育要"三个面向"的指示精神和我国高师学生的知识现状，我们认为新编教材以综合体系为宜。内容可包括四个方面，分四编论述。

第一编，绪论。论述比较教育的对象和方法，比较教育研究的历史发展（包括外国和我国比较教育研究的发展）。

第二编，教育的传统和变革。分别论述上述七个对象国的教育概况。

第三编，教育的共性和特色。阐明决定教育发展的基本因素，并就普及教育、教育结构、教学改革、师资培养、教育管理等问题进行比较分析。

第四编，教育的未来。分析世界教育的发展趋势。

四、提高理论水平的问题

一门学科的价值大小，决定于理论水平的高低。比较教育要成为一门有价值的学科，必须提高自己的理论水平。

要提高理论水平，概括地说，必须以马克思列宁主义的立场、观点、方法来分析各国教育现象和各种教育问题，充分体现出实事求是的科学精神。我们既不可像西方的某些比较教育家那样，狂热称颂资产阶级的教育制度，肆意丑化无产阶级的教育制度；也不要像苏联某些比较教育家那样，一味宣扬自己的教育经验，全盘抹煞资本主义国家的教育经验。我们的态度应是既不崇洋媚外，也不拒洋排外；既不夜郎自大，也不妄自菲薄。我们对苏联的教育经验，资本主义国家的教育经验，本国的教育经验，都应作实事求是的分析、评价，只有这样，我们的理论才能成为科学的理论。具体地说，要注意下列四个方面的问题。

1. 第一编论述比较教育的意义和发展时，应该按照我们的观点，提出比较教育的定义，并阐明比较教育的重大作用；在介绍外国比较教育研究的历史发展时，应对其研究作出总的评价，指出他们的贡献以及阶级的和历史的局限性；论述比较教育的研究方法时，必须强调以辩证唯物主义和历史唯物主义作为方法论基础，以联系的观点、本质的观点、发展的观点和实践的观点来分析问题。

2. 第二编论述教育的传统和变革时，应该从第二次世界大战以前各国教育发展中带有里程碑性质的重大教育事件，概括出各国教育的传统特点。然后联系战后的时代背景，阐明变革的主要情况，介绍现行的制度，包括教育行政、学制、各级各类学校的教育目的、教学内容、教学方法、教学的组织形式等。还要就当前形势对教育的要求和各国教育所存在的问题，进一步分析各国教育的发展趋势。传统、变革、现状、趋势相结合，以现状为主，就能阐明各国教育的来龙去脉，并反映出各国教育的特点。

3. 第三编论述教育的共性和特色时，应以马克思列宁主义关于生产力与生产关系，经济基础与上层建筑，阶级与国家的基本原理，研究教育与政治、经济、社会、文化和民族的关系，阐明决定教育发展的基本因素。并根据外国和我国先进地区的教育经验，概括出本编几个主要教育问题的基本经验和普遍规律。如在研究教育结构时，要总结出普通教育与职业教育结合与分化的基本规律，在研究教学改革问题时要总结各国教学改革的基本经验，等等。

4. 第四编论述教育的未来时，应在综合研究各国概况和各种问题的基础上，根据科技迅猛发展对人才的数量、质量、规格等方面的要求，根据国际政治、经济斗争的基本形势，根据人们日益提高的文化需要，对教育发展的总趋势进行科学的分析。无产阶级是真正属于未来的正在上升的阶级，无产阶级是我们这个"时代的中心，决定着时代的主要内容，时代发展的主要方向，时代的历史背景的主要特点等等"[①]。在分析发展趋势时，应注意体现这种观点。

要加强教材的理论性，还需要处理好两个关系。1. 观点与材料的关系。观点与材料都很重要，必须互相结合。观点必须由材料来说明，否则就显得空洞；材料必须引出观点，否则就显得琐碎。材料多寡以能说明观点为准，不要过分堆砌。两者相较而言，以观点为主。2. 定性与定量的关系。定性分析与定量分析都不可缺，必须结合为用。教育上有些事项是可以作定量分析

[①] 《列宁全集》中译本，第21卷，第123页。

的，如修业年限、入学人数、学习成绩、经费开支等。但有些事项却难以进行定量分析，如思想教育的成果、能力发展的成效等。凡是可以作定量分析的东西，就应作定量分析，以求更加准确地说明问题，目前尚难以作定量分析的，以定性分析为宜。实际上，两者都是为了说明事物的性质。相较而言，目前应以定性分析为主。

以马列主义的立场、观点、方法作为依据，注意四个方面的问题，处理好两个关系，就可以加强教材的理论性。加强了教材的理论性，也就保证了教材的相对稳定性。

（原载于《教育研究》1985年第9期）

比较教育学的对象和方法论基础

比较教育学的对象和方法论基础，是比较教育学中两个首要的理论问题。这两个问题能否得到正确解决，关系到这门学科建设的方向和质量。本文谨发表一些个人见解，以求正于高明。

关于比较教育学的对象

何谓比较教育学，它的研究对象是什么？关于这个问题，直到现在，各国比较教育学家的看法还不一致。

被称为比较教育之父的朱利安（Marc-Antoine Jullien）是最早提出比较教育概念的人，但他并没有给比较教育学下个明确的科学定义。他只指出比较教育研究的大致范围："一部对此项研究能提供更直接和更重要的应用效果的著作，其内容应成为欧洲各国现有主要教育机构和制度的比较表，首先研究各该国兴办教育和公共教育所采取的各种不同的教育方式，学校教育全学程所包括的各种课程需要达到的教育目标，以及每一目标所包括的公费小学、古典中学、高等技术学校和特殊学校的各衔接年级;然后研究教师给青少年学生进行讲授所采用的各种教学方法,他们对这些方法所逐步提出的各项改进意见以及或多或少地所取得的成就。"①

美国杰出的比较教育家康德尔认为:"比较教育的研究继续教育史的研究,把教育史延伸到现在,阐明教育和多种文化型式之间必然存在的密切联系。"②"比较法要求首先判明决定教育制度的无形的、难以捉摸的精神力量和文化力量,判明比校内的力量和因素更为重要的校外力量和因素。"③"比较教育的目的在于发现导致教育制度相差别的那些力量和因素的差异性。"④

英国著名的比较教育家汉斯指出:"用历史的观点分析研究这些因素,比较各种问题的解决办法,是比较教育的主要目的。"

日本著名的比较教育家冲原丰认为:"比较教育学是以教育的整个领域为对象,对两国以上的现行教育进行比较,并把外国教育学包括在内的科学。"⑤

苏联的比较教育研究者索科洛娃认为:"比较教育学研究当前世界中教学和教育的理论和实践的共同的和个别的特点及发展趋势,揭示它们的经济、社会政治和哲学基础,以及民族的特点。在综合年青一代的教学和教育的大量实践经验的基础上,比较教育学阐明社会主义、资本主义和发展中国家国民教育发展的规律和趋势,因而促使进一步研究教学和教育的理论。"⑥

上述关于比较教育学的解释或定义,都从某个角度或某个方面阐明比较教育的概念。但都不够全面,或者不甚精确。

本来,给某一门科学(学科)下定义,只要指出其专门的研究对象就行

---

① 朱利安:《比较教育的研究计划与初步意见》,引自《世界教育文摘》1984年第1期,第20页。
② 康德尔:《教育的新时代》,1955年。
③ 康德尔:《比较教育研究》。
④ 康德尔:《比较教育》,1936年。
⑤ 冲原丰:《比较教育学》,吉林人民出版社1984年版,第4页。
⑥ 索科洛娃等:《比较教育学》,人民教育出版社1981年版,第15页。

了。因为"科学研究的区分，就是根据科学对象所具有的特殊矛盾性"①。数学、物理、化学、历史学、教育学等等科学的定义就仅仅指出其研究对象。现在，由于科学的发展，每一门科学又分化为许多分支学科，它们所研究的乃是同一的对象，所以，给一门学科下定义，如果仅仅指出其研究对象，似乎难以全面、完整地体现这门学科的特点，比较教育学就是如此。

因此，我们认为，要给比较教育学下个完整的科学定义，必须以整体的观点阐明这门学科研究的整体结构和它的基本性质。

一、研究的整体结构

我们认为，比较教育研究的整体结构包括研究目的、研究对象（从另一角度说，就是研究内容）和研究方法三个要素。下面我们就从这三个方面分析比较教育学的特点，即这门学科的特殊矛盾性。

1. 比较教育学的研究目的。从 19 世纪学科萌芽期起，就提出比较教育研究的目的在于借鉴他国的教育经验，改进本国的教育实践。这个目的一直延续至今。近年来，由于国际接触频繁，各国比较教育学的研究，也注意向外国宣传本国的教育成就和经验，以加强国际间的文化交流。尽管如此，借鉴外国教育经验，仍是现阶段比较教育研究的主要目的。

2. 比较教育学的研究对象。比较教育学的研究对象，可先从它的研究领域以及这个领域的时空范围来分析。

从研究领域说，比较教育学的研究涉及教育的整个领域，教育学所研究的问题，诸如教育制度、教育行政、各级各类的学校教育目的、课程设置、教学方法、考试制度、政治思想教育等问题，都可以作为比较教育学的研究对象。比较教育的研究重点是各国的教育制度和重大的教育问题（包括理论问题和实践问题），例如普及义务教育问题，教育结构问题，教学改革问题，职业技术教育问题，师资培训问题，成人教育问题，教育管理体制问题，等

---

① 毛泽东：《矛盾论》，载《毛泽东选集》第二卷，人民出版社 1952 年版，第 775 页。

等。因为研究教育制度和教育问题对改进本国的教育具有重大的意义。当然，各国的情况不同，研究问题的侧重点也有所区别。

从研究时间说，比较教育的研究以当代教育为中心。这一点，世界比较教育学家的看法是比较一致的。比较教育研究之所以必须以当代教育为中心，是借鉴的目的所决定的。当然，比较教育在研究当代教育时，为了阐明来龙去脉，也要追溯历史根源。但追溯的目的是为了更好地说明现在。它与教育史的区别在于：教育史是从时间，从纵的关系上考察研究教育现象的变化发展，而比较教育学则是从空间上，从横的关系上考察研究当代的教育制度和教育问题。

从研究空间说，比较教育学以世界各国的教育作为自己的研究对象。它的研究范围是很广泛的。从过去的情况看，各国比较教育的研究主要是以国家作为单位而进行的。例如美国康德尔的《比较教育》以英、法、德、意、苏、美为对象国，英国汉斯的《比较教育：教育的因素和传统研究》以美、英、法、苏为对象国，美国卡扎米亚斯和马西亚拉斯的《教育的传统与变革》以美、英、法、苏、日、西德、希腊、坦噶尼喀、土耳其为对象国，英国埃德蒙·金的《别国的学校和我们的学校》以丹麦、法、英、美、苏、印、日为对象国，新中国成立前钟鲁斋的《比较教育》以美、英、苏、意、法、德、日为对象国，如此等等。当然，为了某种目的，也可以就不同社会制度（例如社会主义国家、资本主义国家、发展中国家等）、不同地域（例如亚洲地区、非洲地区、欧洲地区、北美地区等）、不同文化区域（例如英语地区、法语地区、西班牙语地区等）的教育进行比较研究，还可以就一个国家内部的不同地区（省、县、区）、不同民族的教育进行比较研究。这样的研究也是有理论价值和实践价值的。但是，现代教育的发展主要体现在以国家为中心的国民教育制度的发展上，从这个角度看，以国家为单位进行比较研究，从理论上和实践上来说，都是比较合适的。

比较教育学以世界各国的教育作为研究对象，并不是说一部比较教育学务必研究世界一百多个国家的教育，因为这是困难的，也是不必要的。作者可以根据借鉴的目的，选择有代表性的国家作为对象国。至于一篇比较教育论文，可以就问题涉及的范围，选择两个或少数几个国家（或地区）进行比较，只要能充分说明问题就行。

以特定时空范围的教育制度和教育问题作为研究对象，显现出比较教育学区别于教育科学其他分支学科（如教育学、教育史等）的特点。这也就是比较教育学能从教育学中分化出来成为一门独立学科的客观根据。

比较教育学研究上述特定时空范围的教育制度和教育问题，仅仅说明其研究对象的广度问题。比较教育学的研究还有一个深度问题，这是更为重要的问题。研究的深度，指的是不仅研究各国教育的客观现象和解决各种教育问题的经验，还要更进一步，分析各国教育的本质，研究各国教育的形成条件，判明各国政治、经济、文化、社会对教育的制约关系和教育对各国政治、经济、文化、社会发展的能动作用，揭示各国教育的特点和共同规律，展望教育的发展趋势。只有这样，比较教育学才有它的理论价值。因为只有这样，它才能为借鉴提供客观的依据，而不至于不顾具体国情照搬照抄。

3. 比较教育学的研究方法。由于比较教育学的研究对象是当代世界不同国家或不同地区的教育制度和教育问题，所以它的研究以比较法作为主要方法。这也是它区别于教育科学的其他分支学科的特点之一。比较教育学在研究时，既注意外国教育之间的比较分析，也注意外国教育与本国教育之间的比较分析。如以一国之内不同地区作为研究对象，则着重该国之内不同地区之间的比较分析。

从上面对比较教育学的研究目的、研究对象、研究方法的分析中，我们可以看到比较教育研究整体结构的这三个要素是互相联系、互相促进的。研究目的决定了研究对象，研究目的和对象又共同决定研究的主要方法。反过来，正确的研究方法又促进对研究对象作深入的研究，从而达到研究的目的。这三个要素可以说是三位一体，密不可分。三者结合体现了比较教育学研究的特殊矛盾性，构成比较教育学有别于教育科学其他分支学科的专门特点。

二、学科的基本性质

比较教育学从教育学中分化出来，成为教育科学的一个独立的分支，它属于教育科学的范畴，这是 20 世纪 50 年代以前公认的论断。但是到了 20 世纪 60 年代，有些比较教育学家在研究各国教育过程中，广泛使用了政治学、经济学、社会学、人类学等社会科学的概念和方法，来分析教育与政治、经济、社会的相互关系。于是他们认为比较教育学的学科性质已从教育科学变为中间科学。我们不同意这种论断。我们认为，用社会学、经济学的概念和方法，着重研究教育与社会、教育与经济的关系问题，已经分化出教育社会学、教育经济学这样一些中间学科。现代比较教育学的研究，虽然也引进政治学、经济学、社会学的概念和方法进行研究，但研究的对象是教育制度和教育问题，研究的任务是总结教育经验，揭示教育规律，探索教育发展趋势，研究的目的是改进本国或本地区的教育制度和教育实践。应该说，它仍然属于教育科学的范畴。

综上所述，可以得出这样的结论：比较教育学是以比较为主要方法，研究与揭示当代世界各国教育的一般的与特殊的规律，判明教育发展的主要因素，探索教育的发展趋势的一门教育科学。

这个定义反映了比较教育学学科研究的整体结构和它的基本性质。

从这个定义中可以看出，比较教育学既是一门应用科学，又是一门理论科学。它之所以是一门应用科学，在于它提供不同国家或不同地区办理教育的丰富经验，可以作为改进本国或本地区教育实践的范例。它之所以是一门理论科学，在于它揭示了不同国家或地区教育的形成条件和制约因素，探索了教育发展趋势和一般规律，因而使借鉴有理论可遵循，不至于成为盲目实践。既是应用科学，又是理论科学，也是比较教育学这门学科的一大特色。

关于比较教育学的方法论基础

辩证唯物主义和历史唯物主义是关于自然、社会和人的思想发展最普遍规律的科学。它为我们的一切实际工作指出了解决问题的正确方向，为一切科学研究提供了正确的方法论。比较教育要成为一门科学，首先必须以辩证唯物主义和历史唯物主义作为方法论基础。

其次，由于科学的进步，科学研究的方法也发生了革命性的转变。经过20世纪20—30年代的酝酿，20世纪40年代末由贝塔朗菲创立的系统论、维纳创立的控制论、申农创立的信息论几乎同时问世。三论的内容虽有各自的特点，但其中有些概念相互交叉，有些原理相互为用。三论的产生促进了科学的发展，科学的发展又为20世纪60—70年代以来三论的深化提供了条件。当代的许多科学家倾向于把三论统称为现代系统理论（或广义系统论）。现代系统理论科学方法的基本特征或基本原则，各家说法不一。但现代系统理论具有浓厚的方法论特征，则是各家所公认的。

那么，现代系统理论的发展，是否可以取代马克思主义哲学作为一切科学的方法论呢？答案显然是否定的。按照钱学森同志的意见，"马克思主义哲学是人类认识的最高的概括"，"系统论是系统科学到马克思主义哲学的桥梁"。[①] 苏联学者也认为"不能企求它具有哲学的世界观的等同性"，"辩证法是这种（系统结构的）方法论的基础，是它的哲学根据"。[②]

根据马克思主义哲学的基本原理和现代系统理论的科学方法，我们认为，比较教育学的研究应注意下列基本原则：

一、综合性原则

由于科学的进步，第一次科技革命那种以分析为主要特征的思维方法，现在已经让位于以综合为主要特征的思维方法。因为科学的发展要求人们揭

---

① 钱学森：《系统思想、系统科学和系统论》。
② 伊·符·勃劳别尔格等：《现代科学与系统方法》。

示不同物质运动形式内在的共同属性与共同规律，要求考察各种事物相互联系、相互制约的方式。比较教育学研究对象是教育领域，但教育作为一个系统，是社会现象的一个子系统，它与社会现象的其他子系统，如政治、经济、文化、社会等有着相互联系、相互制约的关系。因此，研究教育必须研究它同政治、经济、文化、社会等的相互关系。只有这样，才能揭示不同社会不同教育的阶级实质，也才能从客观上揭示教育的根本规律。

二、整体性原则

整体观点是马克思列宁主义的基本观点，列宁曾经说过："要真正地认识事物，就必须把握研究它的一切方面、一切联系和'中介'，我们决不会完全地做到这一点，但是全面性的要求可以使我们防止错误和防止僵化。"[①] 现代系统理论的研究，丰富了马克思列宁主义的这个观点。它认为在研究时，要始终把研究对象作为一个整体来看待，认为世界上各种事物、过程不是孤立的杂乱无章的偶然堆积，而是一个合乎规律的，由各个部分（要素）组成的有机整体。整体中的各个部分是相互联系、相互作用的。如果各个部分相互促进，那么，整体的功能要大于部分功能之和。整体是一个具有新质的系统。从这个观点出发，比较教育学的研究，必须把各国教育作为一个整体来看待。这个整体包括教育行政和各级各类学校的教育，各级各类学校教育又包括教育任务、教学内容、教学方法、教学组织形式、教学评价等方面（要素）。因此，从整体上研究各国教育，必须研究整个教育系统诸要素之间以及教育教学过程诸要素之间是否协同，整体结构是否有序，整体功能是否最优。常常有这样的情况：某些措施，从局部来说是很好的，但从整体来看却不是最优的。相反，也有这样的情况：从局部来说并不是最好的，但从整体来看却是最适当的。遵循整体→部分→整体的研究方法，才能既正确认识一个国家教育的微观经验、洞察其教育结构的横向联系，又认识那个国家教育的全貌，掌握其整个教育机构运转的规律。

---

① 《列宁选集》，人民出版社1972年版，第四卷，第452页。

三、动态性原则

马克思主义唯物辩证法认为，运动是物质的客观属性。当然，在承认绝对运动的同时，也承认相对的静止。事物的运动表现为发展，否定之否定，螺旋式上升。这就是辩证的发展观。现代系统理论反映了辩证法的这一原理，它更精确地揭示了世界的系统进化性，或历史演化性，揭示了整个世界从简单到复杂、从低级到高级、从无序到有序的进化机制，从而证实了"一个伟大的思想，即认为世界不是一成不变的事物的集合体，而是过程的集合体"。[①]根据这种观点，比较教育的研究，不管是区域研究还是问题研究，都应注意以研究现状为主，适当追溯历史渊源，并展望发展趋势，使得人们看清教育发展的来龙去脉，即从纵向上认识教育的发展规律。

以动态观点来研究现状，必须防止把某种教育制度视为完备无缺的制度，把某教育理论看作万古不变的理论，把某种教育方法当成尽善尽美的方法。一切事物都在发展中，必须高瞻远瞩，看清世界教育的发展前景。

四、可比性原则

同类事物之间存在着共同性、相似性、差异性甚至对抗性，这是事物可以进行比较的客观根据。比较教育学对各国教育的研究，应着重判明各国教育中的共同性（相似性）和差异性（甚至对抗性），从中总结出办好教育的共同经验和规律，以利借鉴。比较教育在进行比较时，应严格掌握统一的标准，包括概念的统一、取样的统一、量度的统一等。例如英国的 public school 与美国的 public school 不是同一概念，不可比。苏联的初等学校与美国的初等学校学制不一，不能比较两国小学毕业生的学业程度。美国的六三三制与日本的六三三制一样，比较学生学习成绩不能拿美国的优等生与日本的中等生相比。还有，各国计量单位不一，消费水平不一，物价不一，比较人均教育经费的绝对值，即使换算成统一单位，也很难准确说明问题。至于处在不同发展阶段的不同国家的教育，并不是不可以比，但应注意比的仅是教育发展

[①] 《马克思恩格斯全集》第 4 卷，第 239—240 页。

水平的差异（如义务教育年限、成人文盲率、教育经费在国民收入中所占比例等），以利后进国家有计划、有步骤地赶上先进国家，绝不能从中得出教育制度优劣的结论。教育制度的优劣，要根据一定历史发展阶段的时间、地点和条件，从它是否促进人类社会的进步这个角度来考察。

五、客观性原则

唯物辩证法要求人们在认识事物时要如实地反映事物客观存在的真面目，而实践、认识、再实践、再认识，则是人们认识逐步深化的途径。实践是检验真理的唯一标准。据此，比较教育研究，一方面，要搜集真实可靠的材料，进行有科学根据的分析；另一方面，从比较分析中得出的结论（经验、规律），还应经过实践的检验，以证明结论的客观性。对于外国新近提出的教育制度、教育理论和教育方法，应持特别谨慎的态度。因为往往有这样的情况：某个国家实行某种教育制度，乍一看来，似乎合理，但经过一段时间的实践检验，就显出这种制度弊多于利，不是一种好制度。课程改革也是如此。美国20世纪50年代末和20世纪60年代初的课程改革，曾受到人们的高度赞赏，但经过一段时间的实践检验，就显出了矫枉过正的毛病。所以要判断外国教育制度、教育理论和教育方法的优劣，只有一个办法，就是科学地分析他们较长一段时间的教育实践，经过实践证明能够取得良好效果的东西，才是符合客观真理的东西。

由于比较教育研究的主要目的在于借鉴，所以，还要判断外国教育的经验是否符合本国的国情，是否具有普遍意义。往往有这样的情况，某项措施在甲国行之有效，在乙国却难以实行，或者行之无效。所以，客观性原则还要求通过本国的实践，来鉴别某项结论的适用范围。通过试验，取得经验，再逐步推广，这是借鉴外国经验的关键。萨德勒不是马克思主义者，但他下面的一段话却说得正确生动。他说："我们不能像小孩逛花园那样，信步漫游于世界教育制度之林，从一棵树上采取一朵花，从另一棵树上摘取一些叶子，并且希望把所搜集到的东西栽种在自家的土地上,就会得到一棵活的树。"①在借鉴外国经验时,不注意客观性原则,主观臆断,生搬硬套,肯定是要失败的。

(原载于《外国教育动态》1987年第3期)

再论我国比较教育的学科建设

在《教育研究》1985年第9期上,我和杨汉清同志发表了一篇文章,名曰《建设具有中国特色的比较教育教材刍议》。本文愿就比较教育的学科建设,再次陈述一孔之见,以求教于高明。

一、比较教育的重大意义

"四个现代化,关键是科学技术的现代化","科学技术人才的培养,基础在教育"。② 邓小平同志这个思想,现已成为全国人民的共识。我国的教育事业将日益受到重视,这是肯定无疑的。笔者通过研究比较教育发展的历史进程发现:一个国家对教育真正重视之日,正是该国比较教育学科兴旺发达之时。这是因为比较教育研究对各该国教育改革具有重大意义的缘故。

关于比较教育的重大意义,1989年问世的《比较教育学》已经加以论证。它作为一门科学,通过对各国教育的比较研究,可以扩大教育工作者的眼界,增长其见识,并且加深对本国教育制度和本身教育工作的认识,掌握各国教育的普遍规律和本国教育的特殊规律;可以吸取外国教育中的成功经验和失败教训,作为本国教育改革的借鉴;可以增进国际理解,促进国际间的文化交流。它作为一门课程,通过对各国教育的比较研究,不仅能够丰富学生的

---

① 萨德勒:《我们在研究外国教育制度中能够学到多少有价值的东西?》1900年英文版。
② 《邓小平文选》,第83、92页。

知识，而且可以提高学生分析问题和解决问题的能力。

理论上如此，实际情况如何？笔者曾多年担任本科生比较教育课程的教学，培养过几届比较教育研究生，曾在社会上介绍外国教育家的教育思想，也在老年人大学教育研究班讲过几个比较教育专题。结果表明：本科生学过比较教育，茅塞顿开，了解大千世界原来有着形形式式的教育思想与诸多的教育模式，从分析批判中提高了鉴别能力，活跃了教育思维。研究生学过比较教育，从事比较教育的教学和研究，根基较好，自不待言，即或从事其他科目教学，也获益匪浅。有一比较教育研究生毕业后转教公共课教育学，在教学中能够对比中外教育情况，学生兴趣盎然，教学效果倍增。广大教师听过外国教育理论与实践的介绍，觉有许多经验值得借鉴，以改进自己的教学教育工作。有的则根据某个教育家或综合几家理论，组织教改实验，并获得可喜成绩。至于教育研究班，多数为离休教育行政干部和学校领导干部，有的当过教育厅副厅长，有的当过师范院校党委书记，有的当过省教育学会副会长，都有丰富的教育经验。听过比较教育讲座后，他们都觉得增添了不少理论知识，对发挥余热、总结领导经验，大有裨益。一次，有位离休副厅长，因故派不到车，天虽下雨，却自乘公共汽车，步行一段长路，戏称"长征"前来听讲。比较教育的吸引力，于此可见一斑。

二、我国比较教育学科建设应具有何种特色

我国是社会主义国家，我们的战略方针是建设有中国特色的社会主义。我国比较教育的学科建设也应当有自己的特色。我认为，特色应体现在下列五个方面。

（一）方向性

我国比较教育学科建设应当有一个明确的方向，这就是为我国的社会主义教育服务。为此，必须坚持四项基本原则，反对资产阶级自由化，以"教育要面向现代化，面向世界，面向未来"作为指导思想，以有利于促进学生德、智、体、美、劳全面和谐发展，培养有理想、有道德、有文化、有纪律的社会主义公民，提高整个中华民族的思想道德素养和科学文化素质作为决定研究选题和评判研究成果的标准。

（二）计划性

计划性是社会主义特点之一。物质生产要有计划，精神生产也要有计划。我国比较教育的研究，从具体单位来说，都有一定计划，但从全国范围来说，却未见有精密的规划，因而有些研究者任随兴之所至，确定选题，重复劳动，浪费人力；有的文债累累；有的无用武之地。一个小小比较教育研究队伍，出现此种情况，不能谓之正常。要使比较教育学科建设更好地为社会主义教育服务，必须加强计划性。这里主要指两项：在研究选题上，必须注意重点与一般相结合，基础研究与应用研究相结合，近期研究与长远研究相结合；在力量组织上，必须全国一盘棋，适当调整研究方向，让每个有志于研究者，都找到恰当的方位，并为他们提供发表科研成果的园地。

（三）针对性

从事教育工作的人，由于岗位不同，层次不同，需要亦有所差别。有些人从事宏观决策，他们需要了解决定教育发展的主要因素、世界教育发展的总趋势、当前各国教育改革的重大措施等。有些人从事教育管理，他们需要了解各国各级各类教育的发展历史，特别是当前的实施状况及经验教训、未来的发展方略等。广大教师则希望了解当代国外教学论的主要流派及各该科的教改动态和教学经验。比较教育要针对不同工作者的不同需要，提供较为完整系统的信息，方能发挥最大的效用。

（四）系列性

由于不同的教育工作者对比较教育的需求各有所侧重，比较教育学科建设应考虑系列性。笔者认为，大体上可分为三个层次。第一层次为宏观层次，可称比较教育，或称比较教育学，这是通论部分。一般论述比较教育的对象、任务和方法；比较教育研究的发展历程；世界主要国家的教育沿革、现状和趋势；各级各类教育发展的历史、基本经验和趋势；决定教育发展的主要因素和世界教育发展的大趋势。第二层次为中观层次，进行各级各类教育和各种主要教育问题的比较研究，如比较基础教育、比较职业技术教育、比较高等教育、比较成人教育、比较教育原理、比较教学论、比较道德教育、比较教育管理等。第三层次是微观层次，深入教学教育领域或管理领域进行细致的研究，如分科比较教育学、比较教学内容、比较教学方法、比较现代教学手段、比较教学组织形式、比较考评制度、比较道德教育内容、比较道德教育原则和方法、比较道德教育组织形式、比较道德教育成果评估等。以上这些研究，都应当有专著发表。

还有一类研究可以是区域研究或国别研究。这类研究也可有若干层次。第一层次是一区域、一国的整体研究，第二层次是该区域、该国各级各类教育的研究，第三层次是各级各类教育中某个问题的研究。这类研究也非常重要，它是基础工程。没有它，比较研究便成无源之水、无本之木。以上这些研究也需要有专著或重要论文发表。

（五）科学性

科学性体现在实事求是地概括事物发展的客观规律。违背这一要求，比较教育就会成为伪科学。它不仅无助于借鉴，而且可能起反作用。科学性还有定性问题和定量问题。定性问题关系到事物的根本性质，它当然是最重要的。定量问题涉及量度，处理不当，也往往造成重大失误。而决定适当的量度又是非常困难的。笔者前些时候拜读郝克明、谈松华等同志的大作《对21世纪我国教育体系若干问题的初步探讨》（发表于《教育研究》1990年第2期），不禁拍案叫绝。其中关于我国面向21世纪教育发展的主要特征，谈到适度的规模、优化的结构、多样化的形式、多梯度的区域布局、开放的系统。这些问题，样样都有个适当的量度问题。这个问题我们比较教育研究较少，有必要扩大研究的广度和深度。

科学性之所以能够成为我国的特色，这是由于国外某些比较教育研究者，受阶级利益制约，政治观点和价值观念大相径庭，对问题的看法难免有某种偏见，有的肆意歪曲事实，有的难以抓住问题本质。我们是以马克思列宁主义为指导思想的国家，实事求是是我们的思想路线，我们能够客观地评价外国教育理论与教育实践之短长，这既有利于我们从中吸取值得借鉴的东西，又有利于树立我国比较教育研究的国际权威。

三、建设我国比较教育学科的战略步骤

我国底子薄，国家财政收入有限，在科学研究特别是文科研究方面，尚难有较大的投入，加上我国比较教育研究队伍不够壮大，我们的研究不可能全面铺开，只能根据国民经济的发展战略和教育改革的迫切需要，有计划、有步骤地进行。

从20世纪80年代起，我国国民经济的发展战略分三步走。看来比较教育的学科建设可以同步进行。20世纪80年代，我国发表了数以千计的比较教育文章，出版了三本教材和一套外国教育丛书、数十本比较教育专著及译著。各种类别、各个层次的作品都有，是中华人民共和国成立以来比较教育研究最兴旺发达的时期，可以说已为我国比较教育学科的系统建设打下良好的基础。

20世纪90年代是我国经济建设持续、协调、稳定发展的年代。我们比较教育学科建设也应有计划地加以发展，决不能让它步入低谷。两个类别第一层次的建设应当继续进行。随着政治、经济、科技的发展，各国教育在不断改革，比较教育教材至少每五年须再版一次，国别教育专著也应更新，周期视实际情况而定。与此同时，是否可集中适当力量，重点进行第二层次的建设。第二层次建设实际上已经起步，最好能有计划地全面铺开，例如组织撰写《比较教育原理》《比较教学论》《比较职业技术教育》《比较成人教育》等专著。如有可能，还可组织力量进行分科比较教育学的研究。

进入21世纪，除了上述两个层次的研究应当继续发展外，第三层次即微观层次的研究应当作为重点。在比较教育方面，广大教师最欢迎的莫过于分科比较教育学。这一层次再建设好了，就基本上完成了比较教育学科建设的

系统工程。

科学无止境，真理无穷尽。我国比较教育的学科建设必须随着时代的推移而不断向前。这样，我们在世界比较教育研究中就能占一席之地，在总体上达到或超过世界先进水平。

四、学科建设过程中应注意的几个问题

（一）宣传比较教育学科建设的重大意义

尽管比较教育对中央在教育上的宏观决策和调控，对地方各级教委的领导，对各级各类学校的管理，对广大教师的教学教育工作都有重大的借鉴价值，但并不是所有的人都了解比较教育的重要意义。这就需要宣传。让我们在刊物上、在有关会议上，恰如其分地介绍比较教育的作用，使社会上有更多的人关心本门学科的建设。

（二）争取政府、出版机构、学校当局的支持

国家财政困难，社会科学研究基金短缺，比较教育项目能列入"八五""九五"规划者，恐怕寥若晨星。有关负责同志应据理力争，要求比较教育研究基金应有适当的比例。

出版机构独立核算，自负盈亏。比较教育书籍销量不大，出一本书得赔一大笔钱。出版社财力有限，有的见此类书籍退避三舍，有的为了支持比较教育学科建设，慷慨地赔本出书，但数量毕竟不多，还有不少书稿难以印发。成果不能问世，研究白费力气。这个问题如不解决，20世纪80年代比较教育研究兴旺发达的状态恐怕难以为继。为了避免走入低谷，国家应当注意解决精神食粮生产问题，在可能范围内，给予有科学价值和社会效益的精神产品一定的财政支持，并对出版社实行一定的优惠政策。

师范院校，特别是重点师范院校，理当重视比较教育学科建设，在师资培养上、研究队伍配备上、出国留学生派遣上、课程设置上，都应加以充分考虑，有条件的综合大学也应为此作出力所能及的贡献。

（三）发挥学会的组织作用

全国比较教育研究会作为本门学科的最高学术团体，应当很好地发挥组织作用，有力地推动学科的发展。第一，了解情况，协调工作。它应当洞悉两头，一头了解政府决策人和广大教育工作者的迫切需要，一头了解全国比较教育队伍的研究实力，根据需要与可能，在研究课题上作适当协调、分工，使需求与供给挂起钩来。这个工作做好了，比较教育的学科建设就能更好地联系实际，发挥其效用。第二，遴选成果，开创园地。无论是小型的专题研究会，还是大型的学术年会，都应注意遴选优秀作品，在论文集或有关刊物上发表。希望《外国教育动态》（将易名为《比较教育研究》）作为学会的机关刊物，很好地担负起这一任务。第三，培育新人，奖掖后进。这是关系到比较教育事业继往开来的大事，万万不可忽视。令人感到高兴的是比较教育战线已经有一批小将青出于蓝，崭露头角，这是我们希望之所在，应当为他们创造更加优越的条件，让他们从事扎实的研究。在遴选成果时要有意识地发现青年研究者的优秀成果，并予以适当奖勉。还应当注意吸引一批学理科的同志参加比较教育研究队伍，为建设分科比较教育学准备条件。第四，对外联系，扩大影响。全国比较教育研究会对外学术交流搞得不错。我们在世界比较教育学会中已占有一个重要席位。我们应当注意扩大影响。我历来主张我国比较教育研究应有两个目的：一为借鉴，一为推广。我国比较教育研究虽起步较晚，但我们不应自卑。综观苏、美、英、日等国比较教育家发表的著作，有的确有真知灼见，有的平平而已。我们发表的某些论著，从思想性、理论性、科学性与之相比，实有过之而无不及。但应承认，我们对外的影响还微乎其微。这是因为绝大多数外国人不懂中文，我们的比较教育论著译成外文发表者屈指可数，他人不了解我们的研究成果，哪谈得上影响。因此，如果经济好转，条件成熟，我们可以创办比较教育外文专刊，介绍我国的研究成果，以扩大我们的影响。这也是我国对人类应当作出的贡献。

（四）建立全国性的比较教育资料中心

比较教育研究需要较多的外文资料，这是比较教育研究区别于其他研究的特色所在。我国比较教育研究机构为数不少,除几所重点师大资料略为充足外,余者均感资料奇缺,研究很难深入。从我国经济发展情况看,在一段不太短的时间内,各研究机构要购置一套完整的外文资料是不可能的。唯一的办法是中央集中权力,建设一个比较教育资料中心,完整地、系统地收集世界各国的研究资料,供各地利用。这里面当然有许多技术问题待处理。但主要的是服务思想问题。国家花钱建设起来的资料库,要发挥其效益,必须定期向各地输送存书信息、文献目录。而最重要的是要有一个合理的复印资料价格。现有的普遍情况是收费标准过高,地方限于财力,无法利用。

(五)参加一定的实验研究

比较教育研究者向人们介绍外国的教育理论与实践,这些东西在中国是否可行,必须经过实践检验。我国教育改革方兴未艾,有的学校正在根据国情,借鉴国外先进教学教育理论与方法开展实验研究。他们很希望比较教育研究人员能参与实验,并协助总结实验结果,笔者认为,这与比较教育研究者的工作时间确有矛盾,但它却又非常重要。参与实验,对比中外实验,总结出带有普遍规律的东西,对提高比较教育的理论水平将起巨大的作用。

以上是笔者关于比较教育学科建设的一些设想。前些天听了卢嘉锡同志的一次讲演"我国科技的现状与展望",很受启发。他在讲演中所阐发的一些思想同样适合于比较教育的学科建设。他说,科学发展必须立足于改革,立足于竞争,立足于创新。立足于改革,必须保证生根;立足于竞争,必须注意合作和协调(即三个 CO,competition,cooperation,coordination);立足于创新,必须跟踪外国人,也让外国人反跟踪。我们这一代人所从事的科学事业必须无愧炎黄,无愧后代。我想,我国比较教育研究人员也应接受"三个立足"的思想,抱有"两个无愧"的志向。

(原载于《外国教育动态》1991年第1期)

再论比较教育研究的基本原则

建设有中国特色的比较教育学,首先应体现在研究的方法论上,这是因为恰恰是在这个问题上,我们与资产阶级学者存在根本的分歧。现代西方的比较教育研究,有的运用实证主义的观点与方法,有的采用相对主义的观点与方法,或者新实证主义、新相对主义,甚至"新马克思主义"的观点与方法。① 笔者认为,我们的比较教育研究,只能借鉴其中有用的部分,决不能把它们作为方法论基础。

我们的比较教育研究,究竟应当以什么主义作为方法论基础呢?邓小平同志告诫我们要"学习马克思主义哲学"②,要坚持"辩证唯物主义和历史唯物主义的思想路线"③,"违反辩证唯物主义、历史唯物主义的原理,实际上是唯心主义和形而上学的反映"④,因此,我们的比较教育研究应当以马克思主义哲学辩证唯物主义和历史唯物主义作为方法论基础。因为马克思主义哲学是关于自然、社会和人的思想发展最普遍规律的科学。它为我们的一切实际工作指出了解决问题的正确方向,为一切科学研究提供了正确的方法论。比较教育学要成为一门科学,首先必须以马克思主义哲学作为方法论基础。

以马克思主义哲学辩证唯物主义和历史唯物主义作为比较教育研究的方法论基础,在比较教育的具体研究中,应当遵循哪些基本原则呢?在 1989 年出版的《比较教育学》一书中,本人提出应注意下列四个基本原则:1. 综合

---

① 赵中建、顾建民选编:《比较教育的理论与方法——国外比较教育文选》,人民教育出版社 1994 年版。
② 《邓小平文选》第二卷,第 304 页。
③ 《邓小平文选》第二卷,第 278 页。
④ 《邓小平文选》第二卷,第 128 页。

性原则；2. 整体性原则；3. 动态性原则；4. 实践性原则。① 现在看来，这些原则，虽仍有一定价值，但从我国近年哲学研究的进展来看，② 其内涵似不够周延，名称尚可斟酌，排列顺序也须进一步考虑。通过学习和思考，重新提出下列五个基本原则。

一、求是性原则

客观实在性是物质的唯一本性，自然界的规律是客观的，社会规律也是不以人的主观意志为转移的。这是马克思主义辩证唯物论的基本原理。根据这一原理，比较教育学的研究一定要坚持求是性原则，一切从世界各国客观存在着的教育实际出发，实事求是地反映客观现实，从中引出固有的而不是臆造的教育规律性。只有这样，才符合邓小平同志反复强调的"解放思想，实事求是"的精神。

要做到这一点，从正面说，必须认真搞好调查研究，搜集充足材料，掌握各国教育的全面而真实的情况。在此基础上，用正确的立场、观点、方法，做实际的比较分析，并做出科学的理论概括，力求主观符合客观。从反面说，必须防止过去曾经发生过的两种偏向。一种是唯感情论，根据好恶判断是非：与我们友好的国家的教育理论和教育制度尽善尽美，与我们敌对的国家的教育理论和教育制度一无是处。政治上一边倒，科学上也一边倒。另一种是唯生产力论，根据生产力发展水平判断优劣：发达国家的教育理论和教育制度十分优越，发展中国家的教育理论和教育制度不值一提。这两种偏向都违反实事求是原则，在实践中都产生了极其不良的后果。

在对外展示我国教育成就和介绍教育经验方面，也要力求实事求是，切忌弄虚作假，以免造成不良影响。

---

① 吴文侃、杨汉清主编：《比较教育学》，人民教育出版社 1989 年版。
② 中共中央宣传部理论局组织编写的《马克思主义哲学学习纲要》，中共中央党校出版社 1989 年版，中共中央党校哲学教研部编《马克思主义哲学论稿》，中共中央党校出版社 1990 年版。

二、实践性原则

实践是认识的基础,是检验真理的唯一标准,是发展真理的有效途径,这也是辩证唯物论的基本原理。依据这一原理,比较教育研究必须贯彻实践性原则,注意下列问题。

第一,通过实践,检验真理。各国学者提出的教育理论或者教育改革倡议,可靠性不完全一样。有的经过较长的时间和较大规模的实验研究,可靠性较大,适用性较广。有的仅经过较短时间和较小规模的实验研究,有的甚至纯粹为一种理论假设,可靠性和实用性都是很有限的。所以,对于各国各个时期提出的教育理论,进行的教育改革,要持特别谨慎的态度。因为往往有这样的情况:某种教育理论或教育改革倡议,乍一看,似乎合理,但经过一段时间的实践,就显出弊多于利,并非一种完全合理的理论或倡议。课程改革也是如此。美国20世纪50年代末和20世纪60年代初的课程改革,当时曾受到人们的高度赞赏,但经过一段时间的实践检验,就显出了矫枉过正的毛病。所以要判断外国教育理论的优劣或教育改革的成败,只有一个方法,就是科学地分析他们较长一段时间且具有一定规模的教育实践,经过实践证明能够取得良好效果的东西,才是符合客观真理的东西。

由于比较教育研究的主要目的之一在于借鉴,所以还必须"坚持以我为主,为我所用的原则"[1],判断外国经验是否适合本国国情,是否符合"教育要面向现代化,面向世界,面向未来"的战略决策[2],是否有利于"培养社会主义现代化要求的一代又一代有理想、有道德、有文化、有纪律的公民"[3],有利于"培养德、智、体等全面发展的社会主义事业的建设者和接班人"[4]。

---

[1] 江泽民:《高举邓小平理论伟大旗帜,把建设有中国特色社会主义事业全面推向二十一世纪》,新华社北京1997年9月21日电。

[2] 《邓小平文选》第三卷,第35页。

[3] 江泽民:《高举邓小平理论伟大旗帜,把建设有中国特色社会主义事业全面推向二十一世纪》,新华社北京1997年9月21日电。

[4] 江泽民:《高举邓小平理论伟大旗帜,把建设有中国特色社会主义事业全面推向二十一世纪》,新华社北京1997年9月21日电。

往往有这样的情况：某项措施在甲国行之有效，在乙国却难以实行或行之无效。因此，必须通过本国的实践来鉴别某项结论的适用范围。通过试验，取得经验，再逐步推广，这是借鉴外国经验的关键所在。

第二，通过实践，发展理论。比较教育学通过比较研究所肯定的教育理论，只具有相对真理性。教育理论还会随着时代的发展而发展。因此，比较教育研究人员，一方面应当密切注视国内外的教育实践，注意别人科学研究的成果；另一方面，如有可能，也应深入实际，亲身从事一定的实验研究，以便推陈出新，揭示二级本质、三级本质……的东西，使教育理论沿着真理的长河不断推进。

三、系统性原则

普遍联系是物质世界的总的特征，系统性是事物的根本属性。这是唯物辩证法的基本观点。据此，比较教育研究必须遵循系统性原则，注意下列问题。

第一，教育系统的整体性。教育系统是一个有机统一的整体，具有自己的性质和功能。这种性质和功能不是它的各个要素的性质和功能的简单相加，也不能把它的性质和功能还原为要素的性质和功能。在观察和分析问题时，一定要着眼有机整体，把整体的功能和效益作为认识和解决问题的出发点和归宿。因为往往有这样的情况：某项教育措施，从局部来说是很好的，但从整体来看却不是最适当的。遵循整体→部分→整体的研究方法，才能既正确认识个别教育措施的功能，又正确认识整个教育系统的运转机制。

第二，教育系统的结构性。教育系统的结构性，指的是教育系统中诸要素之间的关系。在研究问题时，应当注意分析教育系统内部诸要素相互联系和相互作用的方式，包括一定的比例、一定的秩序、一定的结合方式等。例如分析整个教育系统中基础教育、职业技术教育、高等教育、成人教育之间的相互联系和相互作用，揭示德育、智育、体育、美育、劳动教育之间的相互联系和相互作用，从而判明教育结构是否优化，教育系统的整体功能是否最佳。

第三，教育系统的层次性。教育系统的层次性是指教育系统的层次结构及层次之间的关系。在研究问题时，应当分析教育系统的各个层次，分析系统和要素（子系统）之间的地位、等级的相互关系。例如基础教育有幼儿教育、小学教育、初中教育、高中教育四个层次，职业技术教育有初级职业技术教育、中级职业技术教育、高级职业技术教育三个层次，高等教育有专科教育、本科教育、研究生教育三个层次，成人教育也有初级、中级、高级三个层次。分析教育系统的层次，有助于人们掌握教育系统的纵向结构，进一步判明不同层次系统共同的运动规律和各自特殊的运动规律。

第四，教育系统的开放性。教育系统的开放性指的是教育系统与周围环境的相互关系。在研究问题时，必须注意分析教育与国家政治、经济、文化的相互关系，以及与周围社会环境的相互关系。指明这种关系，有助于人们在教育实践中重视外部条件的作用，考虑如何因势利导。

四、过程性原则

恩格斯指出："世界不是一成不变的事物的集合体，而是过程的集合体。"[①] 他用"过程的集合体"表述唯物辩证法的发展观。这里所谓"过程"是指事物发生、发展和灭亡的历史。物质世界是永恒发展的，而发展是量变和质变的统一、渐进性和飞跃性的统一。这是唯物辩证法的又一基本观点。据此，比较教育研究，一定要体现过程性原则，用发展的观点、历史的方法来观察和分析问题。

第一，重视来龙去脉。比较教育学的研究，既应以现状的横向比较研究为主，又应给历史的纵向比较研究一定的地位。追溯历史根源有利于从发展的角度观察现在和展望未来，使人们看清教育制度发展的来龙去脉，既认识其发展的渐进性和飞跃性，又认识其发展的前进性和曲折性。

第二，注意质量结合。既然一切事物都有质和量，事物的变化表现为量

---

① 《马克思恩格斯选集》第四卷，人民出版社1972年，第240页。

的变化和质的变化。那么，比较教育研究自应既注意定性比较分析，又注意定量比较分析。定性分析是各国（或各地区）教育所具有的本质属性的分析，定量分析是对其发展过程中数量变化的分析。可以在分析基础上比较，也可以在比较基础上分析。把定性的比较分析和定量的比较分析结合起来，可以更好地判明各国教育的本质及其变化发展的规律。

第三，正确处理继承与创新的关系。比较教育研究不仅要分析、评价各国的教育制度和各派的教育理论，而且要有所创新，即通过比较分析提出自己的见解或主张。这里，有一个非常重要的问题，就是处理好继承与创新的关系。创新不是抛弃过去的一切，否定中含有肯定的因素。适当消化历史文化遗产中的合理内核，并根据新的情况加以改造和发展，是创新的真谛所在。

五、全面性原则

一切现实的事物都是作为系统而存在，作为过程而存在，而系统和过程又都充满着矛盾，这是唯物辩证法的核心观点。据此，比较教育研究一定要注意全面性原则。按照事物的矛盾本性，运用矛盾分析方法，全面地观察问题和分析问题，发现真理。

第一，全面分析研究各国教育发展与改革的普遍矛盾与特殊矛盾。各国教育在发展与改革过程中，都面对一些共同的、带有普遍性的矛盾，如教育发展与社会发展的矛盾、旧的教育制度和教学内容与新的科技发展的矛盾、教育与就业的矛盾等。除此以外，还有一些由于国情不同而产生的带有自身特点的特殊矛盾。要善于异中求同，同中求异，从宏观上探索国际教育发展与改革的共同规律和各国教育发展与改革的特殊规律，以便在互相借鉴时，把普遍真理与具体实际结合起来。

第二，全面分析研究各级各类学校教育过程中的各种矛盾。培养目标方面，应当研究德、智、体、美、劳诸育的矛盾与统一；人际关系方面，应当研究教师与学生（这是主要的）、学生与学生、教师与家长、学生与家长等的矛盾与统一；教学过程方面，应当研究教学目的任务、教学内容、教学方法、教学组织形式、教学检查与评定等要素的矛盾与统一。从微观上研究这些问题，有利于教育工作者争取教育过程的整体优化，提高教育质量。

第三，全面分析研究教育发展的内因与外因。生产力发展水平、政治经济制度、社会意识形态、地理位置、人口等，对教育发展有着重大的影响，这是众所周知的事实。但这些外因如何通过教育本身的内因产生这种影响，则有待进行深入研究。至于教育本身的内因，究竟由哪几种要素构成，尚待学者继续深入探究。

以上是比较教育学研究必须遵循的五项基本原则。各个原则都有它的指导意义。求是性原则要求人们抱定实事求是的科学态度；实践性原则向人们指出探求真理的途径；系统性原则要求人们从整体到部分，从部分到整体，用系统分析、系统综合、系统评价的方法，对教育现象作多维度的静态分析，认清教育系统方方面面的本质特征；过程性原则要求人们从历史到现实，从量变到质变，用发展的观点、历史的方法，对教育理论和实践作多视角的过程分析，把握教育理论和实践发展的昨天、今天和明天；全面性原则要求人们进一步深入教育现象的内部，从宏观到微观，分析研究各国教育发展与改革的普遍矛盾与特殊矛盾，以及各级各类学校教育过程的各种矛盾，探索教育活动的本质和发展的动力源泉。这些原则，综合起来，构成一个有机的整体，是谓方法论系统。全面运用这个系统的各项基本原则来进行比较教育研究，就能发挥系统的最佳功能，达到揭示教育规律、建设"立足中国现实、继承历史文化优良传统、吸取外国文化有益成果的"[1]、有中国特色的比较教育学的预期目的。

[原载于《福建师范大学学报（哲学社会科学版）》1998年第4期]

洪哲璇编撰

---

① 江泽民：《高举邓小平理论伟大旗帜，把建设有中国特色社会主义事业全面推向二十一世纪》，新华社北京1997年9月21日电。

孙培青

【题解】

孙培青（1933—2022），福建惠安人。1951年考入厦门大学教育系，1954年7月因院系调整转入福建师范学院（现福建师范大学），1955年考入华东师范大学教育史研究生班，1956年起师从中国当代著名教育家孟宪承攻读中国教育史专业；1958年起在华东师范大学教育系任教，为教授、博士生导师；1984—1987年任华东师范大学教育系主任，1996—2004年任中国教育学会教育史分会理事长。孙培青一生从事中国教育思想史和教育制度史的研究与教学，尤擅隋唐五代教育和考试研究，撰有《隋唐五代教育研究》《隋唐五代考试研究》《隋唐五代教育论著选》《隋唐五代教育制度文献集成》《隋唐五代考试文献集成》，合编为"隋唐五代教育与考试研究丛书"（上海教育出版社2021年版）。

孙培青将自己毕生的学术精力投入到中国教育史学科的建设中，除独立开展断代和专题史研究外，还主持编写了《中国教育史》《中国教育管理史》等教材，主编了教育制度史资料、考试史资料与《中华大典·教育典》这样的皇皇巨著，培养了一批教育史学科专业人才，主持中国教育学会教育史分会工作等。他的教育历史研究具有强烈的现实感，主张教育历史要为教育改革所借鉴，因此他所选研究课题往往与教育的现实需要有关。如针对"文化大革命"对教育传统的破坏，在"文化大革命"结束后不久，他先后撰写

《韩愈〈师说〉再评价》《论"焚书坑儒"》《学术自由的稷下学宫》等系列文章加入"教育历史再评价"思潮；撰写《试论贞观时期官学发展的原因》《唐代广文馆的兴废》《试论唐代〈五经正义〉编写的历史经验》等，为改革开放初期国家发展学校教育提供历史借鉴。到了晚年，更孜孜以求中国有哪些教育传统可以继承的问题，先后撰有《中国历代教育的主要特征》《中国教育传统研究与教育改革》《中华传统教育精神》等。他的封笔之作为《中国历史上的育德》。主要作品收入《孙培青文集》（上海教育出版社 2023 年版）。

《试论唐代〈五经正义〉编写的历史经验》约作于 1985 年。20 世纪 80 年代，中国教育改革蓬勃发展，如何有效组织国家统一教材编写工作，如何组织学术团队开展项目研究，成为政府和学术界面临的现实问题。由政府出面组织专家编写国家统一教材的做法，在唐代《五经正义》的编写之前没有先例，对其经验进行总结，具有现实意义。本文总结的"上层重视""使用专家""确定原则""容纳意见""求其完善"等历史经验，至今仍值得借鉴。

《中国历代教育的主要特征》发表于 2015 年，是孙培青对中华传统教育精神的概括性思考。他认为儒学是中国教育历史发展的主流，在儒家思想影响之下，中国历代教育具有"治国以教为先""教以德育为重""提倡因材施教""保持尊师传统""政策因时调控""官学形成系统""私学自由设置"等主要特征。这些特征表明，中华民族有优良的教育传统、珍贵的教育遗产，值得认真加以研究和承继。

《探索了解教育历史真相》是作者 2017 年 4 月 28 日在华东师范大学教育学系"教育学前沿研究"课程上所作的主题报告。作者详细讲述自己研究"广文馆"的过程，展示如何开展教育史研究。

《感悟教育史》和《认识学习教育史的意义》都是孙培青晚年回顾自己一生研究和学习教育史经验的总结。前者发表于 2013 年，主题偏重教育历史研究方面，提出六条基本认识；后者约作于 2005 年至 2010 年间，未发表，提出九条学习教育史的意义。

试论唐代《五经正义》编写的历史经验

唐代的中央官学，在武德元年（618）就开始建立，并以儒家的五经作为基本课程。虽然有了统一的课程，但还未有统一的教材。到了贞观年代，建国已经二十余年，才组织编写《五经正义》作为统一教材。这种做法在中国教育史上是没有先例的，其历史经验值得研究总结。现先了解一下史实，然后再探索其历史经验。

一、《五经正义》编写的过程

（一）起因

为什么要编《五经正义》？《贞观政要·崇儒学》对这个问题说得比较清楚："太宗又以儒学多门，章句繁杂，诏师古与国子祭酒孔颖达等诸儒，撰定五经疏义……"

儒学多门，指的是经学的传授到唐初有许多派别。对经学发展过程加以考察，汉代经学因有师法、家法，演变成今文、古文经学之争。东晋南北朝时期，南北分裂，经学也受政治局面的影响，南北经学学风不同，各有其特点。《北史·儒林传》："南人约简，得其英华；北学深芜，穷其枝叶。"不仅南北经学学风不同，就南北而言，也各存在多种门派。这种情况延续至唐代。

儒学多门的事实，必然造成章句繁杂的结果。各个经学学派都有自己的章句和解析，竞相传授，力争扩大影响，存在门户之见，难于统一。

儒学多门和章句繁杂，是政治不统一在文化上的反映。这种情况在国家统一之后，就会给教育和考试带来很大矛盾。隋文帝开皇初年就已显露出这种矛盾。

隋文帝重新统一南北之后，中央集权的封建国家需要许多官员。他曾令国子学保荐学生四五百人参加考试，准备从中选取一些人在各级政府机构做官。诸生考试经义,所据经说有南有北,各加发挥,出入颇大。一堆考卷,博士无法评定高低,许久不能解决。幸有一位博学的国子博士房晖远出来评卷,才勉强解决了这一矛盾。《隋书·房晖远传》对这件事有较完整的介绍:"会上令国子生通一经者,并悉荐举,将擢用之。既策问讫,博士不能时定臧否。祭酒元善怪问之,晖远曰:'江南、河北,义例不同,博士不能遍涉。学生皆持其短,称己所长,博士各各自疑,所以久而不决也。'祭酒因令晖远考定之,晖远览笔便下,初无疑滞。或有不服者,晖远问其所传义疏,辄为始末诵之,然后出其所短,自是无敢饰非者。所试四五百人,数日便决,诸儒莫不推其通博,皆自以为不能测也。"只有极少数学识通博的人才能处理这种情况,多数人认识有限,对这种情况束手无策。

经学的不统一有其政治原因。在国家处于分裂的状态下,各地区的统治者可根据自己的利益自主选择某一学派的思想作为统治思想,这一学派就因有政府的扶植而成为主流,其他学派虽不居主流,但并不妨碍其存在和传播。

到了国家统一之后,这些在地区位居主流或非主流的经学学派并处在一国之中,学派之间的矛盾表现较为显著,竞争加剧。这种情况使得封建政府不可能以统一的思想教育学生,也不可能以统一的标准选用人才。

统一的中央集权国家的重建,要求有统一的思想来为统一的政治服务,重新定于一尊。因此,经学必须结束章句繁杂的局面,走向统一,由国家做出权威性的解析。隋朝是统一的中央集权国家,已开始提出统一经学的问题,但它存在的时间比较短促,没有完成这一任务。继起的唐朝仍然面临着这个问题,并受到困扰。到了贞观年代,实际提出统一经学的问题,并着手加以解决。

归结起来,当时需要解决的问题是较为明确的,在政治上统一之后,对文化教育提出了新要求。文化教育要为政治服务,需要统一学术思想。编写统一教材,规定五经的统一解释,就是一种有效的实际措施。在当时儒、道、佛三者并立而争夺统治思想地位的条件下,儒学内部需要统一,才能加强斗争力量。此时也可说是外部矛盾突出而居于主要地位，内部矛盾降居次要地位，在共同维护封建国家利益的要求下，儒学思想需要实行统一。

（二）组织

五经的义疏，在南北朝时实际已经有了，只是门派太多。章句繁杂，虽然有个别义疏显然占据优势，但还没有由国家政权规定作为统一教材，未成为公认的权威。李世民提出重新撰定义疏，以取代民间的其他义疏，实是一项浩大的文化工程。

要开展这项工程，必须由有威望的学术权威来领导，还要有许多经学家来参与，相互结合，才能计日程功。两方面人物，缺乏哪一方面都难成功。

当时的国子祭酒孔颖达，是较有威望的经学权威。《旧唐书·孔颖达传》称孔颖达"尤明《左氏传》《郑氏尚书》《王氏易》《毛诗》《礼记》，兼善算历，解属文"。他兼通五经，是比较博学的学者。当时有的学者虽然在某经上有专深的钻研，但在博学方面很少有超过孔颖达的。他不仅五经兼通，还精算历；不但深于经术，还善于写作。在当时主持编写《五经正义》，孔颖达确是最合适的人选。

《五经正义》以孔颖达为主编，同时被派参与编写讨论的还有颜师古、司马才章、王恭、王琰等著名经师，类似一个编委会。编写人员主要是国子监的学官。国子监是最高学府，是经学专家最集中的地方，这些专家首先被注意，优先受到邀请。此外，有些在国家机关任职的经学家也被组织到编写组中。他们依据各自的专长，参加某一经的实际编写。

参加编写工作的经学家完成工作之后，在序言中都加以列名介绍，并不因职位较低就被忽视。现逐经查考一下，就能加以证实。

《周易正义》：参加者为国子祭酒孔颖达、颜师古、司马才章、王恭，太学博士马嘉运，太学助教赵乾叶、王琰、于志宁等。

《尚书正义》：参加者为国子祭酒孔颖达、太学博士王德韶、四门助教李子云等。

《毛诗正义》：参加者为国子祭酒孔颖达、太学博士王德韶、四门博士齐威等。

《礼记正义》：参加者为国子祭酒孔颖达、国子司业朱子奢、国子助教李善信、太学博士贾公彦、太常博士柳士宣、魏王东阁祭酒范义頵、魏王参军事张权等。

《左传正义》：参加者为国子祭酒孔颖达、国子博士谷那律、四门博士杨士勋、四门博士朱长才等。

由上列名单可以清楚地了解，《五经正义》的编写以国子祭酒为领导，以国子监为基地，以国子监的学官为编写的基本队伍。国家统一教材的编写由当时的最高学府来承担，这也是理所当然的。

（三）初编

统一教材的编写依靠政府力量来组织，并不就能保证一帆风顺，实际上经历了一个曲折的过程。

孔颖达在贞观十二年（638）被任命为国子祭酒，不久皇帝就以五经"章句繁杂""训释不一"等原因，诏命孔颖达与颜师古等名儒共同撰定五经义训，企求对经文有符合于统治阶级利益的统一解释。

孔颖达受命以国子祭酒的身份兼任总编，随即组成编写队伍。每经的实际参加者并不太多，使思想观点易于统一，体例能够比较一贯。

编写工作的进行有一定的步骤：

首先，调查已有的经学研究成果。汉魏的经注有哪几家保存下来？南北朝以来，有多少种五经义疏，都加以调查。如《毛诗》，汉代能承继其学而著名的，有贯长卿传之于前，郑康成笺之于后。在晋及南北朝之时，其学在南方已占优势，在北方也颇流行。近代为《毛诗》作义疏的有全缓、何胤、舒瑗、刘轨思、刘丑、刘瑗、刘焯、刘炫等。实际还有多少家存在，都予以查明。

其次，进行比较研究。哪一家注是最好的，就决定用那一家注；哪一种义疏是最好的，就采那一种义疏作为主要依据，其他义疏只是备供参考。如关于《尚书》的传和疏，《尚书正义·序》就说，汉孔安国的传，"其辞富而备，其义弘而雅，故复而不厌，久而愈亮，江左学者，咸悉祖焉，近至隋初，始流河朔"；其为正义者，"惟刘焯、刘炫最为详雅"。所以，将孔安国的传和二刘的疏选为主要依据。再如《周易》的注和疏，《周易正义·序》说："唯魏世王辅嗣之注，独冠古今。所以江左诸儒并传其学，河北学者罕能及之。其江南义疏，十有余家，皆辞尚虚玄，义多浮诞。"所以，对《周易》的解释就以王辅嗣的注为主要根据。这些都是经过比较研究之后才确定的。

再次，各经的编写人员分头进行编写。实际工作中有大量的章句训诂，既复杂又细致，费时较多，大约花了三年工夫，终于发挥各人专长，写成初稿。

贞观十五年（641），主编孔颖达审阅了各经义疏，经部分修改而定稿，于是五经义疏撰成，计《周易》义疏十四卷、《尚书》义疏二十卷、《毛诗》义疏四十卷、《礼记》义疏七十卷、《春秋》义疏三十六卷，合一百八十卷，初称《五经义赞》，进呈皇帝之后，奉命名为《五经正义》。

《旧唐书·孔颖达传》载，唐太宗在诏书中对《五经正义》有一最初评价："卿等博综古今，义理该洽，考前儒之异说，符圣人之幽旨，实为不朽。"他对编者人加鼓励赞扬之后，认为这是不朽的教材著作，下令"付国子监施行"。

(四) 争论

历史上任何专家权威编写的教材总难十全十美，还会存在某些缺点甚至错误，这与编者个人的条件有关。孔颖达到了唐初已经年老体衰，作为一个博学的主编，只能总揽大纲而已，不可能逐条推敲，对每一问题的判断也不可能都绝对准确。实际上，各个专家分治一经，各取一书以为底本，名义上是自加创定，说到底仍是依照旧作。孔颖达因年辈在先，名位独重，负责呈奏，列名居前。一般人只注意主编，而忽略其他，所以书成而孔颖达居其功，论定而孔颖达负其过。就事实而论，审定义疏的任务，其他经学专家都难于独力承担，孔颖达也不可能一人包揽。因此，《五经正义》的功过也不应独归于一人。

人们批评《五经正义》的缺点，大致有三点意见：

第一，曲徇注文。有的批评者认为《五经正义》过于迁就注文，而不能分辨注文的是非。如《左氏正义》，专宗杜预注，刘炫的义疏批评杜注，有许多意见是很中肯的。但孔颖达却批驳刘炫，维护杜预注，勉强为之解释。这个批评确有根据，但却应该客观分析。按经学家著书的先例，注不驳经，疏不驳注，不取异学，专宗一家。因此，曲徇注文这种做法是可以理解的，并非严重的毛病。

第二，杂引谶纬。谶纬原本于汉代的今文经学，贯穿其中的是神学迷信思想，这些不科学的材料是不值得宣传的。《五经正义》确实引用了谶纬材料，但这些材料中保存了不少古代的史料和解释，有分别地利用其中的史料应该是容许的。

第三，彼此互异。《五经正义》多处存在这种现象，在这本书中这样说，在那本书中又那样说，彼此矛盾，不能统一。对谶纬的引用就是如此，《诗》《礼》两经选定从郑玄之说，就以郑玄引用的谶纬材料为是；而《书》经不从郑玄之说，又以引用谶纬材料为非。一以为是，一以为非，相互之间存在矛盾。

如果是独家的经学著作，出自一人之手，思想首尾一贯，或许可以避免彼此矛盾。但《五经正义》是大部头的官书，杂出众手，各人的思想观点不尽相同，彼此产生矛盾是难免的。

对《五经正义》提出不同意见，最为强烈的是太学博士马嘉运。《旧唐书·马嘉运传》："嘉运以颖达所撰正义颇多繁杂，每掎摭之，诸儒亦称为允当。"马嘉运参加了《周易正义》的编写，他是有特殊经历和广博学问的人。他少年时当过和尚，后来出佛入儒，钻研儒学。当他隐居白鹿山的时候，从学者达千余人之多。马嘉运相当博学，因此他能对《五经正义》提出一些批评意见。在编写组内部存在思想矛盾，特别是马嘉运与孔颖达，学术上有不同的见解，在许多问题上相互辩驳，有时还颇为激烈。

对马嘉运提出的批评意见，存在着相反的两种评论。有人对马嘉运甚为赞赏，说他学术造诣精深。有人却说马嘉运为了炫耀自己，对别人求全责备，批评的动机不纯，完全是多此一举。

（五）修订

马嘉运对《五经正义》提出的批评意见产生了一定的社会效果。唐太宗重视不同意见的争论，虽已命令将《五经正义》"付国子监施行"，但到贞观十六年（642）仍下令覆审裁定。除了原来各经的编写人员之外，还增派了不少学官参与讨论审查，务求更加完善。参加的学官，如《周易正义》增派四门博士苏德融；《尚书正义》增派四门博士朱长才、四门博士苏德融、太学助教隋德素、四门助教王士雄；《毛诗正义》增派太学助教周立达、四门助教赵乾叶、四门助教贾普曜；《礼记正义》增派太学助教周立达、四门助教赵君赞和王士雄；《左传正义》增派太学博士马嘉运和王德韶、四门博士苏德融、太学助教隋德素；还有敕使赵弘智，他相当于审稿特派专员。贞观十六年，《五经正义》进行第一次修订，修订完毕后仍由孔颖达奏上。现在所见《五经正义》中的五篇序言，就是第一次修订后所写的编辑说明。

问题并没有就此完满解决，延至永徽二年（651），长孙无忌等在《进五经正义表》中，又提出《五经正义》"虽加讨核，尚有未周"。于是，唐高宗下令第二次刊定。一些当政的高官奉命参与领导，有太尉长孙无忌、司空李勣、尚书左仆射于志宁、尚书右仆射张行成、侍中高季辅、吏部尚书褚遂良、中书令柳奭等。此外，还组织了十六名经学专家参与刊定，他们是弘文馆学士谷那律、国子博士刘伯庄、国子博士王德韶、太学博士贾公彦、太学博士范义頵、太常博士柳士宣、太学博士齐威、国子助教史士弘、太常博士孔志约、弘文馆直学士薛伯珍、太学助教郑祖玄、太学助教隋德素、四门博士赵君赞、太学助教周玄达、四门助教李玄植、四门助教王真儒等,阵容相当强大。参与刊定讨论的还有当时一些著名的学者,如御史大夫崔义玄等。

这次修订扩大了文献参考范围,据《进五经正义表》,"释左氏之膏肓,剪古文之烦乱",在思想内容方面有所加强,排除佛、道的思想渗透,在文字方面也更加精炼、更有条理,而编写体例则不再变更。

第二次修订费时两年,于永徽四年(653)二月完成刊定及缮写,进呈给高宗皇帝,这就是流传至今的刊定本。虽经修订,但题署仍称"国子祭酒上护军曲阜县开国子臣孔颖达疏",这也是尊重历史的体现,不因为疏文有缺点,主编人已逝世,权位已转移,就把前人除名,由新权贵占有成果。

二、《五经正义》编写的历史意义与经验

(一)历史意义

1. 在经学历史上是划时代的总结

唐朝是继隋朝之后统一的封建中央集权国家,政治上的统一要求统治阶级的思想也归于统一,儒家经典是统治阶级的思想工具,阐释经典的经学也必须统一,才能发挥统治思想的强大作用。孔颖达主编的《五经正义》就是在这种政治背景下产生的。

《五经正义》成为国家规定的教材,从它颁布施行之日起,经学多门统于一尊,东汉以来儒家内部相互矛盾的异说一扫而空,宗派门户的对立也因此消除。

以规定一种注疏为标准,从而使经学统于一尊,结束了数百年来异说纷争的局面,这与汉武帝"罢黜百家,独尊儒术"具有同样重要的历史意义。汉代官学只统一课程,承认十四家经说,并未编出统一教材。而唐代的《五经正义》不仅使儒家经学归于统一,而且其使用范围遍及官学,在空间上扩大了影响;数百年持续使用统一教材,在时间上长期发挥作用。这是不宜低估的。

唐初的经学,从其基本特性来看,仍然是汉学系统。汉学的特点就是限于名物训诂，哲学理论色彩极淡。《五经正义》虽不是创造性的著作，也谈不上是经学的重要发展，但它是汉学系统的历史阶段总结。它综合汉学发展的历史成果，标志着汉学发展的最后一次高潮。

旧阶段的结束，同时预示着新阶段的开端。由于对经典规定了统一的解析，严重地束缚了自由思想，因此有创造性的士人不满意这种状态。为了挣脱思想束缚，他们撇弃章句训诂，转而探求思想内容，从分析微言大义开始，发展至穷理尽性，开创新的学术风气并逐步扩大其影响，从汉学占据垄断地位的时代转入宋学占据垄断地位的时代。

2. 使用千余年，学术价值不磨灭

自永徽四年（653）刊定颁行之后，不仅在学校被用作统一教材，而且科举也用以取士，因此《五经正义》被奉为标准。自唐至宋数百年，士人皆谨守此官书，莫敢异议。元、明、清三代，程朱学派思想处于统治地位，宋学的经学受到重视，但《五经正义》并未被取消，仍然作为重要的依据。

《五经正义》确定的编写体例产生重大影响，以后有人就仿照它的体例编写教材，比较著名的有贾公彦的《周礼疏》《仪礼疏》，杨士勋的《春秋穀梁传疏》，唐后期徐彦的《春秋公羊传疏》，这四经的疏文也被政府承认作为统一教材。

宋人在唐人九经的基础上，又提升《论语》《孝经》《尔雅》《孟子》为经，仿《五经正义》的体例，均重新作疏，这样就合成十三经，均有注疏。虽号称十三经，但实际上仍然以《五经正义》为其主干。

《五经正义》的重要学术价值在于：

（1）保存古代史的基本史料。

（2）保存汉及魏晋经学的重要成果。皮锡瑞在《经学历史》中说："当古籍沦亡之后，欲存汉学于万一，窥郑君之藩篱，舍是书无征焉。"

（3）保存南北朝各家义疏的学术资料。

从学术上看，这些材料的学术价值具有永久性，不因时代变迁而磨灭。

中华人民共和国成立后,为了研究古代文化,《五经正义》仍然印刷出版。自653年至今,《五经正义》存世已有1300多年的历史,今后作为历史古籍,将会永远保存下去。

(二)历史经验

1. 上层重视

唐初学官、学生需要教材,教育行政部门想编教材,但限于条件难于实施,能使之实施的关键在领导。当时的封建国家最高统治者李世民是较有政治远见的人物,他重视文教的作用,认识到儒学能为巩固封建统治服务。要发挥这种作用,只有儒学自身达到统一,才能结束"儒学多门,章句繁杂"的局面。因此,他从政治需要出发,下令编写五经义疏。

唐太宗对主编的选择也颇为慎重,既不用皇亲国戚,又不用权势显赫的宰相,而是挑选学识广博的国子祭酒孔颖达,这是用经学家来领导经学家进行编写。内行人当学术领导,不至于瞎指挥,所以能产生重大的文化成果。

编写统一教材这种历史任务,学者能认识实际需要,能提建议,但没有权力采取实际行动组织编写。统一教材意义的认识程度至为重要,如果缺乏足够认识,不仅不会采取强有力的实际行动,而且会制造巨大的障碍,也就难于产生有历史意义的文化成果。

2. 使用专家

一位主编,不论其学识多么广博,很难对自然、社会、历史问题都作全面深入的研究,不可能遍注五经,无法对每一问题、每一字句都做出切实正确的解释。

一个人的力量不够,就需要集合一些专家共同研究编写问题。受命撰定五经义训的,除孔颖达之外,还有颜师古、司马才章、王恭、王琰等。这五人类似于最初的编委会,他们讨论决定大纲、原则、体例以及重大学术问题。至于具体工作,分经进行编写,还要组织经学专家参加。参加每经编写的人数虽不多,但参加者必定是学有专长的经学专家。

编写教材要依靠专家，审查修订已编成的教材也离不开专家，第一次修订是如此，第二次修订仍然是如此。要重视专家意见，尽量吸收其合理建议，这是统一教材编写成功的一个基本条件。如贾公彦，是"三礼"的专家，孔颖达编写《礼记正义》就把他组织在内，有关的问题都与他商讨。贾公彦始终参加《礼记正义》的修订，所以在《五经正义》之中，《礼记正义》的内容最为翔实，疏解亦条理明晰，是一部比较优良的教材。

3. 确定原则

确定编写原则，对于教材以何种面貌出现，关系至为重大。皮锡瑞说："《正义》者，就传注而为之疏解者也。所宗之注不同，所撰之疏亦异。"《五经正义》的注与疏有极为密切的联系，其所定的原则最基本的是两条：

第一条是注宗一家。他们认为，注必须选汉魏较完善的、经得起时间检验的、有代表性的一家为主。比较的结果是，确定《周易》用魏王弼注，《尚书》用汉孔安国传，《毛诗》用汉毛公传，《礼记》用汉郑玄注，《左传》用晋杜预注。据《隋书·经籍志》介绍，这几家都是在隋代盛行的。经过评选而确定的，都具有较大优点。如《春秋正义序》说："今较先儒优劣，杜为甲矣。"杜预注之所以被选用，是因为比较起来，它的优点更多。注有南学、北学之分，南学占据相对优势。

第二条是疏不破注。他们认为，疏只能为注文作疏通解析，需要顺着注的思想，不能提出自己的新见解；对注只能加以维护，不能矫正注的错误。如《春秋正义》以刘炫的义疏为根据，而刘炫在义疏中违背疏不破注的基本原则，孔颖达就加以批评："规杜氏之失，凡一百五十余条，习杜义而攻杜氏，犹蠹生于木而还食其木，非其理也。"又如，《礼记正义》以梁皇侃的义疏为根据，而皇侃的义疏既有遵循郑氏注文的，又有违背郑氏注文的，孔颖达在《礼记正义序》中批评这种背离疏不破注基本原则的做法是"木落不归其本，狐死不首其丘"。

规定这种基本原则，完全是汉学的风格，主要倾向是保守的，不利于新思想的发展。但在整理古籍方面，其经验还有一定的可取之处。古籍与古注，是一个历史时代的文化记录。要继承历史遗产，应当保护其原貌，不能随意删改，而要探索吸收利用。如刘焯、刘炫的《尚书》义疏、《毛诗》义疏，与其他人的义疏比较起来，最为详雅，为诸儒所不及。《尚书正义》《毛诗正义》以二刘的义疏为根据是合理的。如果不尊重历史，强制执行推陈出新，结果可能是割裂原著，歪曲原意，造成对历史文化的破坏。

4. 容纳异见

《五经正义》的编写，吸收了一批著名的经学家参加，他们虽然保持汉学的学风，但又都是具有广博学识的积极研究者，不是因循守旧的章句师。他们对学术的见解不完全一致，特别是在关系到政治制度、伦理道德等的问题上有不同的解释，牵涉到统治集团的利益，引起一定的重视。

马嘉运作为当时的太学博士，官居七品，地位并不高，但他在学术上有不同见解，敢于批评，敢于坚持。这种明辨是非的精神，在封建时代是难能可贵的。

孔颖达担任主编，虽年高望重，位居祭酒，但他不采取学阀的态度，以权势压人，而是容许不同意见发表，然后与之辩论。在未被说服的时候，他决不迁就调和，不轻易改变自己的观点。

统治集团之所以听取异见，也是为了统治阶级本身的利益，而非偏向某人。一种经说，可以为政治服务，也可能起反作用而损害统治阶级的利益，不能不加以重视。所以，要让内部不同的意见都摆出来，并特别加以重视，这正是为了维护统治阶级的长远利益。

5. 求其完善

《五经正义》初次编写，基本符合要求，但又存在缺点，不尽完善。因此，对它不是否定推翻，而是进一步修改，使其更加完善。

修改工作不能撇开原来的主编和编者，又要避免原来的局限，扩大听取意见的范围，所以增添了修订人员，还派了审稿专员赵弘智。赵弘智任黄门侍郎兼弘文馆学士,他的专长是"三礼"、《史记》《汉书》,曾参加过《六代史》和《艺文类聚》的编撰。这次修订审稿在审稿专员手里通过,经过认真覆查、详细审稿之后才得出合格可行的结论。审稿从贞观十六年(642)开始进行,何时结束则缺乏明确记载。进呈之后,尚有不同意见反映,长孙无忌等认为"虽加讨覆,尚有未周",朝廷没有批准颁发,而是暂时搁置起来。到永徽二年(651),国学还是要求有经审核的统一教材。朝廷也感到统一教材关系重大,搁置着并非善策,于是下令当政的大臣要管其事,并从当时国子监现任学官中组织第二次修订班子分经修订,到永徽四年(653)二月才完成。

从贞观十二年(638)到永徽四年(653)十五年间,朝廷为《五经正义》组织了一次编写、两次修订,直到认为合格,才重新颁下施行。可见,封建统治者对教材非常重视,慎重其事地反复审核修订,力求完善,达到其所要求的质量。

综上所述,唐代《五经正义》的编写为后世提供了一些可资借鉴的历史经验。无产阶级在组织统一教材编写方面可以从中得到一些启示。社会科学教材有重要的社会影响,不应加以轻视。要发挥学有专长的各科专家的作用,请他们贡献力量,承担编写任务。为了达到观点一贯,提高效率,实行主编负责制,这是符合新时代需要的。但是,强调主编负责制而排除不同学术观点的存在,则是值得商榷的。在主编包办不了的情况下,必然需要合作者,合作者未必在学术观点上完全一致,有的正是在看到弱点时提出自己的创见,可以起互补作用。作为国家教材,不应只反映一人的观点,只为眼前的政治需要服务,而要综合吸收各派观点的合理部分,保证其科学性,为长远的根本利益服务,使之经得起时间的考验。对不同意见,应该重视进行讨论,不应轻易用行政手段排除。领导者应发挥学术民主的精神,不怕反复讨论修订,同时应当取长补短,求其完善,这才有利于学术的发展和提高。

(选自《孙培青文集》,上海教育出版社2023年版)

中国历代教育的主要特征

教育是人类特有的社会现象。自有人类出现，形成了人类社会，为适应人类群体社会公共生活的需要，为了个体健康成长和智力发展成为合格社会成员的需要，便有了教育活动。教育伴随人类发展，与人类共始终。人类延续多长，教育也就延续多长。从这种意义来说，教育具有永恒性。既然教育为人类社会生活所必需，教育就受到中国历代政治家、思想家、教育家的重视。

教育又是在一定历史条件、一定社会环境下发展的，社会的经济、政治、文化制约着教育，它们的发展变化也带动教育的发展变化。社会存在决定教育的形态，不同的时代有不同的教育。所以，教育又具有历史性。因此，中国历代的政治家、思想家、教育家都以历史的眼光看待教育，为使教育适应时代发展的需要而进行教育改革和创新。

中国是世界文明古国之一，中华民族的教育源远流长。自公元前21世纪夏朝建立之始，我国进入奴隶制社会，建立了国家政权机构，就把教育作为施政的重要手段之一，利用学校教育来培养管理人才，利用社会教育来教化民众。从此，教育发生分化，社会与教育都经过许多的发展变化。我国教育走过四千多年曲折起伏的历程：既有顺应历史潮流走在时代发展前列的时候，也有停滞不前落后于时代的时候；既有成功的经验，也有挫折的教训；既形成一定的优良教育传统，也附带过时的陈腐废物。这些都沉淀于数千年积累的历史文献之中，需要我们进行清理。

在清理历代教育遗产时，需要认识历代的教育实践与教育思想的密切联系。历代教师在教育实践中观察各种教育现象与教育问题，有了深入的认识，逐步形成教育思想观点，再总结提高，形成教育理论。教育思想理论来源于教育实践，教育实践是教育思想理论继续发展的源泉。教育思想理论达到相当的认识高度，就会反作用于教育实践，甚至会直接指导教育实践。

春秋战国时期，儒、墨、道、法、名、阴阳、纵横、农、杂等家都有各自的教育实践和教育理论，开展激烈的思想斗争，其中最重要的是儒与法的斗争。斗争促进了不同教育思想的交流，也促进了教育思想进一步发展。儒家的创始者孔子，"好古，敏以求之"（《论语·述而》），学习华夏传统文化，"祖述尧舜，宪章文武"（《礼记·中庸》），继承德治的政治思想路线，主张"为政以德"（《论语·为政》），提倡爱人以德，重视对民众进行伦理道德教育。孔子的教育思想学说为中国古代教育奠定了理论基础，也适合维护封建社会政治制度的需要。他的弟子及后学多数以文教工作为职业，继续奉行德治的思想路线，坚持以私学为宣教园地，遵行"穷则独善其身，达则兼济天下"（《孟子·尽心上》）的处世原则。儒家的主张在战国时代不被采纳，在秦朝受到禁令打压，但未被消灭。

汉武帝采取"独尊儒术"的文教政策，这才发生大转折。此后两千多年，儒学成为历代文教的指导思想，儒家经典被规定为教学和考试的内容，儒家具有广泛的社会影响，成为中国教育历史发展的主流。直到清代鸦片战争之后，才发生了大的变革。

从中国历代教育文献数据中，可以看到在儒家思想影响之下，中国历代教育如下的一些重要特征。

一、治国以教为先

中国古籍记载教育活动的，最早见于《尚书·舜典》，虞舜作为部落联盟首领，任命契为司徒，对百姓施行"五教"，任命夔典乐并教胄子，进行品德教育。这表明，在原始社会后期，教育已受到重视，在公共事务管理中已占有重要位置。进入阶级社会之后，历代的教育人物绝大多数都是从社会本位的观点出发，考察教育与社会各方面的关系。孔子主张实行以德治国的政治路线，他说"为政以德"。为实现这一目标，需要教育发挥作用，"道之以德，齐之以礼，有耻且格"（《论语·为政》）。德礼之教，使民众日益迁善。孔子在论立国、治国三要素时，提出"庶、富、教"：当民众物质生活有问题时，就先改善民众物质生活；解决了富的问题，接着就解决教的问题，教要解决的是民众的思想道德问题，这也是不能迟疑的事。在孔子思想影响下，儒家后学重视教育与政治的关系，认为教育要发挥育人和化民的作用，以适应国家管理社会的需要。《礼记·学记》对这种思想做了直接阐述："古之王者，建国君民，教学为先。""君子如欲化民成俗，其必由学乎！"这种思想的逻辑发展，就是在施政中把教育置于优先的地位。这种重视教育作用的思想为历代儒家学者所继承和弘扬。董仲舒是一位重要代表，他认为古之王者以德治天下，"莫不以教化为大务"。推行教化要依靠贤士，贤士需由太学培养，所以他说："太学者，贤士之所关也，教化之本原也。"（《汉书·董仲舒传》）范仲淹主张以学校教育为先，他在《上时相议制举书》中说："夫善国者，莫先育材。育材之方，莫先劝学。"胡瑗也是有代表性的一位，他在《松滋儒学记》中说："致天下之治者在人才，成天下之才者在教化，……教化之所本者在学校。"他们都明白政治—人才—教化—学校的内在联系，强调学校培育人才的重要意义。儒家重视教育的思想亦为历代统治者所接受。唐高祖李渊在《兴学敕》中说："自古为政，莫不以学为先。"明太祖朱元璋说："治国以教化为先，教化以学校为本。"（《明史·选举志》）统治者如此重视教育，必然会运用权力推动学校教育的发展。

二、教以德育为重

中国历来重视道德教育，渊源于虞舜完善和施行人伦五常之教与西周周公以"敬德保民"为治国的指导思想。周公对历史的影响更大。他以夏商两朝兴亡的历史为鉴，认为夏商末代"不敬其德"，所以天命改易，后继的周朝必须"敬德保民"，才能永保天命，国祚延长。为此，统治者要修养品德，以德治国，以德处事，以德教子民，由德治而行德教。这种思想就体现在《周礼·地官司徒》中，师氏以三德、三行教国子，保氏以六艺、六仪教国子，大司徒以六德、六行、六艺教万民而宾兴之。德与行居于前，艺与仪处于后，本末重轻，甚为显然。重德行的教育成为西周的教育传统，并为春秋时代的孔子所继承。孔子是德治主义的提倡者，把他的主张贯彻到教育领域，自然以道德教育为首要目标。他所说的道德，以"仁"为中心思想内容，"仁"的外部表露就体现为礼的行为规范，"仁"的根本在于孝悌，能以孝悌为根本，自然会有仁道的思想行为产生。孔子的私学教育有一定程序："志于道，据于德，依于仁，游于艺。"（《论语·述而》）道德仁义居于游艺之先，已明确显示其本末先后。孔子列举四科，德行居首。他强调统治者要加强道德修养，才能成为下属及民众的表率。孔子把道德教育放在首要地位，为古代道德教育奠定了理论基础。孟子继承孔子的道德教育思想并加以发挥，他主张实行仁政，并把教育作为推行仁政的重要途径，指出不论学校教育还是社会教育，目标是一致的，就是要"明人伦"："父子有亲，君臣有义，夫妇有别，长幼有序，朋友有信。"（《孟子·滕文公上》）教以人伦就是善教，善教受到群众爱戴，得民心，能实现人伦的规范，社会的问题也就便于解决。之后的儒家代表人物也都重视道德教育，把德育放在首要地位。西汉董仲舒在继承儒家道德教育思想时有所发展，他提出以"三纲"为道德的基本准则，以"五常"为普遍的道德观念，作为道德教育的根本内容，以规范人们的思想行为。他特别强调，要遵守典章制度和礼教。宋代朱熹作为理学代表，认为道德教育的基本任务是"存天理，灭人欲"（《朱子语类》卷第十一）①，天理"其张之为三纲，其纪之为五常"（《晦庵先生朱文公文集·读大纪》），五常的道德观念即为人伦的五教之目。他特别强调，自古以来，教者教此，学者学此而已。明代王守仁是心学的代表人物，认为古代之学校，其要皆所以明人伦，其节目则五者而已，教育"惟以成其德行为务"（《传习录》）。明清之际，反对理学思想的进步教育家，如黄宗羲、王夫之、颜元等，都把道德教育放在首要

---

① 原文"'存天理，去人欲'（《传习录》）"，这里讲的是朱熹，故改为"存天理，灭人欲"（《朱子语类》卷第十一）"。——编者注。

地位，灌输伦理知识，进行道德训练，基本目的也是"明人伦"。中国古代教育，最重要的是德育，这是又一重要特征。

三、提倡因材施教

古代教师在教育实践中都在探索和运用一定的教育方法，成就各有不同。培养人才较多、历史影响最大者，当数孔子。他创办私学，以诗、书、礼、乐教授。据记载，他教授弟子三千，成就著名贤士七十二。孔子之所以能成功，是因为他热爱教育事业，认真总结实践经验，探索多种教育方法。尤其重要的是，他运用因材施教的教育方法。孔子说："故天之生物，必因其材而笃焉。故栽者培之，倾者覆之。"（《中庸》）可见，他已有因材造就的思想。《论语》所载他的教育实践活动中，许多事例表明他在充分运用因材施教，但当时并没有确定什么名称。北宋程颐在与弟子谈话时说："孔子教人，各因其材，有以政事入者，有以言语入者，有以德行入者。"（《二程遗书·杨遵道录》）朱熹在《论语集注》中引用程颐的话，提醒读者加以重视，由于四书的流行，流传过程中又被概括为"因材施教"四个字。促使孔子采用因材施教方法的，是当时私学的客观条件：学生绝大多数是平民子弟，出身背景比较复杂，入学有先后，年龄有大小，文化水平有高低，道德品行有优劣，存在较大的个别差异。孔子的教育目标是培养贤士、君子，这是统一的要求。在这种条件下，采用划一的教育方法不可行，只有因材施教、个别指导比较适合。因材施教必备的条件是对学生要有全面、充分的了解，准确把握学生的个性特点。孔子通过日常与学生谈话和细心观察做到了这一点，因此能根据学生的实际问题和个性特点进行答问。《论语》中有问仁、问孝、问政、问士、问君子等方面的答问，都是因材施教的事例。孟子继承孔子因材施教的思想，在教学实践中，根据对象品德修养的程度，才能的长处，有什么偏短需要补救，选择适当的方法施教。他说："君子之所以教者五，有如时雨化之者，有成德者，有达财者，有答问者，有私淑艾者。此五者，君子之所以教也。"（《孟子·尽心上》）朱熹《孟子集注》："圣贤施教，各因其材，小以成小，大以成大，无弃人也。"这说明孟子也实行因材施教。儒家后学继承、发展了因材施教的思想。《礼记·学记》有一段专从个性心理的角度论述因材施教，要求教师在了解各个学生心理特点与掌握个性差异的基础上，拟订针对的方案，实行因材施教，此所谓"知其心，然后能救其失也。教也者，长善而救其失者也"。发扬学生优点的一面，矫正学生缺点的一面，能这样"长善救失"，就做到了因材施教。因材施教的思想产生于教育实践的需要，教育者开始是作为方法来使用，以后认识到具有普遍适用性，就作为教育原则来看待，再进一步推广应用。只要正确地运用，不论何时、何地、何人，都会产生好的效果，这证实因材施教具有客观规律性。因材施教的思想在中国历代相传，成为优良的教育传统，人才源源不断而出。

四、保持尊师传统

这是中华教育的又一特征。古代文化不发达，对品德高尚、知识经验丰富的教师特别尊重，给教师很高的地位。《尚书·泰誓》有"天佑下民，作之君，作之师"的说法，把君与师并提而论，认为都是奉天命而立的超凡人物。中华民族自古以来就提倡尊师，把尊师作为公共道德之一，不尊师即等同于违反公共道德。《白虎通·封公侯》："人有三尊：君、父、师。"人们有三项要尊敬，教师是其中的一项。对于为何要尊师，古籍也有所说明。《国语·晋语》："'民生于三，事之如一。'父生之，师教之，君食之。非父不生，非食不长，非教不知生之族也，故壹事之。"这是从发展成人的三项基本条件来论必须尊师的。《荀子·礼论》："礼有三本：天地者，生之本也；先祖者，类之本也；君师者，治之本也。……故礼上事天，下事地，尊先祖而隆君师，是礼之三本也。"这是从礼制产生确立的三个本源来论人要敬本，所以必须尊师。古籍中还提出多方面的理由，论述教师应当受到尊敬。

（一）教师因传道于人而受尊

人立足于天地之间，生存于人世之中，要知天道、地道、人道。《学记》云"人不学，不知道"，而要学道，必须有教师。教师先生、先学、先知道，所以有条件传道于学生，学生要学道于教师。《吕氏春秋·劝学》："是故古之圣王未有不尊师者也。尊师则不论其贵贱贫富矣。……故师之教也，不争轻重、尊卑、贫富，而争于道。"教师因传道而受尊。《学记》强调"师严然后道尊"，指出要尊敬教师，人们才会尊重教师传授的道，这有重要的政治意义。

（二）教师因行义利人而受尊

从道德和功利的角度都可以评价教师的工作。《吕氏春秋·尊师》："故教也者，义之大者也。……义之大者，莫大于利人，利人莫大于教。"传道教人的工作，是行义的事情之中最重大的。行义最重大的事就是有利于人民，有利于人民的事没有比教育工作更伟大的。

（三）教师因好学敬业而受尊

做教师要具备一定条件，先要认真学习，具有丰富的知识，才能担负传道、授业、解惑的重任。为了使教学工作持续下去，教师需要不断学习，充实知识，更新知识。"教学相长"是教师进行自我提高的规律。孔子为人好学，又热爱教育工作，他"学而不厌，诲人不倦"（《论语·述而》），把学与教两件事都做得非常出色，表现出好学又敬业的高尚精神，成为后世师者共同学习的典范。他的信条成为公认的教师职业道德信条，长期被作为评价教师工作的主要标准。具有这种师德风范的教师，受到学生与社会的尊敬。

（四）教师为人模范而受尊

教师的工作，不局限于教学生识字读经，更重要的是思想品德行为的培养，教学生学会做人，成为一位适应时代要求的合格的社会成员。在教育方式上，不仅有言教，更重要的还要有身教。教师要求学生做的，首先自己要做到，能以身作则，为学生树立榜样，会产生更好的效果。汉代扬雄在《法言·学行》中说："师者，人之模范也。"教师能严格自律，爱人以德，推己及人，行为合乎社会道德规范，成为学生学习效法的模范，自然受到尊敬。

（五）教师善教而受尊

历史上善教的教师不计其数，孔子是杰出的一位。他诲人不倦，循循善诱，爱护学生，对学生无所保留，师生关系融洽。《学记》对于善教有些论述，如善教的教师都熟练地运用启发诱导，"道而弗牵则和，强而弗抑则易，开而弗达则思。和易以思，可谓善喻矣"。"善教者，使人继其志。其言也，约而达，微而臧，罕譬而喻，可谓继志矣。"善教的教师使学生朝着计划的目标发展。《吕氏春秋·诬徒》认为，善教者"视徒如己，反己以教，则得教之情矣。所加于人，必可行于己，若此则师徒同体"。善教要体现在学生身上，"达师之教也，使弟子安焉、乐焉、休焉、游焉、肃焉、严焉"。学生能安于所学，乐于所学，学习的自觉性、积极性得到发挥，乐中有得，这是在正道上发展。善教而受尊，合乎常理。尊师是中华民族历代相传的教育传统。

五、政策因时调控

国家施政都要制定政策，通常是经过统治集团上层讨论，提出建议或方案，由当政的帝王最后裁定，以命令的形式立法。文教方面也有由国家政府为发展文教事业而制定和实施的方针政策，制约着教育的性质、任务、体制与内容。在不同历史时期，因改朝换代，政权转移，不同的当政者思想倾向不同，由此带来文教方针政策的调整变化，直接影响学校教育的发展。夏、商、周三代，奴隶制国家由奴隶主贵族当政，实行的是奴隶主贵族垄断文化教育的政策，体现为学术官守，学在官府，政教合一，官师不分。夏崇尚武力，重视军事训练；商敬事鬼神，重视祀戎之事；周敬德保民，重视礼乐教化。三代先后有差别，但都只有官学，没有私学。春秋时代，诸侯国各自制定政策。齐国令四民不杂处，父兄教其子弟。郑国子产不毁乡校，作为听取民意的管道。此时，贵族官学衰废，民间私学兴起。战国时期，私学大兴，百家争鸣，诸家各有私学。招贤养士成风，公室养士与私家养士并存而竞争。齐国采取公家养士，实施学术自由、兼收并蓄的文教政策，设立稷下学宫，招收各家著名学者，亦容纳追随学者而来的弟子组成的私学。这是以私学为基础的官学，又是各家争鸣与交流的学术中心。秦国以武力消灭六国，建立统一的中央集权的帝国，实施法家主张的"以法为教，以吏为师"的文教政策，不办官学而禁私学，颁挟书令，其极端措施是"焚书坑儒"，专制的暴力制造了一场浩劫。汉朝建立，改变秦的文教政策，采用道家黄老学派的主张，"无为而治"，实行利于民众休养生息的政策，容许私学恢复和发展。汉武帝时，文教政策发生大转折，采用儒家的主张，实行"罢黜百家，独尊儒术"的政策，基本措施有三项：（1）尊儒而专立五经博士；（2）兴太学以养贤士；（3）以经术为标准选举贤士。从此，官学、私学都以儒家经学为教学内容。汉代的文教政策影响中国封建社会达两千多年之久。魏晋南北朝时期，已由统一的国家变成割据的局面，各个割据政权根据自己的需要制定文教政策，儒学虽受冲击而被削弱，但社会影响还存在，官学衰落，而私学、家学作为补充继续发展。此外，这一时期还出现了一些多样性的教育创新。隋唐再建统一的中央集权国家，选择儒学作为统治的指导思想，对佛教、道教也加以尊重利用，确立以崇儒兴学为文教政策。关于在实行过程中如何对待文教政策，出现了多种情况：凡是能坚定贯彻崇儒兴学的文教政策的，如唐太宗的贞观年代，官学得到大发展；唐玄宗的开元年代，官学稳定发展。凡是贯彻文教政策出现摇摆的，如隋文帝的开皇年代，积极发展学校教育；仁寿年代，以未实现期望，随即对学校加以精简收缩，人为造成大起大伏。凡是改变政策并推行相反政策的，如武则天当政的年代，推行崇佛抑儒的文教政策，使国子监处于荒废状态几十年。唐代崇儒兴学的文教政策为宋、元、明、清各朝所继承，实际措施则因时代不同而有变化。以明朝为例，以程朱理学为统治的指导思想，加强专制统治，控制民众思想，对知识分子更是严加管束，提出"治国以教化为先，教化以学校为本"，建立由各级学校构成的全国学校网，颁禁例为各级学校学规，违规则严惩。朝廷严审教材，《孟子》书中因有抵触皇权的文字，被删除八十五条，改成《孟子节文》。有人攻击书院议论朝政，学术思想不端，朝廷为此先后四次禁毁书院。明代的文教政策虽使学校有较大发展，但文化专制主义的残酷也是登峰造极。上述事例表明不同历史时期有不同的文教政策,有的对学校教育发展有促进作用,有的则对学校教育造成破坏,文教政策的作用是非常重要的。

六、官学形成系统

官学产生并形成系统有一个过程。公元前2070年,夏朝建立奴隶制国家政权,对贵族子弟要求进行四个方面的教育:(1)军事训练,以成为能战的武士;(2)宗教教育,使知敬天尊祖;(3)政治与人伦教育;(4)学习文字与掌握基本文化知识。为组织这些活动,朝廷成立教育机构,派官员兼职管理,中央有国学,地方有乡校。商代文字趋于成熟,可供学习的文献增多,教育机构也有发展,设右学为大学,左学为小学,大学在西郊,小学在王宫之东,地方有乡学。西周是奴隶制社会全盛时期,实行德治,更重视学校,官学制度也进一步发展。贵族子弟八岁入小学,小学设在王宫的东南;十五岁入大学,大学在郊外,天子曰辟雍,诸侯曰泮宫。小学与大学统称国学。郊外六乡与各级行政组织配合,设家塾、党庠、州序、乡校四级学校,以六德、六行、六艺为教育内容。这些地方学校总称为乡学。乡学与国学等级有别,乡学选送优秀者升入国学,存在一定联系。西周学制是奴隶社会官学教育的代表。封建社会官学系统的兴起是由汉武帝改变文教政策推动的,初建太学只招五十名博士弟子,并容纳地方选送的一些附读生,以后生员人数逐步增加。汉武帝获知蜀郡守文翁修学宫,立学官,教授弟子,推行教化而移风易俗,值得推广,于是令郡国皆立学校官,把官学推行于地方,跨出了一大步。汉元帝令郡国置五经百石卒史,增设官员,以保证地方官学的制度化。汉平帝时,又令地方官学进行整顿和规范:"郡国曰学,县、道、邑、侯国曰校,校、学置经师一人;乡曰庠,聚曰序,序、庠置《孝经》师一人。"(《汉书·平帝纪》)这样的设置和人员配备使官学朝着系统化方向推进。封建官学形成完整系统是在唐代。从贞观至开元一百多年间,经济繁荣为官学的发展创造了物质条件,使唐代官学超越前代,成为封建官学系统的代表。官学系统由两大部分组成,即中央官学与地方官学。中央官学集中体现当时教育发展的最高水平，包括三类学校。（1）独立设置的国子监，是中央政府直属的职能部门之一，是综合性的国家最高学府。从学习内容的性质来看，一种是儒学学校，一种是专科学校。前者有国子学、太学、四门学、广文馆等，目标是培养管理人才。后者有律学、书学、算学等，目标是培养专门人才，以为政务所用。（2）附属设置的专业学校，有司天台附设的天文学校、太医署附设的医药学校、太乐署附设的音乐学校、太卜署附设的卜筮学校、太仆寺附设的兽医学校、少府监附设的工艺学校等，都附设于政府的事务部门，利用其人才和设备培养国家所需实用人才。（3）特别设置的学校，有门下省附设的弘文馆、东宫附设的崇文馆，只招收皇亲国戚及三品以上高官的子孙为学生，维护他们的教育特权。地方依法令，结合府、州、县行政区的层次配置儒学各一所，府、州各设医学一所，依行政区内人口的数量多少分档规定学生的名额。这样的布局构成一个全国儒学与医学的学校网。地方官学作为中央官学的下级，可以依规定选送优秀学生升入中央官学的四门学或参加科举考试。在7—8世纪，唐朝的中央官学与地方官学形成官学教育系统，凭借先进的教育制度，走在世界教育发展的前列，国都长安成为东西方教育交流的中心。后来的宋、元、明、清，都在继承唐朝教育制度的基础上继续发展。

七、私学自由设置

私学是与官学相对而言的，私学的办学主体是民众，有个人的、家族的、乡里居民合办的。起初只是个别文化人为谋生而进行文化传授，后来因社会需要而逐步发展。其杰出者，形成自己有特色的主张，扩大社会影响，吸引众多弟子，组成学派。私学开始于春秋时代，周王朝在没落，其行政机构难以正常维持，官学也趋于衰废，文化职官四散，带着典籍或器物沦落民间，他们以传授文化换取生活资料，使原在官府的学术传播于民间。战国时期，私学蓬勃发展，在此基础上出现了百家争鸣的现象，是中国历史上思想活跃、学术繁荣的一个阶段。私学的设置是自愿的，只要有人来学，能办得下去，就有存在的权利,政府不施加限制。当时私学的社会环境比较宽松,有五大自由:办学自由、讲学自由、求学自由、游学自由、竞争自由。既然教师有设学与讲学的自由,学生有选择与来去的自由,那么必然会给教师一定压力,促使教师提高教学水平,努力创新,以吸引学生。私学的特点是:(1)以教师为核心,教师以教学为职业,独立负责;(2)私学对平民开放,扩大教育对象的范围;(3)私学有思想学术自由,可以按自己的教育主张进行教育实践;(4)私学可自己确定课程内容,传授学派的政治观点、道德思想以及新的知识技术,与现实生活有较密切的联系;(5)私学的制度虽不够规范,但具有较大灵活性、适应性,设备较为简单,有可流动的便利。当官学衰废、不能尽其职能为社会培养人才时,私学代替官学培养人才;当官学培养人才类型单一、数量有限时,私学可培养类型多样、数量更多的人才。私学与官学并立,成为官学的重要补充。私学创造了丰富的经验,产生了深远的历史影响。私学随着历史时代的发展而发展演变,在发展过程中有一些曲折。历史上发生过两次禁私学:一次是秦始皇为统一政令、统一思想,采取禁私学的措施,对私学的摧毁是全国性的;一次是北魏迁都,提倡官学加强汉化而禁私学,影响限于北魏统治的地区。其他朝代对私学采取开放的态度,但随政局的变化,私学的发展有阶段性的起伏。汉代是私学恢复和发展的时期。汉初接受秦亡的教训,改革秦朝教育制度,废除私学的禁令,听任各家私学恢复和发展,以招贤和察举的方式吸收私学培养的人才。在汉武帝"独尊儒术"的文教政策影响下,儒家私学占有优势,并形成私学的两个层次:初级私学称为书馆,有的仅学习识字、写字,有的进一步学《孝经》《论语》;高级私学称为经馆或精舍,学习专经或兼经。私学分布面很广,随着时代发展,物质条件改善,经师传授的规模日渐扩大,著名经师门下的弟子成百上千,甚至有著录弟子上万。魏晋南北朝时期,由于分裂割据,战乱破坏,私学处于低潮,而士族家学的传授对文化的保存与传承起了一定作用。经学统一的局面被打破,而玄学、文学、史学、科技得以传授,出现了私学多元化现象。

孙培青

隋唐时期，私学又达到新的发展高潮，新的知识门类成为传授的内容，使私学类型进一步多元化。中央政府多次发命令，鼓励私学发展。武德七年（624），令"州县及乡，并令置学"（《旧唐书·礼仪志》）；开元二十一年（733），"许百姓任立私学"（《唐会要·学校》），促使私学在城乡更广泛地设置。私学的组织形式在唐代又有新的发展。自书院在唐中后期产生之后，私学先后采用书院的组织形式开展教学活动。宋代私家讲学相当普遍，尤其是理学家，更是利用书院的组织开展讲学，扩大其思想的影响。朱熹对书院发展起了较大的推动作用，他制定的《白鹿洞书院揭示》被推广为理学书院的教育纲领。书院在元、明、清时期有些演变，政府中有官员图谋把书院官学化，以便于控制书院，这种图谋受到一定的抵制。私学是学术发展的园地，担负传承民族文化的责任，发挥了重要的历史作用。

中国历代教育的这些特征，表明中华民族有优良的教育传统、珍贵的教育遗产，很有现实意义，应该认真加以研究。

（选自《孙培青文集》，上海教育出版社2023年版）

探索了解教育历史真相

探寻教育历史的真相，就是如何正确对待历史文献材料的问题。我所学的是教育史专业，所以为同学们上课上的就是"中国教育史"，其中尤其是中国古代教育史，有两个问题是必然要提及的，一个就是教育思想，另外一个就是教育制度。

在教育制度方面，如果要讲，其中有一个阶段是不可避免的，那就是唐代的教育制度。为什么讲教育制度一定要讲唐代的呢？因为我们国家的教育制度的形成有很长一段历史，在发展过程中逐步完善，到了唐代才形成有系统、比较完善的教育制度。因为唐代是封建社会的鼎盛时期，既有文化的积累,又有丰富的物质条件,所以系统教育制度到唐代才形成,也就是有官学和私学,官学有中央的和地方的,中央的官学类别就比较齐全。

在讲唐代的教育制度的时候可能就会碰到一些问题,产生一些疑问和迷惑。比如,通常认为,中央官学在李世民当皇帝的贞观年代就已经形成比较完整的教育制度,就是国子监下有"六学",分别是国子学、太学、四门学、律学、书学和算学。我们在上课之前总归要查一下前人的材料,查后发现有不一样的情况,对同一个制度,同一件事就有不同的说法。有的说是"六学",有的说后来发展有"七学",有的说"六学"是肯定的,后来增加的好像不起什么作用,这就有不同的说法了。

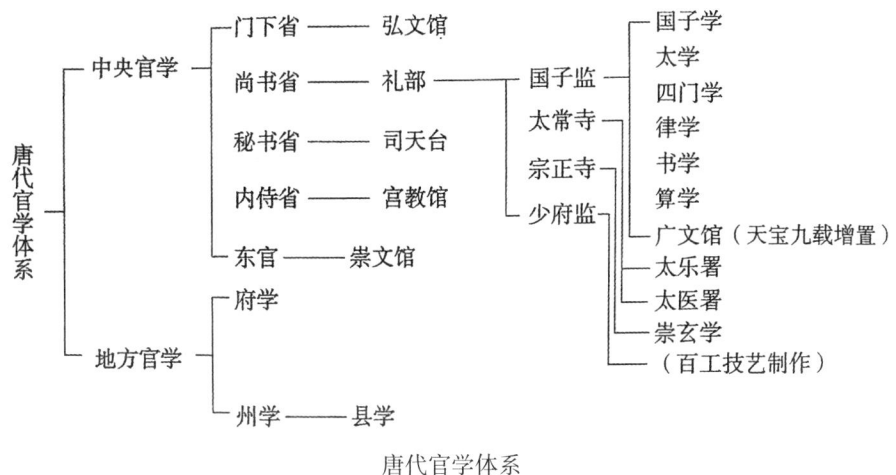

唐代官学体系

到底是"六学"对还是"七学"对呢？我们对这个问题要有一个合理的说法,这就要自己搞调研,需要去查历史文献材料,让历史事实来说话,来证明哪一个说法是对的,哪一个是欠妥的。调研就是从历史典籍和文献中去查证。我们在查阅一些历史材料的时候就发现相互之间有矛盾,比如说有的教材称简编、简史或通史,这三种方式各有说法,对这个问题该怎么判断呢？要用历史事实加以说明。所以史学方面的创新不一定是个人出了什么新的观点,教育史学的创新可能是发掘新的历史材料,用事实来说话,来证明哪一种说法是真的,是正确的。所以教育史学的创新和其他的创新有时是不一样的。根据这些史实分析、认识新的意义,得出新的结论,这也是教育史方面的创新。在这个问题上我做了些调研,不仅是历史文献材料的,也查阅了近人的历史著作和工具书。

现在不说别的,光说广文馆。这是唐代在"六学"的基础上新办的。这个广文馆在不同的著作中有不同的说法,于是我就去查资料,比如我去查工具书《辞海》。1980年版的《辞海》说天宝九年始设广文馆,"置博士及助教,掌教国子监中习进士课业的生徒,不久即废"。认为其没有存在多长时间。这两句话给人什么感想呢?就是这个学校有名无实。同样的,类似说法也出现在周予同的《中国学校制度》中,该本书被作为师范学校的教材。周予同是研究经学的,也是一个研究历史的权威人士,他对唐代的教育制度做过阐述,他对广文馆用四个字,"旋即撤废",也就是兜了一个圈子就随即废止了。这些论断不是自己创制的,他们也是有自己的历史根据的,历史根据就是《新唐书·郑虔传》。郑虔"坐谪十年,还京师,玄宗爱其才,欲置左右,以不事事,更为置广文馆,以虔为博士。……虔乃就职。久之,雨坏庑舍,有司不复修完,寓治国子馆,自是遂废"。

对于同一个历史事实,看法有分歧了,这就需要调研。调研之后发现,他们的说法是存在问题的,是不符合历史事实的,所以我今天以广文馆为例来讲我的一段经历,说明教育史的事实是要进行探索的。这个研究是小的研究,意义不大,却可以解决一些问题,消除我们的一些疑惑。关于广文馆的问题,可以归纳为三个问题。第一个问题就是为什么要有广文馆,广文馆设置的目的是什么?第二个是广文馆是什么时候设置的?这个是可以调研清楚的。第三个问题就是广文馆是长期存在还是随即废止呢?这些问题有不同的看法,我就围绕这三个问题谈一些自己调研之后的结果。

一、广文馆设置的目的是什么?

关于为什么要设置广文馆,目的何在?这个问题存在不同的争议,主要有着两方面的主张。

一种是认为广文馆是唐代皇帝唐玄宗为了特别照顾、安置唐朝的名士郑虔，为他这个人设了一个广文馆，让他去当广文馆的博士，相当于现在的教授，就是有学识的人，这在《新唐书·郑虔传》里面有记载。郑虔这个人为什么会成为广文馆的博士呢？先对郑虔这个人和唐玄宗的关系做一点说明，这个人实际上是一个很好学问、很有才干的人。他好学到什么地步呢？就是学什么东西都能够很快地掌握，有比较高的水平，就以练习书法而言，他就非常地认真，他练字把纸张都用完了，然后怎么办呢？他

郑虔

去找柿子的树叶，利用树叶来练字。有的寺院就把树叶扫起来堆在一个房间，他得到这个消息就去寺院商量，同意他利用，他写了换、换了写，把整个房子的树叶都写遍了。这个人的诗、画也是特别超群的，别人给他一个称号叫做"郑氏三绝"。哪"三绝"呢？就是三样绝技，能作诗、能写字、能画画，不是一般的水平。他曾把他的作品送给唐玄宗，唐玄宗看到之后对他非常赏识。实际上这个人学问很渊博，很重视历史，私自写唐朝的当代历史。按照唐朝的法令，私人是不可以写历史的，只有国家史馆才可以，私人写史是要犯法的。他自己在写当代史怎么会被朝廷知道呢？他被朋友出卖了，被朋友检举，所以他被判刑罚，本来是有官职的，但是被降职、发配去边远了。郑虔在地方上默默无闻十年，十年后才有转机，让他再回长安。李隆基本来就很赏识他，觉得自己要好好对待他，要给他一个职位，就把他派到国子监，给郑虔一个比较高的位置，还让他不必太过辛苦，就设一个广文馆让他做广文馆的博士，也就是给他这样一个闲职，在"六学"之外设一个广文馆。所以有人认为这个广文馆是为郑虔而设的，为他一个人而设的，这是一种主张，就是为一个人。

另外一个说法，就是广文馆设立之前已经有广文馆学生之类的人在国子监中学习了，这些学员是准备考进士的，是培训学员要去考进士的，为什么有这些人呢？他们是考进士落选而留在长安的，为什么会这样呢？这就和唐代的科举制度有密切的关系。唐代实行科举制度，科举考试是以进士科为重要标志的，科举开头有几种科目，可以根据自己的兴趣来参选，比如秀才、明经等，考上以后呢，国家对选出的人才都会有所使用，但是使用也是有差别的，比如明经主要是经学，进士主要是文学，文学和经学就有很大的差别，经学就是读五经，文学就是写文章，文章写得好一定是以博学为基础，这个也就说明有难有易，经学主要靠背诵，文学就是靠你文艺的才能，要求各有不同，出路也有显著的差别。考明经的人因为比较简易，所以会的人也比较多，录取的名额也比较多，进士不容易考，但是一旦考上马上就会扬名于全国，能够较快被任命为官僚，就开始从政，所以进士科名与利都享有，这就是影响社会的东西。整个社会的风气就是赞扬进士科，认为进士科就是有才能的，在士的阶层里就有很多人倾向于考进士科，以取得进士及第为荣耀。读书做官更是这些人所追求的，社会也受到很大的影响。进士科在开始考的科目不多，到后来考的人多了，竞争比较激烈，评卷的时候也不容易，考官为提高难度，从考一项增到三项，主要是诗词、帖经和对策。对策就是以现实问题为标题写文章，能够提出自己的主张，这就和社会的现实问题联系在一起，这个策称为时务策，它难度高、参考人数多，百里挑一，要想获得进士及第是很不容易的，所以考的人都要有才能。但是实际上每次的录取比例只有百分之一二，考生有1000多人，所以能够录取的人很少。唐朝的进士科是每年一考，每年就有百分之九十几的人在陪考，考的结果就是把考生区分开来。有些落选者的心态是非常的懊恼，很丧气，很不甘心，争取下一年再考,第二年不行第三年继续考,所以很多人会从青年的时候考到胡子白了。想继续考的这些人就留在长安,近的可以回家,远的回不了家,过去交通不发达,从很远的地方去长安要较长的时间。比如从岭南去长安就要一两个月的时间,水路、陆路兼程。春天二月考试,你提前在冬天就要赶路,到了长安之后住下来,考不成功春天过后再回去,冬天又再来,这样很辛苦,浪费时间和钱粮,所以最好的方法就是留在长安复习。政府看到这种情况就想安排这些考生,穷书生流离失所是很可怜的,要给他们一个住宿的地方,也要有饭吃,就让他们到国子监读书,穷学生很喜欢这个安排。为解决这个问题,政府也算是动了脑筋,李隆基当皇帝的时候自己就下过两次命令,两次同样内容的命令,一次是在开元七年(719年),一次是在开元二十一年(733年),命令是说"诸州贡举省试不第,愿入学者亦听",没有考上的人可以到国子监读书,所以落榜的考生到国子监是合理合法的,但是并未说明落榜的考生到底是归哪一个学馆,他们比较特殊,当时就没有一个机构来管理这样一批学生,缺乏一个管理机构,所以到了天宝九年的时候,皇帝要安置郑虔,于是就把两件事放在一起解决,就把这个新的机构命名为广文馆,派郑虔去管理,广文馆就正式创立了。所以唐玄宗还是有眼光的,这样就使得这批人划到广文馆,由广文馆来进行管辖,所以如果说有作用的话,唐玄宗就是起这个作用。

  为什么要设广文馆就有两个主张,一个是为一个人而设的,另外一个是为进士落榜生而设的,是社会现实的需要,是自然发展的结果,因为已经有这个事实在这里。所以唐代的一些典籍对此的记载就是,他们是来学习的,是学习进士的课业,就是准备进士考试,叫修进士业。这两个观点作比较,为一个人而设安排郑虔做广文馆博士这种说法是有异议的,另一种说法应该是为没有考取的人提供学习的场地,这种主张比较有说服力。所以把第二种主张当作主要的,顺带把第一种主张也纳入进来,这样问题就解决了。这个是根据史书里面记载的,比如《旧唐书·百官志》《旧唐书·玄宗纪》《新唐书·选举志》。二十四史中第一个用选举志这样一个题材来写科举的是《新唐书》，其中列了一个专题来写。还有就是《新唐书·百官志》和《通典》。杜佑是《通典》的编者，此人当过宰相，而且比较高寿见多识广，所记比较确实可靠。唐末五代有一本笔记叫作《唐摭言》，是个人经过整理、编写的，史料还是比较可靠的。这是为什么要设广文馆，比较之后我觉得第二个主张比较可靠。

二、广文馆是什么时候设置的？

第二个问题是广文馆是什么时候办起来的？唐代还有很多小说、笔记，有些记载比较可靠，有些不可靠。第一种是所见的，亲眼目睹当然是比较可靠的。第二种是所闻的，听别人说的。另外就是所传闻的，这个就变味了。在传闻的过程中就比较失真，年代、事实、主要思想活动都有可能不对。有一些所见和所传闻，你怎么去评价它。当然是要去找所见的，比如杜佑那个《通典》，还有是所传闻的，其真实性就有问题了，我们要加以区别。举个例子，唐代有个文人叫作吴兢，他对政治也是比较感兴趣的，他就编了《贞观政要》，他很敬仰李世民，认为贞观之治是唐代的模范，是应该学习的，他把李世民怎么讨论问题、怎么采纳别人意见的问题采集起来编成这本书。但是有些记录在后来传抄的过程中被篡改了。在《崇儒篇》中就记载了广文馆，认为贞观时期就有，显然这个误差较大。还有就是《唐才子传》，是后人写唐代的才子的，记录有特殊贡献的人，这里面也谈到广文馆，认为在开元二十五年（737）就创办了广文馆，这个记载是不可靠的，为什么不可靠呢？因为如果广文馆已经创置，应该写进《唐六典》，但是此书中没有记载。在开元二十六年（738）才编成的《唐六典》，是唐朝的重要法制，它把唐代重要的法律规定、政治制度都综合进去，所以没有在《唐六典》中写明的就不会有创置。《唐六典》也是一个时间界限。所以《唐才子传》中的说法也可以排除。其他的记载都认为是天宝年代，但是天宝年代也有不同，有的说是天宝五年（746）、有的说是天宝九年（750），相差四年，所以这个到底是哪个对呢？继续查一下，好多都是支持天宝九年。现在我把这些凡是记在天宝年间的汇总在一起，总共有十家，只有一家是讲天宝五年的，剩下的九家认为是天宝九年。我经过衡量考虑站在九家这边。这九家分别是《通典》《唐言》《资治通鉴》《旧唐书·礼仪志》《旧唐书·玄宗纪》《新唐书·选举志》《唐会要》《册府元龟》，另外一家是《唐国史补》。天宝九年可以成立，记载是七月，还有更进一步的是哪一日，有三家认为是七月十三，用甲子记载的，讲年、月是可以肯定的。这是广文馆设置的时间。

三、广文馆是长期存在还是随即废止？

第三个问题就是广文馆是长期存在发挥作用，还是像1980版《辞海》记载的那样马上就废止了？这个我们要查实一下。广文馆为什么没有一下子得到认可继续下去呢？因为出现了一些特殊的情况，天灾人祸是很难防的。据说在天宝十三年（754），长安地区阴雨天延续了100多天，那时的建筑材料是泥土，经不住久雨的浸泡，广文馆的学舍崩塌了。但是国子学是皇亲国戚、高官子弟进的学校，学生都是长安人，靠家庭的门第，不必为前程发忧愁，不需要认真读书，住监学生也最少，比较空闲，但是国子学是配置最高的，设施最好的，相比较而言，广文馆的配置就简陋多了。连续的阴雨天，把搭建的广文馆摧毁了，于是就将广文馆的学生安置在国子学。这些落榜的学生也总算是有安置了。广文馆是天宝九年设置的，被风雨摧毁的时间是天宝十三年，天宝十五年（756）就爆发安史之乱，这个时候最重要的就是逃命，所以师生就走散了，能回家的回家，不能回家就转移到别的地方去，学校停顿，开始荒废。经过八年的内战，然后学校恢复，皇帝再把学生召回，国家再照样提供给养。战前国子监大概有3000多人，战后召回来的只有几百人，人数减少了，国子监虽然恢复，但是已经不如从前了。唐代"安史之乱"是一个转折，开始走下坡路了。国子监的恢复，广文馆也随之恢复。

经过认真查证以后找到一些确实的记载，"安史之乱"以后的几个皇帝把国子监恢复以后顺带也把广文馆恢复了。广文馆就有广文博士和广文生，现

孙培青

在就能够查出一部分的广文博士和广文生，这个是客观的事实，这个历史记载是有名有姓的，有广文生参加考试，在进士的录取中往往有广文生，占有一定的比例。广文生能够考中进士。比如有一个叫欧阳詹的，他到长安第六年才考上，是在贞元八年（792）考上的。还有一个叫李观的，他到长安第五年，也是在长安贞元八年考上的。欧阳詹是第三名，李观是第五名。两人的身份都是由乡贡转为广文生，然后成为进士。

唐代有人编了一本书名为《登科记考》，是记载哪些人哪年考上的。这个可以证明广文馆是存在的而不是废除的，培养的学生去考进士占有很大的比例。在录取排名次的时候，有分主客的事情，就是广文生的身份是学生，从地方送来的是乡贡，认为乡贡是客人，广文生是主人，要让客人的名字排在前面。实际上从前没有这种规定，到唐末就有这样的一些规定，就算成绩好也要摆在后面。这也说明有广文生参与考试。所以第三个问题我们经过考察调研，是认为有广文生参与的，可以证实的。比如在元和年间，也就是唐宪宗时期，因为广文馆逐步衰落，所以要整顿，要考虑西京的国子监有多少名额，东京的国子监有多少名额，西京是长安，东京是洛阳，两个地方都设有国子监，以长安为主，所以名额是西京多。这个名额都是指定的，太学几个名额、国子学几个名额等等。整顿的法令当中都是把广文馆单列，广文馆要有几个名额。还有就是韩愈，他当国子祭酒是在唐穆宗时期，穆宗的年号是长庆，长庆年间也要整顿国子监，核定人数是为了向政府管钱粮的人申请给养。所以这个申报也证明是有广文馆的名额，这些细节我就不说了。广文馆恢复以后一直是存在的，直到五代及北宋也还有，说明广文馆是当时的需要，广文馆的制度还是要延续下去的。

四、小结

谈了这些，我就有几点自己的想法。

第一，关于中央官学制度。这个"六学""七学"的问题不是谁对的问题，实际上发展到不同阶段是不一样的。所以二者不是矛盾的，因为它是发展的，前面是"六学"，后来根据社会的需要发展为"七学"。

第二，设置广文馆和科举制度有密切的联系。没有科举制度就可能不会有广文馆，科举制度影响了社会风气，也影响了社会的价值取向，也就影响了社会的教育，所以在科举制度的推动下出现了相当一部分人考进士，所以有赴监读书的现象，所以才会产生广文馆。

第三，广文馆是继续存在的，是有证据的，这些证据可以连接成证据链，可以证明它是联系在一起的。只有一个证据是不行的，孤证还是必须存疑，多证据表明事实是存在的，结论才可靠。

第四，学校发展是要有动力的。过去是说统治者开明，所以来办学校，所以个人起作用，取决于统治者权势的作用，这个是个人的、主观的。另一种说法是农民运动推动的，农民阶级受不了严重的压迫与剥削，就会起来造反推翻封建王朝，有新的政权出来，又会兴办文教事业。农民起义先是破坏，而后再立，也有破了不立的。把农民起义作为教育事业发展的动力，我感觉不是特别合适。我是倾向于社会的客观需要，正是因为有需要才有供给，不是有需要就有供给，一定是要达到一定的条件才能够产生供给，文教事业就发展了。就是一定要有社会需要，是客观的，不是完全以个人来考虑。如以个人的英明作为教育事业发展的推动力，我就觉得是英雄造时势了。从我们讲的唐代的李世民和李隆基来看，应该承认个人是开明的，个人重视教育，也是很重要的。如果没有李隆基也就可能没有广文馆，他要用他的权势去办成这件事。在历史上，对教育事业认识不同，发挥的作用就不一样。但是有些人也是起阻碍作用的，武则天和李世民的思想就是相反的，中央官学到武则天时期是受到破坏的，是停滞不前的，荒废了。不同的人执政对教育事业有不同的对待。所以教育史学习碰到这些问题，不得不去查阅资料弄个明白，我这就是通过探索来了解教育的真相。到底是不是真相呢？供大家讨论，我个人是这样看的，有什么问题愿意和大家一起交流。

（选自《教育的声音：教育学者演讲录》，华东师范大学出版社2020年版）

孙培青

感悟教育史

多年学习中国教育史，近日能静下来反省，有些初浅的认识，愿与大家进行思想交流。

一、认识多元文化教育的根源

对文化通常可以作广义的理解：由野蛮向文明转化的历史实践过程中，人类所创造的一切物质财富与精神财富的总和，都属于文化。文化是一种社会历史现象，随着社会物质生产的发展而发展。文化包含教育，文化的继承、创新和传播都需要通过教育的途径进行。教育是文化的重要组成部分之一，教育与文化的联系非常紧密，二者相互影响，不能绝对分离。教育要利用前代及当代的文化积累，选择其精粹有用的部分作为传授内容。

中国是经过长期历史发展交相融合而形成的多民族国家。多民族兼容并存共处，保留各自的习俗与宗教信仰，因此有多种宗教信仰存在，社会也有多个阶级阶层共处。不同民族、不同宗教、不同阶级、不同阶层有不同的利益要求，有物质方面的，也有精神方面的，这就是多元文化、多元教育的社会基础与根源。

春秋战国时期，社会物质生产、经济、政治的变革，阶级的分化，反映在文化教育领域，出现了诸子并起、百家争鸣的局面，就是多元文化、多元教育并存而斗争的显著事例。随着时代的发展，在相互斗争的过程中，不同的思想流派相互交流吸收而走向融合，产生新的思想流派，又有新的矛盾与斗争。历史发展没有停息，多元文化、多元教育的发展也不会停息，中华民族历来的文化教育保持着多元化的特点。历史上曾有统治者用行政命令的手段推行一元化的文化教育，排除其他文化教育，虽一时得逞，但最终都不能如愿。因为多元文化教育有其历史根源，有其社会基础。

二、关注主流文化思想的更替

中国历史上的多元文化教育,虽并存而非完全对等均衡,多家都想扩大社会影响,提高社会地位,由竞争而斗争,就有交流、渗透、融合,发挥各自专长,形成互补并存的局势。但这种局势是暂时的,并不是长期稳固的。随着时代的发展变化,有的文化流派能适应社会需要,或主动迎合统治集团的需要而被重视利用,直接受到拉拢与扶助,其政治地位被抬高,成为统治集团的精神支柱,并存的局势随之发生变化,分化出强弱与主次,就有主流与非主流的差别。历史是发展的,一种文化流派占据主流地位并不是持久永恒的。不同的历史阶段有不同的统治集团登上政治舞台,他们根据自己的利益需要,选择不同的文化流派作为精神支柱,这就造成新旧主流文化思想的更替,新的主流文化思想指导统治集团文教政策的制定,直接影响多元化教育的发展。历史上多次主流文化思想更替,相应地都有多元化教育的起伏变化。因此,中国教育历史研究要特别关注主流文化思想的更替。

回顾中国历史,自诸子百家争鸣以来,各家文化思想流派就开始舆论宣传的竞争,初时无不抬高自家,贬低别家,未能分出强弱主次。然后,各家把游说的重点转向各诸侯国的统治者,试图施加影响,鼓动实施他们的思想主张。法家人士于战国兼并战争时期迎合秦国统治者富国强兵的需要,力倡耕战政策而受重用,法家政治地位得到提高,法家的文化思想也随之成为占据强势地位的主流文化思想,凭借其政治权势,批判并排斥其他文化思想流派。至秦国先后消灭六国而统一中国,法家扩张权势达到登峰造极的地步,具有一家独尊的地位。秦朝被农民起义推翻,二世而亡,法家的文化思想随之受到挫折而丧失主流文化思想的地位。汉朝在农民起义之后建立,统治者为了巩固其政权,实行使民休养生息的政策。道家因主张"清静无为"符合统治集团的需要而被利用。道家的文化思想取代法家的文化思想而成为主流文化思想。"清静无为"指导下的政权实行宽松的政策,使文化教育得到恢复和发展。但发展几十年后,地方分裂势力膨胀,成为中央政权的隐患。汉武帝时要加强中央集权来改变这种政治局面,儒家主张政治上"大一统"的思想可利用。于是,统治者扶植儒家以替代道家,推行"独尊儒术"的政策,儒家的文化思想成为主流文化思想,崇儒兴学成为潮流,中央官学、地方官学、私学都得到发展。东汉末,皇朝没落,封建名教维持不住社会秩序,出现了社会危机。此时,玄学乘机而起,倡导"越名教而任自然"(嵇康《释私论》),强调个性的自由发展,成为冲击儒家思想的新思潮,一时占据主流文化的地位。玄学流行于魏晋南北朝时期,在社会破除传统思想行为规范的条件下,道教、佛教也乘机各自传播,扩大社会影响。隋唐时期,再建统一的中央集权国家,儒、道、佛三教并存,同为统治集团服务,随君主的意志倾向而选择更替为主流,教育事业也随主流文化的更替而兴废起伏。到了宋代,儒家学者以儒学为基础,吸收佛道的思想成分,发展为理学。理学是儒家思想发展的新阶段,受统治集团的重视并被利用为指导思想,儒家思想再次成为社会文化思想的主流,并延续至元、明、清。从历史发展过程来看,儒家的文化思想并不是中国古代一贯的主流文化思想,法家、道家、玄学、道教、佛教的文化思想亦曾在历史上一时成为文化主流。但儒家的文化思想曾在中国古代几个历史阶段成为主流文化思想,累积起来,作为主流文化思想的时间最长,对中华传统文化思想的贡献最大。历史发展到清后期与民国前期,由于资本主义西学东传的冲击,儒家文化思想的主流地位发生动摇。20世纪,中国兴起新文化运动,批判旧文化,发展新文化。西方多种文化思想先后输入中国,在竞争中产生不同的影响。马克思主义也传入中国,在民主革命过程中逐步传播并扩大影响。民主革命胜利,建立中华人民共和国,马克思主义成为主流文化思想。

由于在历史上主流文化思想与教育有密切的联系,因此教育史研究应特别关注主流文化思想更替的发展线索。

三、认清教育事业发展的动力

对于什么是历代教育事业发展的动力,曾存在三种看法。

第一种看法认为，开明君主、圣贤豪杰等有威望人物的倡导与推动是教育事业发展的动力。从中国历史上考察，有社会政治地位或经济地位的个人，其教育主张和行动有相当的作用和影响。特别是有权势的人，将其教育思想主张付诸实施的可能性较大。但如不能适应时代发展潮流，不能满足社会群众需要，不能获得广泛响应和支持，其局限会逐渐显露，难以维持长久。《中庸》指出："其人存，则其政举；其人亡，则其政息。……故为政在人。"这种随个人存亡而发生或兴或废的事，历史上常有，仅是个人的意志与理想不可能成为教育事业发展的持久动力。

第二种看法认为，阶级斗争是教育事业发展的动力。阶级的分化在历史发展的各个阶段都存在，各个阶级在社会中处于不同的经济地位和政治地位，权力悬殊，处于很不平等的状态，阶级间有矛盾，导致发生阶级斗争。阶级斗争有多种形式，各种形式表现出不同的程度，效果也很不一样，这与统治集团施政有很大关系。如果统治集团能关心民生，施行德政，改善民生，民众可以自主发展教育事业；如果统治集团只顾自己享受安逸，奢侈挥霍，不关心民生，施行苛政，弄得民不聊生，温饱都无法保证，哪还能顾及教育？阶级矛盾如尖锐到不可调和的程度，最激进的表现就是农民革命，推翻腐败的皇朝，继之未必就能建立有权威的中央政权，可能陷入争夺统治权的战争，使社会处于长时间的动荡之中，军阀混战，造成文教事业的大破坏。待到有强大势力集团形成，重建统一的中央集权统治，还要进行战乱后的休整恢复，能否转入和平建设时期还要看有没有正确的政治路线和政策，还要具备一些条件才能发展。农民革命对教育是先破坏，后恢复，恢复后是否能正确发展则不能确定，虽有可能，但未必就会实现，所以能被认定是教育事业一贯持久的发展动力。

第三种看法认为，人的生活需要是教育事业发展的主要动力。人为了生存，要有生存的能力本领，必须学习；人为了融入社会，要遵守社会共同的行为规范，必须学习；人为了自我发展，要提高德智体的素养，必须学习。

古之学者必有师，今之学者也必有师，需要师来传授知识和指导学习。教育是古今社会普遍存在的现象，其形式和途径有多种。自从学校产生以后，学校成为教育的主要场所，由政府主办的称为"官学"，由民间主办的称为"私学"。学校的发展与社会的和平或战乱直接相关。唐李绛在《请崇国学疏》中说："故太学兴废，从古及今，皆兴于理化之时，废于衰乱之代。"官学如此，私学也是如此。当社会处于政治清明的和平时期，社会安定，有正常的生活秩序，人群能安居乐业，发展生产。在温饱无忧之后，人群新的需求是在精神方面，需要学习和提高文化。和平时期的社会环境之下创造的物质条件是有利于教育发展的最好时机。在古代，人民群众要发展教育，指望皇上圣明，官员清廉，重教兴学；也指望地方士绅乐善育才，就地兴学。在现代民主社会，人民群众需要教育，把发展教育委托给政府来办。人民群众的需要，就是政府的职责。人民群众共同的教育需求与社会舆论是互动的，舆论反映人民群众需要教育的心声，呼唤政府发展教育事业，满足人民群众的教育需求。舆论的鼓动积聚形成一股力量，监督政府、推动政府发展教育。若一时条件尚未成熟，不能全办到，可以延长时间，再创造条件，一定会办到。

人民群众的需要是教育事业发展真正主要的动力，因为人民群众是稳固的基础，需要是持久的动力。

四、学习教育史的主要目的在继承

学习中国古代教育史，首先让人认识到的是"政教合一"的特点。教育与政治混合为一，没有从政治中分离出来成为独立的领域，而是作为政治附属的一部分。统治者利用教育作为施政的基本手段。《礼记·学记》："古之王者，建国君民，教学为先。"教育的作用受重视，被作为政治的工具，首先用来向民众推行教化。教育的思想主张以及教育制度设施，分散于典籍和与政治有关的文献之中。要研究古代的教育历史，只好利用古代的经籍和史册，从教育史料的调查入手，这是基础性的工作，费些力气是必要的。所获取的教育史料都是精华与糟粕混杂，要把集中的教育史料归类整理，为分析研究准备好条件。

教育史的分析研究实际是进行一定程度的鉴别。通过鉴别区分出真或假、是或非、正确或错误、精华或糟粕,这是一个认真思辨的过程,学术界称之为"批判"。批判不是学习研究教育史的主要目的,批判是学习研究教育史的重要手段。批判是达到继承目的必经的途径,经过批判而继承人类优秀的教育遗产才是主要的目的。

为了理解教育史研究的"批判地继承",不妨借用一些比方。批判就如"披沙拣金",黄金比较贵重,淘金就是要弃沙而获黄金,披沙是必要的手段。要坚持清除沙砾的过程,从沙中淘出黄金,最终目的是获得黄金。批判就如酿酒的过程,要让煮熟的粮食或其他材料发酵产生酒精,将酒精存在酒糟之中,然后采用蒸馏方法提取酒精,这是一个分离精华与糟粕的过程,然后取其精华,弃其糟粕,主要目的是获得好酒。批判就如农民收获粮食的扬场,将所收粮食集中到晒场,晒干之后要归仓,最后还有一道工序就是扬场,借风扬去秕糠,从而获得干净的粮食。

批判是教育理论研究、教育历史研究的基本手段,目的在于总结优良的教育经验、正确的教育理论,探索教育规律,继承优秀的教育遗产。简明地说,教育史研究的主要目的在于继承,而批判是为达到继承目的必需的手段、必经的过程。

20世纪六七十年代的"文化大革命",给后代留下了深刻的教训。当时特别强调无产阶级全面专政,与"封资修"的文化教育彻底决裂,只有批判,不要继承,一切文化全否定,自己又创造不出新文化,重患"无产阶级文化派"的"左派"幼稚病,后遗症影响深远。我们要辩证地理解"批判地继承",一定要继承人类所创造的一切优秀的文化遗产,才能发展民族的新文化。

五、探索教育思想发展规律

孟宪承教授曾提示探索教育思想发展规律这一重要问题,对我很有启发,给我留下深刻印象。教育是复杂的社会现象，全面认识教育很不容易，探索教育思想发展规律更是难以抓住头绪。他认为可以尝试从过去的教育历史去考察，这是一条认识教育思想发展规律的途径。因为中国历史上教育思想的发展都有一个过程，从每个过程还可查出一定的次序，其中存在普遍的必然性。一般的程序如下：

一是继承。一代人之前必然有前人所创造和积累的一定文化，学习继承前人的一定文化是不可避免的。不学习不继承就会倒退到原始社会的野蛮状态。学习前人的文化，才能在前人的文化基础上进一步提高。学习就是继承的现象。

二是创造。继承文化之后，要应用于自己参与的社会生活活动。为适应不同时代社会生活的新需求，不能只是照搬前人的做法，还要自己动脑筋，应时变通，有所创造，提出新的文化教育主张，寻求新的文化教育途径和方法，说明问题，解决问题，使自己的教育思想比前人有所发展。

三是传播。创新的教育思想经过宣讲和实践，影响学员，再扩大传播，影响社会。如果形成文字或著作，其作用就不是局限于当时当地，而是会突破时间和空间的限制，传播至下一代以至后代，传播至外地以至外国。到了信息时代，文化教育的传播会更快、更远、更广。

四是斗争。教育思想在传播过程中，有些会被认同、接受、拥护，有些则不被认同而受抵制，甚至遭到极力反对。教育思想的斗争不限于发表言论，进行说理辩论，在关系到利益之时，矛盾将更激化，有时还要流血。教育思想斗争持续一段时间后，会逐渐相互渗透融合，归于统一。统一一段时间之后，又产生新的教育思想矛盾，又进行新一轮的斗争。斗争是绝对的，这符合辩证法。

从上述考察可以看到，教育思想的发展具有普遍的必然性，这种普遍的必然性就是一种规律性。教育史的研究要重视探索总结教育思想发展规律。掌握教育思想发展规律，有利于我们对教育流派或教育家思想进行系统研究，这可以从四个方面进行考察：一是考察其思想渊源，从哪些学术流派学习继承了哪些东西，奠定了文化基础；二是考察在社会生活实践中，为适应时代和社会环境变化的需要，有哪些新的思想创造，具有什么特点；三是考察如何进行传授、传播，社会影响的范围和程度是怎样的；四是考察有哪些对立面存在，如何开展斗争，有什么样的结果。如果能这样做，就会有较深入的研究和较彻底的了解，进行历史评价会较客观准确。

六、原始史料头等重要

教育史研究不能只凭主观猜测，一定要有史实为依据，凭证据说话，只有这样才能提出自己有力的见解，这是学术界的共识。有的学者更严谨，还主张孤证不立，对只是偶然出现的单一证据，认为其可信程度较差。如果既有实证又有旁证，可信程度就较高。如果有多个证据，并连成证据链，可信程度就更高。反之，没有掌握史料证据，或是史料证据不全，那就缺乏说服力，所提的主张或所做的结论必然令人产生怀疑。

作为研究生的导师，大家都知道掌握原始的第一手材料对教育史研究具有头等重要性，会要求学生把时间和精力重点放在阅读经典、名著、历史文献等第一手材料上，要求他们自己去理解、思考、领会，形成自主的见解。有的研究者虽然也知道掌握原始的史料证据的重要性，但未认真执行，为图方便省力，就轻易引用第二手材料。第二手材料是经别人诠释过的，按自己的需要而利用，可能按主观的想法加以猜测，不能正确理解原意而造成曲解。如果图方便而相信第二手材料，就会被牵着鼻子走。如果引用的是第三手材料，那就更不可靠，应当尽力避免。

现在有些作者或编者忽视历史材料的证据，没有充分掌握原始的第一手材料，就凭手边的参考书放手写作或编书，不免有违背史实的编造。有一工具书，就存在此类毛病。该书收《开蒙要训》为词条，撰稿人写了说明，为读者介绍一些信息。现查明介绍有缺失，不妨比较其差别。词条的说明："《开蒙要训》，蒙学课本。作者不详。一卷。每句三、四、五字不等，叶韵。

对幼童进行品德教育。现仅于《贞松堂藏西陲秘籍丛残》中存手抄残片。"这个说明与现在查核的信息有五方面差别：

五方面信息比较	词条的介绍	核查的信息
作者	不详	马仁寿
时代	不详	晋南北朝
卷数	存残片	存整卷
内容	品德教育	还有自然与社会常识
句式	三、四、五字为句	全部四字为句

可能撰稿者较忙，没有直接去查原著，也未了解前人已有的研究成果，只以旧书为参考依据，才会造成如此明显的失误。这提醒我们，要做教育史的研究，就一定要去读原著，掌握原始的第一手材料。原始史料确实头等重要。

以上几点粗浅的认识，未敢自以为是，写下来，请同志们批评指正。

（选自《孙培青文集》，上海教育出版社2023年版，倒2段删去原文表达不妥句）

认识学习教育史的意义

我走上学习教育史的道路，是一个偶然的机遇造成的。被推荐来报考教育史研究生，原先缺乏认识，学习之后经常受社会变化的影响，也几度对自己所学的专业产生疑惑。毕业之后留校参加工作，经过几起几落，才有些粗浅的认识，借此机会谈出来，与大家共同切磋。

一、充实教育知识

教育科学知识浩如烟海。它有两大源泉，一是教育实践，二是教育历史。自人类进入阶级社会以来，几千年教育发展积累的知识非常丰富，可以说取之不尽，用之不竭。不学教育史，有些事就不知道，知识方面有缺憾。王充说："知今而不知古，谓之盲瞽。"意思是闭目塞听。学习教育史，可以开阔眼界，充实教育知识。如学习中国奴隶社会教育史，就会知道当时的教育是从属于政治的，学校教育一开始就是不平等的，社会文化条件决定了当时的学习内容只有六艺，贵族子弟的教育是与劳动生产相脱离的。教师还没有成为独立的社会职业，都是由官员兼任的。社会发展，时代变化，教育也随之演变，没有永恒不变的教育制度。

二、丰富教育经验

几千年的教育发展史，教育上什么事都发生，什么问题都遇到，古人、前人如何处理这些事，如何解决这些问题，都留有教育经验。教育史是教育经验之宝库，可以提供许多经验，让人少走弯路，获得较好的教育效果。如教育年青一代要注意选择环境，因为人际环境会影响习染，受染之后就难以清除。再如，教育儿童抓早期教育是关键。孔丘说："少成若天性，习惯如自然。"颜之推主张"教子婴孩"。又如，古人主张父不亲教其子，亲教者多数因不能严格要求，知识有局限而难以成为优秀人才。言教不如身教，身教重于言教，所以教师应该以身作则。这些都是来自历史实践的经验，自古流传至今，今天来看还是有其价值。

三、增进教育智慧

教育的对象是人而不是物，人是活的，有思想感情。进行一样的教育，在不同人身上会产生不同效果，要全面提高教育质量，达到理想的效果，需要有智慧。教育史上有不少处理复杂教育问题体现出来的教育智慧，是值得后人学习的。如孔丘主张"有教无类"，对学生求教，来者不拒。私学里的学生太复杂，他经实践探索总结出来的办法，就是巧妙地因材施教，让学生各得所欲，各成其才。又如，学生心理特点不一，既有优点也有缺点，对他们就要全面地看，而且要辩证地看，采取的教育对策是因人而异，基本原则是"长其善而救其失"，由此而获得教育的成功。"因材施教""长善救失"这类教育格言，就闪耀着教育智慧的光辉。

四、总结教育规律

教育工作是有规律的，能认识教育规律、利用教育规律，教育工作才有主动性。教育规律会在教育实际中显示，因此要从实践中探索，通过教育实践的历史过程的总结而认识教育规律。古人在这方面已有探索和总结，开始接触到一些教育的共同规律，这些对我们现在总结和认识教育规律是很有帮助的。如关于教育与经济的关系，《管子》一书主张"仓廪实而知礼节，衣食足而知荣辱"，孔丘主张"富而后教"，认识到教育要以物质生活条件为基础。关于教育与政治的关系，《学记》已提出"建国君民，教学为先""化民成俗，其必由学"的主张，认识到教育有重要功能，可以作为政治手段利用，因此把教育放在极重要的位置。认明这些重要关系，就知道教育不是万能的，也不是无能的。

五、学习教育精神

古人、前人也有高尚的教育专业精神，他们热爱教育事业的奉献精神激励后世教育工作者，至今仍然让人感动不已。孔丘热爱学生，坚持教育工作，他提出"爱之能勿劳乎，忠焉能勿诲乎"，成为中国历史上"学而不厌，诲人不倦"的典范。这种教育精神得到后世教育工作者的认同，成为教师职业道德，也是中国教育传统之一。墨翟提倡"有道者劝以教人"，并且身体力行，上说下教，其兼爱精神是后人所不及的。《吕氏春秋》提出"利人莫大于教"，认为对人民群众最有利的事业没有比教育工作更伟大。陶行知提出"捧着一颗心来，不带半根草去"。学习这种对人民教育事业赤诚奉献的精神，就不会害怕教育工作中的困难，也就不会计较个人的利害得失。

人总归是要死的，但高尚的教育精神不会死。

六、提高个人修养

历史上的教育家都有培养人才的理想，理想中的人格都要求德才兼备，且认为德重于才。成为社会合格的成员应具有什么样的道德品质，如何修养来形成这些道德品质，历来是中国教育家特别重视的。儒家更是强调，有许多言论，颇富有哲理。儒家学者认为人非生知，人非圣贤，知识和道德不是天生的，而是后天学习而形成的，因此很重视学习，提倡终身学习。学习的重要内容就是学做人，养成高尚的道德品质。为达到这一目标，他们提出许多修养的办法，如"吾日三省吾身""改过迁善"等。修养自己，不只是"独善其身"，还要发挥社会作用，尽可能"兼善天下"。所以，他们主张"修身为本"，修身之后进一步治家，以至治国、平天下。这些思想是可以分析的，其中有合理的因素，能学习修养，就会提高自己的道德水平。作为教师，能修养自身，才可能"身正为范"。扬雄提倡："师者，人之模范也。"立志修养的人会成为人之模范。

七、增强民族自尊心

中国由于历史的原因，近代经济落后，经济又制约文教科技，使文教科技也落后。有些人的认识存在片面性，以为事事不如人，产生崇洋思想，丧失民族自尊心，对建设现代化的社会主义强国缺乏信心。学习教育史，进行中外比较，你就会认识数千年的文明古国屹立于东方，东方文明领先于世界。中国历史上出现了不少伟大的教育家，中国的教育影响整个东亚。我们应为祖先创造先进的文化教育而自豪，激励自己发愤图强，建设现代化的社会主义强国，使中国重新居于世界先进的行列。

八、形成新的教育观

教育史的特别之处，就在于要求研究者从历史发展看教育问题，从宏观的全局看教育问题，从时代演变的需要看教育问题，应用唯物辩证法看教育问题。所以，真正深入学习教育史的人不是保守主义者，而必然是教育发展改革的主张者；不是以长官意志为是非标准，而是以历史实践为检验是非的标准。因此，学习教育史，"温故而知新"，有助于教育工作者适应时代发展需要，更新教育观念，形成新的教育观。这种更新是自觉的，不是被动的；是理性的，不是盲从的；是顺应历史发展的行动，不是投机性的更新。

孙培青

九、为教改提供借鉴

古人也认识到时代变化,社会要改革,教育也会进行改革。但改革不是切断与历史的联系,而是历史合理的发展。改革能借鉴历史经验,对改革是有利的。孔丘虽不是革命派,但他认识到时代变化必然要有损益,也就是革旧创新。他提出"温故而知新",了解旧时代是为了解决新时代面临的问题。这种借鉴,不是要从过去的历史中寻求现成的改革方案,而是从如何看待教育问题,如何处理教育与其他社会因素的关系中得到一种启迪,使我们更好地解决教育改革中的问题,避免走弯路或出现大的失误。

由于认识到教育史对提高教师素养的重要作用,因此有的师范大学正在考虑将教育史作为全校文理科师范生的选修课。

(选自《孙培青文集》,上海教育出版社 2023 年版)

董洪编撰